옴 그림천수경

- 초판 인쇄　2015년 7월 13일
- 초판 발행　2015년 7월 14일
- 저자　대명스님
- 편집　윤상철 이연실
- 발행인 윤상철　· 발행처 대유학당　since1993
- 출판등록 2002년 4월 17일　제305-2002-000028호
- 주소 서울 동대문구 휘경동 258 서신빌딩 402호
- 전화 (02)2249-5630~1
- 홈페이지 http://www.daeyou.net 대유학당

- 여러분이 지불하신 책값은 좋은 책을 만드는데 쓰입니다.
- ISBN 978-89-6369-062-9 03220
- 정가 15,000원
- 이 책의 내용에 대한 재사용은 저작권자와 대유학당의 동의를 받아야만 가능합니다.
- 문의사항(오탈자 포함)은 저자 또는 대유학당의 홈페이지에 남겨 주세요.

이 도서의 국립중앙도서관 출판예정도서목록(CIP)은 서지정보유통지원시스템 홈페이지(http://seoji.nl.go.kr)와 국가자료공동목록시스템(http://www.nl.go.kr/kolisnet)에서 이용하실 수 있습니다.(CIP제어번호: CIP2015018294)

이천오백년동안 멈추지 않고 숨쉬는 진리의 샘
그 마르지 않는 옹달샘에 표주박을 띄운다.
삶에 지친 중생들을 위하여…

추천사

　세계문명(文明)은 끝점이 어디라고 할 수 없을 만큼 하루가 다르게 급변하면서 눈부신 발전을 거듭하고 있습니다. 문명은 과거처럼 특정인들만이 누릴 수 있는 혜택도 아니며 전유물도 아닙니다. 이제 문명은 보편화된 인간들의 편리한 도구이자 아주 가까이서 활용할 수 있는 편의 수단으로 활용됩니다.
　일반인들도 맘만 먹으면 자기 집 안방에서 컴퓨터를 이용해 세계 구석구석의 필요한 정보를 얻을 수 있으며, 반대로 자기가 말하고자 하는 내용을 전 세계를 향해 띄어 올릴 수도 있습니다.
　이 모두가 과학의 힘인 것만은 분명해 보입니다. 과학의 힘은 의학과 물리학 등 제 분야에 엄청난 변화를 가져다주고 있습니다. 인간 유전자 지도라 하는 '지놈'을 밝혀냄으로써 인간의 무병장수 시대를 머지않아 열어나간다는 예고가 이젠 낯설지 않습니다. 인간의 각종 장기는 물론 인간 복제 시대가 본격 도래하고 있는 것입니다. 이러한 놀라운 변화는 여전히 인간이 중심입니다. 인간의 행복과 인류문명의 발전을 위해 변화는 계속되고 있는 것입니다.

그런데 참으로 이상한 점이 있습니다. 인간의 삶과 삶의 질을 높이기 위한 방편으로 과학의 힘이 나날이 증폭돼 가고 있는데도 불구하고, 인간의 마음은 여전히 불안하고 불만족스럽다는 것입니다.

첨단 과학 문명시대를 사는 사람들은 행복하겠거니 했는데 불안하기는 옛사람들이나 마찬가지인가 봅니다. 아니 오히려 더하면 더 했지 줄어들지 않는 듯합니다.

어떠한 과학문명도 예나 지금이나 앞으로도 인간의 불안을 해결해 주지는 못할 것입니다. 왜냐하면 그것은 마음을 다스리는데 이렇다 할 직접적인 도움을 주지 못하기 때문입니다. 마음을 잘 다스려야 진정한 행복과 자유를 누릴 수 있음은 동서고금을 막론한 만고의 이치입니다.

여기 때마침 마음 잘 다스리도록 도와줄 좋은 책이 나왔습니다. 대명(大明)스님의 『옴 그림천수경』은 실로 오늘을 살아가는 현대인들의 걱정을 꽉 붙들어 매줄 훌륭한 지침서라 하겠습니다.

아울러 이 책을 집필한 대명스님은 종단의 열성포교사로,

도심에서 전법교화에 열정을 불사르고 있는 대 강백이요, 일정 정도성과를 거두고 나면 산으로 돌아가 본처회귀(本處回歸)를 꿈꾸는, 산을 그리워하는 산승(山僧)이기도 합니다.

이런 그가 불교대학 학장으로 재직하며 틈틈이 강의해 온 『천수경』을 누구나 쉽게 이해할 수 있는 글로 만들어 냈고, 더구나 관세음보살님에 대한 열성이 끈을 이어 『옴 그림천수경』을 얻어 세상에 펴내게 되었으니, 귀중한 인연작복이라 하지 않을 수 없습니다.

주지하다시피 『천수경』은 가장 널리 가장 많이 독송되는 경전으로써, 우리의 마음자세를 바로 잡아주는 큰 가르침을 담고 있습니다. 그간 이 『천수경』과 관련된 책이 4~5종 나온 것으로 알고 있으나, 이처럼 알기 쉽고 대중에게 편안하게 간결한 메시지를 던져주는 책은 없었습니다.

특히 기도위주의 경전으로만 받아들여지고 있는 『천수경』을 진일보 앞서, 『천수경』의 주제가 되는 신묘장구 대다라니 즉 육자대명왕진언 옴마니 반메훔을 '옴'이라는 대주제의 한 시리즈물로 엮어 마음 다스리는데 활용토록 한 것은 새로운 시도로써 크게 주목되고 있습니다.

이번에 어려운 여건 속에서도 『옴, 그림천수경』을 펴낸 대명스님의 정진력을 높게 상찬(賞讚)하면서, 독자 제현도

이 책을 통해 귀중한 인연 작복을 지을 수 있도록 누구나 한 번쯤 필독을 권하는 바입니다.

불기 2559년 7월
국제불교 조계종 종정 혜엽 혜봉 대종사

저자의 변

진리(眞理), 그 무엇을 진리라 합니까? 고타마 붓다는 2500년 전 세상을 위해, 중생들을 위해 진리를 말씀하셨습니다. 결코 어렵지 않게, 자연의 섭리를 벗어나지 않으며….

그러나 세월이 지나면서 맑고 깨끗하고 순수하던 참 진리는 때가 묻고 흠이 났으며, 인간들의 이기심에 군더더기가 붙어 탈색되고 문드러져 분별마저 어려운 몰골로 변화되었습니다.

소승은 시간과 사고를 뛰어넘어 난해하고 어렵다고 인식되어온 경전들을, 남녀노소 불자님들과 더불어 많은 시간 동안 가능한 쉽게 현실 삶과 일체가 될 수 있도록 논하여 오던 중, 우연히 『그림천수경』을 발견하게 되었습니다. 그때의 그 기쁨이란! 마치 관세음보살님을 친견한 듯이 가슴에 환희심이 가득하였습니다. 모든 경전이 그러하듯이 『천수경』도 과거 무량겁에 걸친 불보살님들의 수행과정과 중생구제

활동을 진실 그대로 표현한 것이어서, 『천수경』을 한번 듣기만 해도 지옥고를 면하고, 일심으로 한번만 독송을 하더라도 태(胎)로 태어나는 고통을 면한다고 하였는데, 관세음보살님을 친견하면서 『천수경』을 독송할 수 있게 되었다는 그 기쁨을 무어라 표현하겠습니까?

당나라 황실에서 비단에 오색금실로 한자한자 수놓고 그림을 수놓아 귀하고도 귀하게 보았다는 이 『그림천수경』은 정말 관세음보살님의 화현이라고 할 귀중한 자료이고, 또 관세음보살님의 도움이 아니라면 구해보기 힘든 자료였습니다. 세상이 삭막하고 인간들이 진리를 외면하고 물질이 판을 치는 이 때, 이 『그림천수경』이 한 송이 연꽃이 되어 우리에게 다가서니, 과연 부처님의 참 진리는 만고에 빛주는 생명수라 아니할 수 없습니다. 이 기쁨을 혼자만 간직하기는 너무나도 커서 '관세음보살 42수 진언'과 더불어 책으로 출간하기로 하였고, 여기에 그동안 소승이 불교대학에서 수차례 강의한 『천수경』을 정리하여 같이 합본하게 되었습니다.

소승의 강의는 형식이나 문자에 얽매이지 않았으며 자유로운 이야기를 통해 생활 속에서 깨우치도록 하였습니다. 과장이 없는 자연의 섭리, 법계의 도리를 벗어나지 않는 범의(範儀)내에서, 부처님의 말씀 그 본체를 이 시대에 맞게 합리적이고 조화롭게 나열하고자 한 것입니다.

그러나 아무리 훌륭한 진리라도 중생이 이해하지 못하고 실행할 수 없다면 그것은 무용지물입니다. 『천수경』을 앵무새처럼 달달 외워 수천만 번을 독송해도 그 본체의 진정한 의미를 섭렵하지 못하면 무슨 의미가 있겠습니까?

그래서 실천하는 불교, 생활 속의 불교로 민중과 하나 되기 위한다는 마음이 앞서, 혹시나 정리 중 놓치거나 오류를 범하지 않았는지 걱정스럽기도 합니다. 혹시라도 미흡하거나 부족한 부분이 있으면 중원의 제현님들께 이해를 구합니다. 또한 소승의 부족한 지식을 보충받기위하여 역대 대덕 고승들의 지혜를 여기저기서 빌려왔음을 말씀드립니다. 이것이 더 많은 불법을 포교하는데 함께 해 주신 공덕이라 생각하며 머리 숙여 감사를 드립니다.

끝으로 아무런 걸림 없이, 중생의 고뇌를 부처님 법에 의지하여 함께 나누며, 귀한 시간들을 같이 해준 대관음사 신도 가족여러분들과 국제명상대학 가족들의 관심과 격려에 감사드립니다. 특히 이 책이 세상에 빛을 볼 수 있도록 물심양면으로 격려와 질책을 아끼지 않으신 종정예하 큰스님 종단 대덕 큰스님들께 깊은 감사를 드리며, 이 원고를 수차례 교정해주시고 정리하여주신 대유학당 식구들과 건원 아우님께 진심으로 감사를 드리는 바이며, 이분들 모두 더욱 정진하시어 부처님의 가피가 충만하시길 기원합니다. 끝으로 소승의 졸필이 부처님 진리의 옹달샘에 작은 표주박이 되어 삶에 지친 중생들의 목마름에 감로수가 되기를 두 손 모아 기도합니다.

나무 관세음보살

목차

추천사 ◆ 5 / 저자의 변 ◆ 9 / 목차 ◆ 13

옴 소리와 어머니
천수경을 열며 ◆ 19

제 1장 경외 경을 열며
정구업진언 ◆ 43

제 2장 부처님은 어디에 계신가?
오방내외 안위제신진언 ◆ 55
개경게 ◆ 77
개법장 진언 ◆ 82

제 3장 부처님을 찾아 나섬
계청 ◆ 89

제 4장 참 부처님의 위신력
신묘장구 대다라니 ◆ 169

제 5장 꼭 벗어야 할 짐
사방찬 ◆ 199
도량찬 ◆ 207
참회게 ◆ 215
참제업장십이존불 ◆ 227
십악참회 ◆ 231
참회진언 ◆ 263

제 6장 오직 한마음
정법계진언 ◆ 271
호신진언 ◆ 273
관세음보살본심미묘 육자대명왕진언 ◆ 275
준제진언 ◆ 283

제 7장 부처를 만난 기쁨
여래십대발원문 ◆ 297
발 사홍서원 ◆ 310
발원이 귀명례 삼보 ◆ 315

부록
천수경 원문 ◆ 321
관세음보살 42수 진언 ◆ 333
옴 호신부 ◆ 348

해서는 안 될 일을 행하지 말라
해서 안 될 일을 행하면 번민이 따른다.
그리고 해야 할 일은 반드시 행하라.
그러면 가는 곳 마다 후회는 없다.

-법구경-

옴 소리와 어머니

천수경을 열며

『천수경』을 논하기에 앞서 불교의 시대적 배경과 오늘날의 흐름을 잠깐 짚어보고 본론으로 들어가도록 하겠습니다.

우리 불자들은 우리나라의 불교, 즉 한국 불교에 대한 사고가 분명해야 한다고 생각합니다. 한국 불교는 동남아·인도·일본 불교와는 다른 독자적인 정체성과 역사를 지니고 있을 뿐 아니라 독특한 한국 불교만의 신앙형태를 유지하고 있습니다. 따라서 한국 불교에 대한 사고를 확실히 해 두어야 이 강의도 그것에 맞춰 나갈 수가 있으며, 이러한 특성을 헤아려 수강에 접해야 여러 불자님들이 듣고 이해하는데 도움이 될 것입니다.

불교의 발생지이자 부처님께서 전법도량의 중심처로 삼았던 인도는 현재 불교가 거의 소멸된 상태입니다. 우리나라뿐만 아니라 중국·일본·태국·미얀마·필리핀 등에는 불교가 남아 있고 불교문화가 왕성하게 번성하고 있는데도, 오히려 인도에는 부처님의 성지만 남아 있을 뿐 인도 사람들 대부분은 불교를 믿지 않습니다. 여기에는 인도인들이 정법 신앙을 외면했다는 점도 있지만, 현학적 불교신앙의 태도로 대중과의 괴리를 불렀다는 점이 주요인이라 하겠습니다.

이러한 불교의 시대적 배경과 흐름을 먼저 이해한 후, 현존하는 한국불교 속에 숨어 있는 관음신앙의 진수인『천수경』을 만나야 할 것입니다.『천수경』은 대중신앙의 모태가 될 빼어난 경전으로 손꼽히고 있다는 점에서도 매우 중요한 의미를 지니고 있습니다.

『천수경』은 관세음보살님의 서원입니다. 관세음보살님은 살아 있는 중생에게 제일 가까이 있는 보살님이라고 할 수 있는데, 물론 이런 서원을 세우신 보살님으로 지장보살님도 계십니다.

지장보살님께서는 "죽은 영혼 모두를 구제하여 이 사바세계가 불국토를 이루었을 때 비로소 부처가 되겠다."고 서원했습니다.

관세음보살님은 여기에서 한걸음 더 나아가 "살아 있는 우리 중생 중에 단 한사람이라도 삶에 대한 불평·불만·부족함이 있다면 절대로 부처가 되지 않겠다."고 서원하셨습니다. 그래서 『천수경』에 과거 무량겁 동안 나타난 불보살님의 행적을 기술하심으로써, 그것을 수지 독송하는 중생들로 하여금 그 진실의 힘에 의해 평화롭고 만족하게 되도록 하신 것입니다.

부처님 경전에 나오는 관세음보살님의 위신력은 말로 다 설명할 수 없습니다. 능력으로 보나 덕으로 보나 지혜로 보나, 그 무엇을 보더라도 부처님에 전혀 손색이 없는, 아니 그 이상이라고 칭송을 들음에도 불구하고 아직도 자신의 서원을 이루느라고 보살행을 하고 계십니다.

특히 관세음보살님을 깊이 인식하고 있는 나라는 우리나라뿐이라는데 주목할 필요가 있습니다. 삼국 시대에 불교가 전래된 이후, 고려·조선시대를 거쳐 근대 불교에 이르기까지, 그 공통점은, "한국불교의 핵심이며 한국불교가 지향하는 부처님은 관세음보살님이시다" 라고 해도 지나친 말이 아닐 것입니다.

그것은 한국 불교에 접목되어 있는 민속종교를 살펴봐도 알 수 있습니다. 즉 칠성신앙·용왕신앙·산신신앙 등과 같은 재래신은 모두 관세음보살님 속에 들어와 있습니다. 다른 부처님의 위신력을 이야기할 때, 우리가 말하는 칠성이나 조왕·산신·용왕 등의 신앙들은 각각 설명되는 반면, 관세음보살님의 신앙을 이야기할 때만큼은 이 모든 신들이 관세음보살님의 원력 속에 들어 있고 흡수되어 있다는 것입니다.

관세음보살님은 대자대비(大慈大悲), 천수천안(千手千眼)이라는 수식어가 붙는데, 이것은 '어느 무엇 하나 나의 밖에 있는 것이 없다'는 뜻입니다. 때문에 우리와 관세음보살은 동질의 하나이며, 관세음보살님이 한국 불교 신앙의 주체가 되는 원인이기도 합니다.

우리 민족에게는 불자가 아닌 타종교인들이나 종교를 특별히 가지고 있지 않다고 이야기하는 분들의 마음속에도 공통적으로 남아 있는 민속적 신앙이 있습니다.

항상 이른 아침이면 우물에서 정화수를 떠서 장독 위에 놓고 집안의 평강과 자녀들의 건강을 비는 구복신앙, 동지가 되면 팥죽을 쑤어서 역귀들을 물리치고 한 해의 액기(厄氣)를 보내는 강녕신앙, 집을 짓기 위해 나무를 베거나 작은 묘터를 하나 만들 때에도 산에 가서 그 땅을 지켜주시는 산신님께 감사의 산제를 지내는 산신신앙, 배를 타고 바다로 나갈 때 용왕님께 제사를 지내는 용왕신앙, 심지어 부엌에서 밥물을 붓고 밥을 하는 동안에도 밥에 잡귀가 붙지 말게 해달라고 비는 조왕신앙에 이르기까지, 이런 모두가 우리 민족 마음속에 남아 있는 민속신앙입니다.

이런 신앙들을 총체적으로 묶어서 이야기한 것이, 불교에서는 관음신앙, 즉 관세음 보살님을 중심으로 한 신앙이라고 말할 수 있습니다.

　관세음 신앙의 매력은 또한 현세에서 이루어진다는데 있습니다. 흔히 우리는 살아 있는 인간의 욕구·욕망을 충족시켜 주는 현세 기복(祈福)적인 신앙을 '관음신앙'이라고도 하며, 관음신앙은 대자대비한 부처님의 위신력이기도 합니다. 즉 현세를 사는 사람들의 소원과 기원을 더욱 중요시 여기는 것이, '모든 중생구제의 서원'을 둔 관세음보살님의 위신력입니다. 관세음보살님을 믿는 신앙, 그 신앙의 뿌리가 되는 부처님 법이 바로 『천수경』입니다.

　물론 우리들이 일상적으로 독송하는 『천수경』은 원래 부처님 경에 나와 있는 『천수경』이 아닙니다. 염불할 때 사용하기 위하여 '정구업진언'부터 '새바라야 사바하'까지 재편집한 것입니다. 왜냐하면 원래 관세음보살님의 『천수경』은 책으로 치자면 『금강경』의 200배, 보통 책으로 표현하면 400쪽 이상되는 책 10권 정도의 분량이기 때문입니다.

　경전을 보면 관세음보살께서 다라니, 즉 『천수경』의 핵심이 되는 신묘장구 대다라니(神妙章句大陀羅尼)를 놓고 부처님과 일문일답(一問一答)을 하는 장면이 있습니다.

　　관세음보살께서 부처님께 말씀드립니다.
　　"저는 이 세상 모든 사람 중에 다라니를 한 번만이라도 독송할 기회가 있었던 사람이, 지옥에 가거나 나쁜 마귀의 시험에 드는 일이 생긴다면 부처가 되지 않겠습니다. 이 다라니를 한 번이라도 들었던 사람이, 이 다라니를 듣고도 지옥에 간다면 저는 부처가 되지 않겠습니다."

관세음보살이 부처님께 드린 말씀의 핵심은, 『천수경』 다라니는 듣기만 해도 지옥고를 면할 수 있는 엄청난 위신력을 그 안에 지니고 있다는 이야기입니다. 다시 말해 신묘장구 대다라니 안에 들어 있는 그 힘은 온 우주, 즉 부처님의 법계와 같다는 의미를 내포하고 있습니다. 이를 놓고 보면 『천수경』이야말로 불가능이 없는 신묘한 대다라니가 아닐 수 없습니다.

관세음보살님의 위신력을 보여주는 일화가 하나 있습니다.

부처님께서 총지왕보살·보왕보살·야광보살·약사보살·관세음보살·대세지보살·화음보살·대장음보살·오장보살·보덕장보살·금강장보살·허공장보살·미륵보살·보현보살·문수사리보살 등 여러 보살님들을 앞에 두고 법문할 때였습니다. 그때 관세음보살님께서 부처님 몰래 신묘장구 대다라니를 혼자 독송하면서 위신력을 슬쩍 보였습니다.

그 위신력은 온 우주가 캄캄할 때, 즉 칠흑같은 밤에 달빛은 물론 불빛도 없어서 바로 옆 사람의 표정도 볼 수 없는 그런 때에, 갑자기 전기 스위치를 올리면 모든 것이 눈부시게 밝아지는 것과 같은 위신력입니다. 쉬운 예로 설명했지만, 그 위신력은 말로는 어떻게 표현할 수도 없는 장관입니다.

많은 대보살님들이 앉아서 부처님의 법을 듣고 있는데, 관세음보살님이 대보살님들의 마음을 전부 다 열어버린 것입니다. 온 우주 심라만상의 법계를 한눈에 볼 수 있도록 심안(心眼)을 활짝 열었던 것입니다. 그렇게 되자 그 자리에 앉아 있던 많은 보살님들이 깜짝 놀랐습니다.

"부처님, 이게 도대체 무슨 일입니까? 깜깜한 이 밤에 갑자기 온 천지에, 삼천대천 세계에, 그림자 없는 밝음, 그림자 없는 깨우침이 나타났는데 도대체 이게 어찌된 연유입니까?"

석가모니 부처님께서 대답하셨습니다.

"그래, 바로 그것이다. 저 관세음보살이 신통력을 보여 그대들의 심안을 열었다."

관세음보살님이 아무도 모르게 살짝 위신력을 보였을 뿐인데 이렇게 나타난 것입니다. 그렇지만 관세음보살님도 부처님을 속일 수가 없음을 알고 부처님께 머리 숙여 절을 한 후 말씀드렸습니다.

"부처님이시여! 제가 열심히 수행정진한 덕분에 이러한 신통력을 얻었는데, 그 신통력은 바로 '신묘장구 대다라니'에서 나옵니다.

제가 이 다라니를 여기에 있는 여러 보살님들께 알려주고 싶은데 부처님께서는 허락해 주시겠습니까?"
이에 부처님께서 "좋다"하시니 관세음보살님께서 여러 보살님들께 신묘장구 대다라니를 알려주셨습니다.

이 이야기에서도 엿볼 수 있듯이 『천수경』에 나오는 신묘장구 대다라니는 부처님 법의 핵심입니다. 『천수경』 하나만 가지고도 여러분은 부처가 될 수 있다는 말입니다. 이것은 대자대비하신 어머님의 마음과 같습니다. 우리가 관세음보살님을 '대자대비하신 어머니'라고 표현하고, 이 세상에서 자식을 사랑하고 보호하는 어머니의 본능보다 더 큰 것은 없는데, 이 어머니의 마음과 같은 것이 바로 신묘장구 대다라니 입니다. 우리가 지금 배우려고 하는 『천수경』의 본뜻은 관세음보살님 그 자체이며, 천수천안 그 자체이며, 부처님 그 자체입니다.

부처님께서 관세음보살님에게 물었습니다.
"도대체 너는 어떻게 해서 그런 훌륭한 법을 깨우쳤느냐? 무엇을 해서 그것을 깨우쳤느냐?"
관세음보살님이 답했습니다.
"저는 신묘장구 대다라니에 주력(呪力)하여 깨우쳐서 그것에 통달하고 보니 그렇게 되었습니다. 처음에는 아무 것도 아닌 줄 알았으나, 신묘장구 대다라니를 독송하고 외우며, 그 뜻을 깨우치고 나니 제가 팔지보살의 자리에 올라와 있었습니다. 이 힘은 감히 말로 표현할 수 있는 것이 아닙니다."

그러자 부처님께서 또 이렇게 물으셨습니다.

"그러면 누구나 신묘장구 대다라니를 독송하면 그렇게 되겠느냐?"

"앞에서 말씀드린 것과 같이 이 신묘장구 대다라니를 자기가 직접 외우거나, 혹 외우지 않았더라도 옆에서 누가 하는 것을 들은 인연만 있어도 지옥중생을 한 번 면할 수 있습니다. 만약에 그런 사람이 지옥에 간다면 저는 결코 성불하지 않을 것입니다."

관세음보살님께서는 또 이렇게 말씀하셨습니다.

"신묘장구 대다라니는 한 번 듣기만 해도 지옥고를 면하고, 한번 외우기만 하면 태(胎)로 태어나는 고통을 면하게 됩니다."

부처님도 아홉 번의 전생을 거쳤습니다. 또 관세음보살님도 수없이 전생을 윤회하시면서 관세음보살님으로 자리를 잡으셨는데, 신묘장구 대다라니를 읽고 난 후 한 번도 태로 온 적이 없었다는 이야기입니다.

사람을 비롯한 포유류는 대부분 태로 오지만, 우주 만상이 생명으로 오는 데에는 습기(濕氣)로 오는 것, 열(熱)로 오는 것, 알(卵)로 오는 것 등의 많은 길이 있습니다. 닭은 알로 오고, 진딧물·해조류 등은 물의 습기에 의해 생산되는 것입니다. 아무것도 없는 물을 며칠 동안 놓아두면 그 속에 무언가가 생기게 됨을 목격하곤 합니다. 그런 것들은 습으로 오는 것입니다. 열로 오는 것은, 곰팡이 같은 것이 습으로 생겼다가 생명으로 다시 바뀔 때 열을 받아서 일어나는 것입니다. 사람은 태로 오는 대표적인 생명체입니다.

그렇다면 생명으로 오는 길 가운데 태로 오는 것이 가장 잘 오는 것인데, 태로 오지 않으면 어떻게 온다는 것일까요? 바로 그냥 오는 것입니다. 석가모니 부처님은 태로 왔지만, 관세음보살님은 태로 오지 않을 수 있는 힘이 있다는 것입니다.

그리고 관세음보살님께서 이 다라니를 한 번 듣기만 해도 지옥고를 면하고, 한 번 독송만 해도 태로 오는 고통을 면할 수 있다고 하셨는데, 부처님께서 누구나 다 그렇게 되냐고 물으시자 유의해야 할 대목을 한 가지 지적하셨습니다.

"다만 한 가지 안 되는 것이 있습니다. 신묘장구 대다라니를 외우거나 듣는 동안에 100% 하나가 되지 않으면 안 됩니다. 신묘장구 대다라니를 읽거나 듣거나 하는 동안에, 그 신묘장구 대다라니와 내가 완전히 하나가 되지 않으면 상을 받을 수 없습니다."

그러자 부처님께서 또 이렇게 물으셨습니다.

"100% 행하지 못한 사람은 결코 성불할 수 없다는 의미이냐?"

관세음보살님께서 대답하셨습니다.

"태로 올 것을 면하거나 지옥고를 면하거나 하지는 못하더라도, 그 향기를 맡은 사람은 그 향기의 과보만큼 은혜를 받도록 되어 있습니다. 100까지 가기 힘든 분들은 50까지만 가도 거기에 맞는 상이 있습니다."

관세음보살님의 이 같은 대답은, 신묘장구 대다라니를 읽거나 듣기만 해도 우리의 인생을 희망적으로 바꿀 수 있음은 물론, 우리가 동경하는 이상 세계를 열어나갈 수 있음을 확인해 주는 말입니다. 그리고 마지막으로 아주 중요한 말씀을 주셨습니다.

"이것을 믿지 않는 자에게는 신묘장구 대다라니가 썩은 고름과 다를 바 없다. 믿지 않는 자에게는 지금까지 내가 한 말이 썩은 고름과 같은 것이다."

고름은 더러운 환부에 해당하므로 도려내고 버려야 하는 것입니다. 믿지 않는 자에게는 아무리 좋은 것도 고름과 다를 바 없습니다. 그렇게 좋은 『천수경』이 왜 도려내야만 되는 고름으로 변할까요?

우리에게 피와 살이 되는 아주 좋은 영양을 담고 있는 맛난 음식이 있습니다. 그것이 입안으로 들어가면 우리의 생명력을 강화하는 큰 활력소가 됩니다. 그렇지만 입안으로 들어가지 못하고 옷에 묻는다든지, 카펫에 떨어지면 그처럼 더러운 오물이 없습니다. 고급 음식물이 가장 더러운 쓰레기 오물로 변하는 것입니다. 『천수경』을 믿는 것은 입안으로 음식물을 넣어 소화시키는 것이고, 『천수경』을 믿지 않는 것은 옷이나 카펫에 음식물을 떨어뜨리는 것입니다.

따라서 믿어야 합니다. 음식을 잘 씹고 운동시켜서 완전히 소화시켜야 내 것이 되듯이, 관세음보살님의 신앙은 절대 믿음이 필요합니다. 물론 지장보살을 비롯한 제 보살 신앙도 믿음이 바탕이 돼야 합니다. 그 믿음을 통해 서원하는 바를 이룰 수가 있습니다. 그 중에서도 특히 관세음보살님의 신앙은 믿음이 무엇보다 강조됩니다. 이는 관음신앙의 또 다른 특성 중 하나라 하겠습니다.

『관세음보살 보문품』 중에 관세음보살님을 예찬하는 구절을 게송으로 읊어놓은 것이 있습니다.

"중생의 세상 백 천 억 국토마다 자재하신 몸, 달[月]같이 나투시니 짝할 바 없네. 무량한 저 자비여!"

"관세음! 관세음! 자비하신 어머니시여! 원하옵나니 자비시여! 이 도량에도 밝아 오사 저희들의 작은 공양을 받아주소서! 메아리 응답하듯 부르는 소리 낱낱이 찾아 고통 구해주시고, 천 개의 강에 밝은 달 모두 비추듯, 소원 발하는 이마다 큰 안락을 주시는 이여!"

달은 하늘에 하나밖에 없습니다. 하지만 열 개의 대야에 제각각 물을 떠놓고 보면 달도 열 개가 있습니다. 관세음보살님도 이와 같습니다. 하늘에 떠 있는 달은 하나이지만, 천 개의 강과 일만의 물에 두루두루 달로 떠 어둠을 밝히는 영롱한 빛을 발합니다. 즉, 관세음보살님은 한 분이시지만, 우리 지구상에 있는 60억 인구 하나하나마다 관세음보살님이 존재할 수 있다는 말입니다.

뿐만 아니라 관세음보살님은 우리들의 그 끝없는 욕구와 소망마저도 충족시켜 줘야겠다고 생각하셨기에, 천 개의 눈을 가지고 여러분들을 보살펴 주고 계십니다. 두 개의 손도 모자라 천 개의 손으로 여러분들을 다 보호하고 어루만져 주십니다. 천 개란 단순히 천이란 수를 의미하는 것이 아니라, 한량없이 무한한 손과 눈을 가지고 있음을 뜻합니다. 얼마나 크신 마음입니까?

끝없는 중생의 소원이 얼마나 애달팠으면, 인간의 욕심과 생각들이 얼마나 애달팠으면, 그를 채워주기 위해 천의 손[千手]이 되셨을까! 얼마나 사랑하셨기에 천의 눈[千眼]을 가지셨을까!

"한 중생에 팔만의 병고요, 한 중생에 팔만의 번뇌인데, 항하사(恒河沙)→갠지즈 강의 모래만큼 많은 숫자) 중생의 고통 모두 씻어주시는 관세음! 관세음! 자비하신 어머니시여! 원하옵나니 자비시여! 이 도량에도 밝아오사 저희들의 작은 공양을 받으옵소서!
금강석! 그 견고하고 맑은 신심과 진실하고 고운 그 마음 모아놓고, 묘한 진리 남김없이 말씀하는 분이시여!"

금강석은 다이아몬드입니다. 세상에서 제일 강하다는 금강석 같이 견고하고 맑은 신념, 그리고 어린아이의 그 천진함, 즉 부처님의 마음과 부처님의 생각과 같은 진실하고 고운 그 마음을 모아놓고, 거기에 묘한 진리를 남김없이 말씀하시는 이가 관세음보살님입니다.

"가야 할 고향이여! 극락! 저 청정한 보배 궁전에 대세지 보살님보다 위에 계시는 관세음! 관세음! 자비하신 어머니! 원하옵나니 자비시여! 이 도량에도 밝아오사 저희들의 작은 공양을 받아주소서! 아쉬울 것도 없도다. 천의 손이시여! 당신을 잊고 있을 때도 감싸주시니, 나 이제 더 이상 아쉬울 것 없도다."

극락에는 아미타불이 계시고, 그 좌우에 각기 관세음보살과 대세지보살이 계십니다. 우리는 이 세 분을 아미타삼존불이라고 합니다. 그중에서도 관세음보살은 아미타불의 왼쪽에 계시는 으뜸 제자인 것입니다. 혹자는 관세음보살의 이마 위 화관에 아미타불이 용출한 것을 보고 관세음보살이 바로 아미타불의 화신이라고도 합니다. 관세음보살은 석가모니불이 멸적하신 후 미래불인 미륵불이 나오기 전까지를 맡아 중생구제를 하십니다.

이런 관세음보살님을 제대로 알고 이 『천수경』을 제대로 공부하면 정말 아쉬울 것이 없습니다. 세속적 욕심은 항상 물질에 끄달리게 마련입니다. 돈이나 명예나 권력을 좀더 가지려고 하나, 채워질수록 갈증과 아쉬움이 더해질 뿐입니다. 이런 마음을 관세음보살님의 마음으로 채우면 아쉬울 것이 없게 되고, 궁극적으로는 절대적 평화와 행복을 만들 수 있다는 것입니다.

여러분들이 원하고 있는 물질이나 권력이나 아름다움이나 금강석이나 소구소원, 이런 것들마저도 관세음보살님이 다 알고 계시고 다 이루어 주실 것이기 때문에 맡기기만 하면 되는 것입니다. 그렇지만 중생심이란 게 그렇듯, 맡겨버리는 마음이 100이 되지 않습니다. 맡겨놓고 믿어야 되는데, 맡겨놓고 믿지 못해 불안해하는 게 우리 중생들입니다.

"정말 관세음보살님이 이루어주실까?
관세음보살님은 과연 계시는 걸까?

관세음보살님이 해주시기는 할까?

내가 정성이 부족해서 조금밖에 안 해주시지 않을까?

나는 불사를 조금만 했으니까 조금밖에는 안 주시지 않을까?"

이런 불완전한 생각 때문에 100으로 믿지 못합니다. 완전히 맡겨야 합니다. 다 맡겨버리고 여러분들의 몫을 해야 합니다. 그런데 맡기지 못하는 이유는 왜 그렇습니까?

"외로울 것이 없도다. 천의 눈이시여! 당신 찾기 전에도 돌봐주시니, 나 이제 더 이상 외로울 것이 없도다."

내가 당신을 찾기 전에도 당신은 나를 돌봐주고 있었다는 것을 알게 되었다는 이야기입니다. 여러분들은 그냥 태어나서 사는 것 같지만 그렇지가 않습니다. 여러분들은 전생에 모두 부처님 인연으로, 복덕의 인연으로, 과보의 인연으로, 부처님의 가피력을 받고 있다는 것을 알게 되었다는 것입니다. 그러니 더 이상 외로울 것이 없습니다. 내가 밤길을 가면 그 옆에 관세음보살님이 계실 것이고, 내가 어느 외딴 공간에 있다 해도 관세음보살님이 옆에 계십니다. 내가 언제 어디에 있든지 항상 관세음보살님이 계실 터이니, 더 이상 외로워할 이유가 없습니다.

"깊고 맑은 삼매의 눈으로 삼계가 본래 청정함을 아시옵나니, 뵈옵는 그 눈이 청정함이라. 안락의 주인이시여! 우러르면 이미 성스러운 신통 보이시고 이익 주시는 이여! 구하면 어느새 이 몸을 거두어 주시니, 범부의 말과 생각이 미칠 곳이 아님이라. 관세음! 관세음! 자비하신 어머니이시여! 원하옵나니 자비시여! 이 도량에도 밝아오사 저희들의 작은 공양을 받아주소서!
뜨는 해, 진리의 음성이여! 기뻐 뜨는 삼천세계 걸림 없는 묘한 말씀으로 진리 밝게 설하신 이여! 온갖 중생 원과 바람에 자비 바람으로 답하시고, 법계의 중생을 그릇 없이 건져주시네!"

물론 이것뿐만 아니더라도 『관세음보살님 보문품』 중에는 여러 게송이 있습니다. 그런데 관세음보살님께서 우리를 이렇게 감싸고 우리가 어떻게 믿어야 할 것인지에 대해, 아주 중요한 부분의 게송만 뽑아서 이 책에 나열해 놓았습니다.

하지만 아무런 느낌없이 그냥 읽게 될 때는 무미건조한 '글 읽기'에 불과합니다. 아무런 감흥도 감동도 없게 된다는 말입니다. 관세음보살님에게 조금이라도 가까이 다가서려면 무엇보다 내가 먼저 시인이 되어 책을 대하는 마음이 필요합니다. 가령 내가 십지보살이 되어서 여러 중생을 앞에 놓고 시를 읽는다는 기분으로 한번 읽어보십시오. 그러면 이 속에 있는 좋은 구절들이 구구절절 내 마음에 속속 들어올 것입니다.

　불교 이야기는 여기저기 어디서 끌어대어도 결국은 하나의 점으로 와서 닿게 되어 있습니다.『천수경』이든,『금강경』이든,『반야심경』이든,『법화경』이든,『지장경』이든, 그 무슨 경전이든 무슨 법이든 무슨 말씀이든, 결국 부처님의 해탈법문을 중심으로 오게 되어 있습니다.

　『천수경』은 테이프로 된 것도 많습니다. 아침저녁으로 마음을 비우고 듣게 되면, 어느새 자신의 마음이 정제되어 가는 것을 느낄 수 있을 것입니다.

　도토리를 따서 가루를 내고 물에 자꾸 씻어 그 떫은 맛을 다 떨궈내면 묵이 되는 것입니다. 여러분들은 지금 마음속에 도토리와 같은 떫은 맛을 가지고 있습니다. 떫은 맛이란 탐·진·치 삼독심 같은 것입니다. 그 떫은 맛을『천수경』의 샘물로 자꾸자꾸 씻어 내야 합니다. 계속 우려내다 보면 결국 마지막으로 묵이 남습니다. 떫은 맛이 사라진 묵은 무애한 마음의 경지를 상징합니다.

　삼천대천세계가 정말로 순식간에 여러분 눈앞에 훤하게 드러날 것입니다. 아무것도 막힘이 없는, 걸림이 없는, 때묻지 않은, 그림자도 없는, 그런 밝은 여의주로 여러분들 앞에 탁 나섭니다. 그럴 때는 정말 걸림이 없는 경지를 체득함으로써 환희심과 행복과 자유가 무엇인지 깨달아 알게 됩니다.

부디 여러분들이 법문을 듣고, 부처님 말씀을 듣고, 게송을 외우고, 『천수경』을 공부하고, 불보살님께 기도를 올리고 하는 것으로 큰 발원을 모두 이룰 수 있는 계기가 되었으면 합니다.

여러분들은 오늘 이 시간 이후부터 세공사(細工士)가 돌을 다듬어 다이아몬드를 만들어내듯이 금강심을 내야 합니다. 다른 것은 생각하지 말고 관세음보살님과 가족, 두 가지에만 생각을 고정하십시오. 그 외의 상념은 아무 필요가 없습니다. 그것만 해결되면 됩니다. 먹고 입고 하루하루를 살아가는 기본적인 삶은 관세음보살님께서 다 해주신다고 하셨습니다. 이런 믿음과 생각으로, 아무데서나 단전에 힘을 주고 앉으면 관세음보살님으로 생각이 고정되어 나옵니다. 그러다 보면 자신도 모르게 관세음보살님과 하나가 됩니다.

『천수경』의 다라니를 외우는 자에게는 열 가지 얻는 것이 있습니다. 여기에 다섯 가지를 더 보태어 열다섯 가지의 위신력을 관세음보살님께서 주신다고 하셨습니다.

첫째, 목마르고 배고프며 춥고 가난한 고통을 벗어나게 해 줍니다. 여러분들은 목마른 고통을 당해 보신 적이 있습니까? 등산을 해본 분들은 아실 겁니다. 물을 미처 준비하지 않았다든가, 등산 중에 샘을 놓쳤다든가 해서 완전히 기갈이 되어 한 방울의 물만이라도 목에다 축였으면 하는 그런 갈증을 느낄 때가 있었을 것입니다.

이 때의 갈증과 마찬가지로 세속적 물욕은 항상 우리를 목마르게 합니다. 아무리 부어도 채워지지 않는 밑 빠진 독처럼 우리는 목마름에서 벗어나지 못할 뿐 아니라, 결국엔 채우려 하는 욕심의 올가미에 걸려 패가망신하는 경우를 경험하게 됩니다. 그렇지만 삶의 근간이 되고 기본이 되는 가정의 행복과 가족의 건강 등, 그런 목마름 정도는 관세음보살님이 모두 해결해 주십니다. 이러한 목마름이 우리에게 올 때, 그런 고통을 벗어날 수 있는 길을 얻는다 했습니다.

둘째, 감옥에 갇히거나 몽둥이나 채찍에 맞아서 죽는 일을 면하게 해 주십니다.

셋째, 남으로부터 원수 갚음의 죽음을 당하지 않게 됩니다. 즉, 살인을 당하거나, 나의 나쁜 일로 인해 복수를 당해 죽는 죽음은 만들어지지 않는다는 것입니다.

넷째, 전쟁터에서 서로 죽임을 주고받는데, 그 죽임 중에 상대를 죽이는 것은 어쩔 수 없다 하더라도 내가 죽임을 당하는 일은 없게 됩니다.

다섯째, 호랑이나 이리 등 짐승들로부터 공격을 받아서 죽는 일은 없게 됩니다.

여섯째, 독사나 살모사·전갈 같은 파충류의 공격을 받아서 죽는 일 또한 없습니다.

일곱째, 물에 빠지거나 불에 타죽는 일도 면하게 됩니다.

여덟째, 독약에 중독되어서 죽는 일도 일어나지 않게 됩니다.

아홉째, 뱃속에 있는 벌레의 독으로 죽는 일도 없습니다.

열째, 미치거나 정신을 상하는 일이 벌어지지 않습니다.

열한째, 산과 나무, 낭떠러지 등에서 떨어져 죽는 일도 면하게 됩니다.

열두째, 악인이나 도깨비 같은 삿된 것에 홀려서 죽는 일도 없게 됩니다.

열셋째, 사악한 신이나 악귀로부터 음해 당하여 죽는 일도 없게 됩니다.

열넷째, 악한 병이 몸을 망쳐서 죽는 일도 없게 됩니다.

열다섯째, 살해당하거나 자살하는 죽음은 당하지 않게 됩니다.

『천수경』을 외우거나 한 번만이라도 듣는 이는 이러한 열다섯 가지 슬픈 일을 면한다고 했습니다. 다시 말해 우리가 비록 천수를 다하지 못하는 일을 당한다 하더라도, 이 열다섯 가지 일로 인해 천수를 다하지 못하는 일은 없을 것이라는 말입니다.

제 1장
경외 경을 열며

정구업진언(淨口業眞言)

> 수리수리 마하수리 수수리 사바하(세 번)

『천수경』 본문에서 제일 먼저 나오는 구절은 '정구업진언(淨口業眞言)'이지만 『천수경』의 첫 구절은 아닙니다. 『천수경』의 원 제목은 '천수천안 관자재보살 광대원만무애대비심 대다라니(千手千眼 觀自在菩薩 廣大圓滿無碍大悲心 大陀羅尼)'인데, 원 경문은 보통 400쪽 이상 되는 책 10권 정도의 분량입니다.

일반적으로 알려져 있고 지금부터 강의할 『천수경』은 우리나라 불교에 맞도록 각색하고 축소시킨 것입니다. 또 여기에 처음 나오는 정구업진언은 『천수경』을 독송하기 위해 입을 청결히 하는 진언으로, '정구업진언'은 어느 경전이든 가장 처음 나오는 구절입니다.

'입'을 청결하게 갖추는 것은 예의의 기본입니다. 특히 많은 사람을 만나 대화를 나눠야 하는 직업을 가진 사람일수록 늘 입안을 청결하게 가꿉니다. 치과에 갈 때도 양치질을 하고 가는데, 하물며 부처님 경전을 독송하는 이로선 먼저 입을 청결하게 하는 것은 너무 당연합니다.

따라서 '정구업진언'은 모든 경전을 독송하기 전의 기본자세로써, 『천수경』에만 있는 것이 아니라 『금강경』을 해도 정구업진언을 해야 되고, 『반야심경』을 해도 정구업진언을 해야 되며, 『화엄경』을 해도 정구업진언을 해야 됩니다. 또 경전만 그런 것이 아니라, 일상 생활에서 누군가와 대화하기 전에도 정구업진언 하는 마음을 가져야 합니다. 정구업진언이라는 것은 『천수경』의 본문과 관계가 있는 것이 아니라, 불교의 기본바탕이 되는 행위를 설명해 놓은 것입니다. 이것 하나만 정확하게 배우고 여러분의 것으로 만들어도, 부처님과 좀더 가까워지고 좀더 깊은 맛을 볼 수 있으리라 생각합니다.

중국에서 있었던 일입니다. 길거리에 어떤 도인이 앉아서 무엇인가를 판다고 하는데 도대체가 아무것도 없었습니다. 기이하게 여긴 한 사람이 무엇을 파느냐고 물었습니다.

"내가 파는 것은 아주 굉장한 보물인데 당신이 사겠습니까?"

"내가 사겠소."

도인에게 500냥을 주고 그 물건을 샀습니다. 그 안에는 다음과 같은 글귀가 적혀 있었습니다.

"혀만 조심하면 평생의 과보를 반은 막는다."

이 말 한마디가 바로 보물입니다. 세 치 혀가 천하를 우롱할 수 있고, 원수를 만들 수도 있습니다. 반대로 원하는 이와의 사랑을 이룰 수도 있고 남을 흥하게 할 수도 있습니다. 그런데 대부분은 좋은 것 보다는 나쁜 것이 더 많다고 합니다. 그만큼 입이 갖는 업보는 매우 큽니다. 따라서 어느 경전 앞에라도 '정구업진언'이라는 단어가 나옵니다. 말을 함부로 하면 커다란 업을 짓게 됩니다.

내가 내 감정을 자제하고 생각하여 말을 골라 할 수 있고, 화가 날 때 참고, 할 말 안할 말 가려서 할 수 있다면, 이미 여러분들의 인생은 반 이상 성공한 것입니다. 그만큼 말은 중요한 것입니다. 그래서 어느 경전 앞에서건 어디서건 간에 처음에 정구업진언이 붙어 있는 것입니다.

여기서 말하는 '정구업(淨口業)'을 글자 그대로 해석을 하면, '입으로 지은 업을 깨끗하게 소멸해 달라'는 뜻입니다. 하지만 그런 뜻으로 여기에 적혀있는 것은 아닙니다. '내가 입으로 행할 수 있는 모든 사악함, 내 마음에서 우러나올 수 있는 일과, 나도 모르는 사이에 입을 통해 저질러질 수 있는 모든 일들을, 부처님이시여! 잡아 주옵소서! 내가 입으로 짓는 모든 업을 짓지 않도록 청정하게 해 주소서!' 하는 그런 소원입니다.

그런데 한 가지 유의해야 할 점이 있습니다. 어떤 누구에게 마냥 좋은 말을 했다고 해서 반드시 선업이 된다고 생각해서는 안 됩니다. 좋은 말도 때에 따라선 악업을 지을 수 있습니다. 어떤 사람을 칭찬했더니, 그 칭찬을 믿고 일을 벌여 낭패를 본 경우도 있기 때문입니다. 좋은 말이라 해도 때에 따라선 다른 악업을 짓게 된다는 점을 유의해야 합니다. 그래서 수행자들은 1년에 한 번씩, 또는 수시로 묵언(默言)이라는 것을 합니다.

"말을 많이 하지 말아라, 네가 말로 하고자 하는 것을 가능하면 행동으로 보여라." 하고 부처님께서도 말씀하셨습니다. 이론으로 따져서 이렇습니다. 말로 하지 말고 행동으로 보임으로써, 상대방으로 하여금 나의 진실과 진심을 스스로 파악케 해야 한다는 것입니다. 실제로 말보다 행동이 감동의 깊이를 더합니다. 때문에 말로써 하는 것은 행동으로 하는 것보다 바람직하지 않습니다.

"입으로 짓는 업이 제일 큰 업이다."라고 했습니다. 사람이 입으로 짓는 업이 세상에서 제일 큽니다. 그래서 이 업을 어떻게 소멸할 수 있는 방법이 없을까 하고 우리는 정구업진언을 외웁니다. 그러나 그저 부처님이 만들어 놓은 다라니를 통해서 '수리수리 마하수리 수수리 사바하'만 한다고 해서 업은 소멸되지 않습니다. 중요한 것은 내가 근본적으로 그 업을 소멸할 수 있는 마음이 되어야 합니다.

이런 업을 짓는데 중요한 역할을 하는 것 중의 하나가 바로 혀입니다. 이 혀를 어떻게 사용하느냐에 따라서 업이 좋아지느냐 나빠지느냐가 결정됩니다. 그러니 이 혀의 사용이 얼마나 중요한가를 강조하지 않을 수 있겠습니까? 아무 생각 없이 내뱉은 말이 언젠가 송곳이 되어 돌아옵니다. 말을 하는 사람은 지나가면서 그냥 툭 던지고 갔지만, 듣는 이는 평생 그 말에 상처받아 살기도 합니다. 강한 자가 우습게 던진 말이 약한 자에게는 비수가 될 수도 있는 것입니다.

'정구업진언 정구업진언 정구업진언……'

말을 할 때 항상 정구업진언을 먼저하고 말을 하십시오. 정구업진언을 하는 것은 말을 정화하는 의미도 있지만, 한 번 참는 인내도 생겨납니다. 정구업진언을 마음속으로 한번 되새기는 동안에 여러분들이 화가 났던 감정을 삭이게 되고, 악한 말이 나가려던 것이 조심스레 좋은 말로 바뀌게 되며, 좋은 말이 나가야 될 상황이었다면 더 좋은 말이 보태져 나가게 되므로 꼭 정구업진언을 해야 합니다. 그래서 어느 경전 앞이건 정구업진언이 없는 곳이 없습니다.

정구업진언은 『천수경』의 본문은 아니지만 『천수경』을 하기에 앞서 '우리가 입으로 지은 모든 삿된 것들을 바르게 고쳐 주십시오' 하는 의미로 하는 것입니다.

말을 조심하라는 말은 천번 만번 반복해도 모자랍니다. 그래서 정구업진언은 생활 속에서 습관화해야 합니다. 아무리 화가 나도 정구업진언을 외우면 화가 사라지고, 화를 참을 수가 있습니다. 모든 언행을 하기 전에 '수리수리 마하수리 수수리 사바하'를 외우십시오.

수리수리 마하수리 수수리 사바하

'수리'라는 말은 범어로 '길상존(吉祥存)'이라는 말입니다. '길상'은 좋은 생각, 좋은 사고, 좋은 업, 이런 뜻입니다. 그러므로 길상존, 즉 수리라는 말은 좋은 생각, 뜻, 법계, 부처님의 진리라는 말입니다. '수리수리' 이렇게 두 번 반복한 것은, 한번 말을 해서 그 뜻을 다할 수 없기 때문에 추가하여 그 뜻을 더 크게 부각시키는 것입니다.

'마하'의 의미는 '크다, 위대하다'라는 뜻입니다. 이 '크다'라는 말은, 이것 보다 저것이 크다는 그런 비교의 뜻이 아닙니다. 비길 데 없는, 어느 것과도 비교되지 않는, 하나밖에 없는, 이 온 우주 공간에 오직 하나밖에 없는 하나, 그런 뜻입니다. 때문에 '마하'라고 하면 '오직 그것밖에 없는 큰 것'을 말합니다.

'마하수리'는 '크고 유일하게 좋은'의 뜻이고, '수수리'는 '수리'에 '수'자를 하나 더 붙여서 그 뜻을 강조해 놓은 것입니다.

모든 경의 끝에는 '사바하'라는 말이 나옵니다. 그 뜻은 '그와 같이 이루게 해 주십시오'라는 뜻입니다. '그와 함께 하게 해주십시오, 그와 대등하게 해 주십시오, 원하는 대로 이루게 해 주십시오'라는 표현입니다.

길상존(크게는 부처님을 말합니다. 부처님은 우주에 한 분 뿐인 길상존입니다. 그 분은 자신의 모든 것을 우리를 성불시키기 위해서 희생하셨던 분입니다. 그래서 길상존은 쉽게 말해 부처님을 말하는 것입니다)이 여기에서 사용되는 의미는 내가 일으키는 마음자리입니다. 좋은 일, 선한 일, 대승적 불교 행위를 하기 위해서 이웃을 돕는 자비의 마음, 나에게서 일어나고 있는 성스러운 좋은 마음 이런 것들입니다. 이제 이 뜻을 모두 풀어 말하면 이렇습니다.

"자비로운 마음! 자비로운 마음! 이 세상에서 하나밖에 없는 큰 자비로운 마음! 더 크고 큰 자비로운 마음! 그 자비로운 마음을 내가 갖도록 해 주십시오!"

'수리수리 마하수리'할 때 여러분들의 마음속에는 부처님의 마음을 담고 있어야 합니다. 착하고, 아름답고, 보배로운, 선하고 좋은, 자비로운 이런 마음들이 함께 있어야 합니다.

"길상존이시여! 길상존이시여! 대길상존이시여! 하나밖에 없는 큰 길상존이시여! 그 길상이 원만히 성취되게 해 주십시오!"라고 다른 책에 설명이 되어 있습니다.
'길상존이시여' 하면 사실 와닿는 것이 좀 어렵습니다.

"착한 마음이여, 착한 마음이여! 아름다운 마음이여, 아름다운 마음이여! 자비로운 마음이여, 자비로운 마음이여! 이 우주에 하나밖에 없는 자비로운 마음이여! 오직 그 자비로운 마음을 내가 이루게 하십시오!' 한다면 조금 더 가까이 마음에 닿을 것입니다.

조금 더 가까이 간다면
"사랑하는 마음이여, 사랑하는 마음이여! 이 세상에 하나밖에 없는 사랑하는 마음이여! 오직 사랑하는 마음으로 살게 해주십시오!"
또는 "좋아하는 마음이여, 좋아하는 마음이여! 이 세상에 하나밖에 없는 좋아하는 마음이여! 오직 좋아하는 마음으로 살게 해주십시오!"

정구업진언이라는 말은, 그 글자 풀이만으로는 '입으로 지은 모든 악업을 선하게 바꾸어 주십시오' 라는 뜻이지만, 그 진언의 뜻은 원초적인 것 자체를 없애려 하는 것입니다. 이미 내가 선악을 가지고, 나쁜 것을 입을 통해서 내보낸 뒤에 그것을 후회하거나 바꾸려하는 것은 의미가 별로 없습니다. 그렇게 하고 나서 고치려면 너무 힘이 듭니다. 일을 저질러 놓고 고치기 보다는 원인을 만들지 않는 것이 좋습니다.

내가 어떤 생각을 일으키든, 내가 다라니를 하고 있는 동안에는 내가 그것과 완전히 하나가 되어서 오직 정구업진언의 본체가 되어야지, 그저 소리로 외우는 앵무새가 되어서는 아무 의미가 없습니다. 앵무새는 남의 소리를 빌려 흉내 내는 가성(假聲) 조류입니다. 앵무새가 어떤 소리를 낸다 한들 그것은 흉내에 불과한 것입니다.

그러나 사람은 다릅니다. 사람은 흉내를 내는 것이 아니라, 말을 하면 그 책임도 져야 하는 것입니다. 그래서 이런 공부를 하고 있는 것입니다. 정구업진언의 중요성은 백 번, 천 번 강조하고 천년만년 역설해도 지나침이 없는 대표적 진언입니다. 그러므로 늘 여러분의 머릿속에 새겨 두시고, 누구와 대화를 하더라도 정구업진언을 상기하면서 대화를 한다면, 평화롭고 자비로운 마음을 흩뜨리지 않으실 것입니다.

마음은 항상 담백하고 고요하게 가져라.
입을 삼가고 조심하여
아첨하고 속이는 일이 없어야 한다.
시끄럽거나 험악한 곳을 버리고
조용하고 편안한 곳에 거처하여
그 육체를 청정하고 조화있게 하라.
몸가짐을 항상 삼가고
설사 비방하는 소리를 듣더라도
참을지니라.

-보살장정법경-

제 2장
부처님은 어디에 계신가?

오방내외 안위제신진언
(五方內外 安慰諸神眞言)

　'오방내외 안위제신진언'에서 '오방'이라는 것은 동·서·남·북·중앙의 다섯 방위를 말합니다. '내외'는 안과 밖이라는 뜻이니, 오방을 안과 밖으로 두루두루 아울러서 말한 것으로, 오방내외는 온 우주 전부를 말합니다.
　'안위제신진언'에서 '안위'는 몸과 마음을 편안히 가지라고 위문하는 것이고, '제신'은 모든 신을 뜻하니, 모든 신들에게 몸과 마음을 편안히 가지라고 위문하는 진언이라는 뜻입니다.
　이제 '오방내외'와 합해서 말하면, '아니 계시지 아니하는, 어느 곳이든 항상 계시는 모든 신들이시여! 몸과 마음을 편안히 가지십시오.' 하는 진언이 됩니다. 즉 "내가 이제 『천수경』을 할테니 모든 신들께서 나를 도와주십시오." 하는 내용입니다.
　오방내외 안위제신진언은 일본 『천수경』이나 인도 『천수경』에는 없습니다. 우리나라 『천수경』에만 각색이 되어 있는 것입니다. 이것은 한국 불교의 특색과 밀접한 관련이 있는 부분입니다. 부처님이 이 땅에 불법을 내리신 후 우리나라에까지 금구성언이 전해질 때, 우리 민속 신앙이 너무도 뿌리가 튼튼하고 민중에 깊숙이 자리하고 있었습니다.

부처님의 정법을 받아들여 모든 중생을 깨달음의 길로 이끌어가는 정법불교의 방향과는 어긋나 있었으나, 민속 신앙 자체가 또 민중들의 설움을 달래고 소원을 들어준다는 차원에서 커다란 순기능이 있었으므로, 이러한 민속 신앙을 단박에 타파하거나 바꿀 수는 없었습니다. 우선 우리의 고유한 민속 신앙을 불교가 흡수하여 근기를 높일 필요가 있었습니다. '오방내외 안위제신진언'은 이런 신앙적 배경에서 탄생된 표현입니다.

'오방(五方)'이라는 것은 부처님 경전 그대로 온 우주의 모든 신을 말합니다. 그런데 왜 오방이라 했을까요?

토속 신앙에서는 동·서·남·북·중앙의 여러 신들이 존재합니다. 우선 '칠성님'이라하여 북두칠성을 상징적으로 하는 신이 있고, 부엌에는 불을 다스려 우리 공양을 돕는 조왕신이 있습니다. 물에 가면 용왕이 있고, 산에 가면 산신이 있습니다. 이렇게 우리 조상들은 모든 사물에 신이 있다는 것을 알고, 이 신들을 믿고 경배하며 살아왔습니다. 여기에서도 알

수 있듯, 오방을 다스리는 신들이 제각각 있다고 믿어온 게 우리의 전통 민속신앙이었습니다. 그렇지만 불교는 이들을 부정하지 않고 우리 민속적인 가치 기준을 다 받아들였습니다.

물론 방위체계로 말하자면 오방보다 더욱 많은 팔방·시방으로도 나눌 수 있습니다. 하지만 크게 나누어서 모든 신들을 오방으로 표현했고, 이들 신들에게 "내가 지금 『천수경』을 독송하려 하니 함께하여 원만 성취할 수 있도록 나를 도와 주십시오." 하는 진언이 '오방내외 안위제신진언' 입니다.

한 걸음 더 나아가서, 『천수경』은 정말 너무너무 훌륭하고 뛰어난 경이므로 나만 듣고 나만 득도를 해서는 안되기 때문에, 일체의 모든 오방에 계시는 신들께서도 같이 들어서 성불할 수 있는 기회를 주어야 한다는 것입니다. 『천수경』의 매력이 느껴지는 대목입니다.

따라서 이 『천수경』을 읽는 마음은 결코 내가 성불하고, 내가 보다 많이 알려고 하기 때문에 하는 것이 아닙니다. 부처님을 알지 못하는 미물에서부터, 부처님을 알고 있는 인간, 천상에 있는 모든 신들까지도, 이 『천수경』을 통해서 공덕을 나눌 수 있다고 생각하면 『천수경』이 얼마나 귀중한 것인지를 알 수 있을 것입니다.

> 나무 사만다 못다남 옴 도로도로 지미 사바하
> (세 번)

나무 사만다 못다남 옴 도로도로 지미 사바하

'나무 사만다 못다남'에서 '나무[南無]'라는 말은 '귀의합니다'라는 의미입니다. 나무 석가모니불, 나무 관세음보살, 나무 지장보살' 등은 '석가모니 부처님께 귀의합니다, 관세음보살님께 귀의합니다, 지장보살님께 귀의합니다'라는 의미입니다.

'귀의합니다'의 의미는 작게는 '내가 당신을 따릅니다, 내가 당신의 뜻을 믿습니다' 이런 의미이지만, 크게는 '당신과 내가 하나가 됩니다'라는 의미입니다. 하나가 되지 않으면 아무런 의미가 없습니다. '너는 너고, 나는 나다'라는 이종관계로 존재하는 것이 아니라, '오직 당신에게는 나뿐이고, 나에게는 당신밖에 없습니다.'라는 의미로 받아들여야 합니다.

다시 한번 더 강조합니다.
불교에서 '나무'라는 의미는 나와 그 상대, 다시 말해 나무 석가모니불하면 '석가모니 부처님과 내가 오직 하나가 되어야 한다'라는 말입니다. 여기서 '나무'라는 말은 '귀의한다, 받들겠다, 당신을 나와 똑같은 몸으로 받들겠다'는 의미입니다.

'귀의합니다'라는 말은 그저 받들고 좋다는 의미보다는 '그

대와 내가 하나가 되겠습니다'라는 의미입니다. 하나가 된다는 것은 내 아픔이 곧 당신의 아픔이고, 당신의 아픔이 곧 내 아픔입니다. 그리하여 결국엔 적멸의 세계에서 하나의 법체를 이루고 말겠다는 자기 서원이기도 합니다.

하나 됨은 말로는 쉬운 것 같지만 실제로는 잘 안됩니다. 하나로 이어지는 과정에는 수많은 장애가 놓여있기 때문입니다. 탐·진·치 삼독심이 앞을 가리고, 수많은 번뇌가 높다란 산과 깊은 강물을 만들어 하나 됨을 방해합니다.

그렇지만 『천수경』을 통해 우리는 부처님과 하나 되는 노력을 부단히 기울여야 합니다. 이유는 부처님과 나는 육신으로 만나는 것이 아니라, 법신으로 적멸의 법계를 열어야 하기 때문에 하나가 되어야 한다는 것입니다.

'사만다'라는 말은 쉽게 표현해서 '두루두루 모두'라고 표현할 수 있습니다. 흔히 '두루두루'라는 말은 '너와 나, 더 멀리, 더 많이'라는 의미를 나타내지만, 일체가 하나라도 빠지면 안 된다는 함축성이 있습니다. 일반적으로 '두루두루 다 편안하십니까?'는 '여기에 계신 분들이 모두 편안하십니까?'라는 말이지만, 그 중에 편안하지 않은 사람이 있어도 상관이 없다는 말입니다.

하지만 '사만다'의 뜻은 '두루두루'이지만 누구 하나, 한 개라도 빠지면 안 되는 의미를 던져주고 있습니다. 전부, 온 우주, 동서남북, 중앙, 팔방, 시방, 이 모든 것에 있는 생명과 신과 미물 중 어느 하나도 빠지지 않는 이런 말로 이해를 하셔야 합니다.

오방내외에 있는 모든 신 중에 한 명이라도 나를 옹호하지 않거나, 내가 『천수경』을 읽는데 동참하지 않거나, 이런 것이 아니라, 절대적으로 동참해야 한다는 것을 강조해 놓았습니다. 이런 의미라는 것을 숙지하시기 바랍니다.

'못다남'에서 '못다'라는 말은 '붓다, 부처님'이라는 말입니다. 부처님이라는 말의 원어는 '붓다' 입니다. 붓다를 우리말로 옮기면서 그 음역(音譯)이 '못다'로 되었습니다. 즉, 부처라는 말입니다. 뒤에 '남'이라는 말은 복수어입니다. 부처하면 딱 한 분이지만, '못다남' 하면 부처들, 모든 부처님, 온 우주에 계시는 부처님들을 말합니다. 과거 칠불을 비롯한 석가모니 부처님과 이후의 모든 부처님, 그리고 미래세에 출현할 수많은 부처님을 총칭하여 모든 부처님을 일컫는 말입니다. 이외에도 '남'은 밝은 계명주구슬을 이마에 둔 것 같아 깨끗하고 흰빛이 나서 장엄하다는 뜻이 포함됩니다. 즉 부처님 몸에서 엄청나게 밝은 지혜의 빛이 방광된다는 뜻입니다.

'옴 도로도로 지미 사바하'는 실질적인 진언입니다. 앞에 있는 것은 '내가 무엇을 하려 하니 어떻게 도와주십시오' 하는 서론입니다. 즉 '부처님, 내가 지금『천수경』을 펼치려고 합니다. 모든 신들께서 나를 도와주도록 해 주십시오' 라는 뜻입니다.

어느 진언을 하든지 '옴'이라는 말을 많이 만나게 되는데 이 '옴'이라는 글자 하나에 이 세상의 모든 진리가 들어있다는 사실을 공부를 하시는 동안에 배우게 될 것입니다.

이 '옴'은 이 세상의 모든 진리를 함축시켜 놓은 것입니다. 부처님의 팔만사천 대장경을 딱 하나로 묶어 놓은 것이 '옴' 입니다. 이것을 풀어 놓으면 팔만사천이 다 나옵니다. 이 '옴' 이라는 글자 안에 있는 신비한 힘은 이루 말할 수 없는 것입니다.

따라서 이 진언은 100% 믿어야 합니다. 믿지 않으면 그 위신력이 나에게 오질 않습니다. 그 옴이라는 것을 100% 믿을 때만 그 위신력이 나에게 옵니다.

옴은 진언의 왕이요, 우주법계의 핵심이며, 소리의 근원이라고 말합니다. 또한 옴은 피안에 이르는 법선(法船)이며, 최상의 찬탄구입니다. 옴을 짧게 읽지 말고 길게 장음(長音)으로 읽어보면, 지극히 신비한 힘이 담겨 있음을 경험하게 될 것입니다. 옴은 이렇게 아주 중요한 진언입니다.

1946년 노벨문학상을 수상한 독일의 문호 헤르만 헤세가 쓴『싯다르타』를 읽다보면, 옴이라는 것을 통해 명상하고 성불하는 장면이 나옵니다. 옴과 내가 바로 하나가 되면 부처님 세계에 돌입할 수 있다는 것을 문학적 장르를 통해 증명해 보이고 있는 것입니다. 그러니까 이 옴에 대한 믿음을 확연하게 지니시고 옴과 함께 신앙생활을 영위해 가실 수 있었으면 합니다.

오방내외 안위제신진언 속에 옴이 나오는 이유는, 이렇게 중요한 옴을 통해서 오방에 계시는 모든 신들을 다 조용하게 안위시켜서 나를 보필하게 하고, 이 옴과 내가 하나가 될 수 있도록 나를 도와달라는 그런 의미입니다. 뿐만 아니라 이  '옴'을 발하면, 모든 신이 무릎을 꿇고 경전을 들을 준비를 해야 하는 위신력이 있습니다.

그 다음에 나오는 '도로도로'라는 말은 '엄준보살이 공작왕과 만병(蠻兵)을 두루 다스리듯이' 하는 뜻입니다. '사만다'의 그것처럼 '두루두루, 모두' 그런 의미입니다. 그러나 도로도로는 형식적으로 의미하는 '모두'와는 차이가 있습니다. 오방신은 물론 만병 하나하나, 예를 들어 선생님이 아이들을 가르칠 때 말로만 '모두' 이렇게 말하는 것이 아니라, 아이들 한 사람 한 사람에게 가서 '순이 너도, 영철이 너도' 이렇게 섬세하고도 자상하게 직접 관심을 표명한다는 의미입니다.
 "이 오방에 있는 모든 신들께서 통틀어 나를 잘 도와주십시오." 이렇게 하는 것이 아니라, 일일이 다 "누구누구 토지신이시여, 용왕신이시여, 사천왕이시여, 제석천왕이시여!" 하며, 전체 신을 다 하나씩 이야기해서 두루두루 하나도 빠뜨리지 아니하는 일체, 모두를 다 챙기신다는 뜻임을 잘 새겨두어야 하겠습니다.

 '지미'라는 말은 '씨앗'이라는 뜻입니다. 그냥 보리나 쌀 등의 씨앗이 아니라, 부처님의 피안에 갈 수 있는 종자, 그러니까 이 신들을 다 편안케 만들어서, 내가 신묘장구 대다라니를 통해 관세음보살님의 위신력에 힘입어서 피안의 길을 갈 수 있도록 만드는 원인, 씨앗이라는 말입니다. 그것은 즉 옴이라고 해도 틀리지 않습니다.
 그렇지만 여기서 말하는 '지미'는 옴보다는 한 수가 낮습니다. 옴은 아주 극적인 표현을 할 때 쓰는 것이어서, 옴 보다는 강조하는 뉘앙스가 한 단계 낮다 하겠습니다. 그렇지만 뜻은 크게 다르지 않습니다. 모든 신들을 다 함께 이끌어서 부처님 쪽으로 갈 수 있는 종자, 씨앗이 곧 '지미' 입니다. 씨앗이라고 여기에서 해석한 것은 다른 큰 의미가 있습니다. 우리가 두 가지를 놓고 이야기 할 수 있는데 우선 밭과 씨앗을 놓고 이야기 하겠습니다.

오방내외안위제신진언

밭이 아주 기름져 옥토라 할 수 있다면 씨앗이 조금 부실해도 좋은 열매를 맺을 수 있습니다. 그러나 씨앗이 아무리 좋고 튼튼해도, 땅이 비옥하지 못하고 땅 속에 풍성한 미생물들을 간직하지 못하고 있다면 열매는 커녕 싹도 맺지 못한 채 썩어 없어지고 말 것입니다. 이는 농작 경영에 있어서 변하지 않는 진리입니다. 땅과 씨앗은 서로가 뗄래야 뗄 수 없는 불가불리의 관계이지만, 서로가 서로의 역할을 바꿔서 할 수는 없습니다.

땅과 씨앗이 둘 다 좋으면 풍성한 과실을 맺을 수 있음은 물론입니다. 하지만 땅이 씨앗을 바꿀 수는 없고 또 그 반대로 씨앗이 땅을 바꿀 수도 없습니다. 보리를 심었는데 땅이 그것을 벼로 바꿀 수 없는 이치와 마찬가지입니다. 하지만 분명히 한 가지는 알아두셔야 할 것이 있습니다. 씨앗은 불변입니다. 심고 가꾸고 그 종자를 키워내는 대로 열매를 맺게 된다는 말입니다. 때문에 씨앗의 중요성은 매우 크다 하겠습니다. 이해를 돕기 위해 조금 더 설명을 곁들이겠습니다.

씨앗은 단순히 현재 놓여있는 씨앗이 아닙니다, 한 톨의 씨앗 속에는 온 우주의 진리가 다 들어있습니다. 즉 생명과 잎 그리고 뿌리 줄기 등 씨앗이 장래 커서 변화될 모든 것을 다 함축하고 있는 것입니다. 이렇게 보면 한 톨의 씨앗은 정말 대단한 에너지의 산물입니다. 지미는 바로 이러한 것입니다.

 '사바하'라고 하는 것은 『천수경』이나 『반야심경』이나 『금강경』에서 수없이 나오는 말입니다. 이 말의 뜻은 '원만성취'입니다. 어떤 일을 하나 성취하는데, 수단과 방법을 가리지 않고 이루어내는 것은 원만성취와는 거리가 멉니다. 남에게 피해를 주고 다른데 못할 짓을 해가며 이루어 낸 일은 원만성취라고 하지 않습니다.
 원만성취의 본뜻은 내가 어떤 원인을 만드는데 그 원인과 연관된 모든 인연, 그 인연들이 다 좋은 인연으로 원수됨이 없이 일을 성사시키는데 있습니다.
 예를 들어 집을 하나 짓는데, 옆집에 먼지를 날리고 도로를 막아 통행에 지장을 주기도 하며, 일상생활에 방해되는 소음을 주었다고 합시다. 또 옆집에서 돈 빌려오게 만들고 물건을 그냥 외상으로 갖다 쓰는 등, 집 하나 짓는다는 이유로 수많은 사람이 얽히고 설켜서 원한과 원망과 갈등을 만든 상태에서 집을 완성했다고 한다면, 아무리 훌륭한 집을 완벽하게 지었다고 해도 이는 '원만성취'라 할 수 없습니다. 모든 사람이 원하고 축복하고 도와주고 함께 좋아하는 마음으로 지어야 참다운 원만성취입니다.
 즉 원만성취는 내가 어떤 원인을 하나 만드는데, 그 원인에 대한 인연과 연관되어 있는 거미줄 같은 많은 인연들이,

조금이라도 모가 나거나 악과(惡果)를 짓지 아니하고 선과(善果)를 지어 성취를 할 때 원만히 이루어진다는 말입니다.

　이제 어느 정도 원만성취라는 말을 여러분들이 이해하셨을 것으로 압니다. 다 아시다시피 다른 이들의 고혈을 짜내고 이웃의 아픔을 빌려 이루어낸 권력과 재물은, 오래 가지 못한 채 패가망신하게 되는 경우를 여러분들은 신문과 방송 보도를 통해서도 접하실 수 있을 것입니다. 이런 이유로 무엇이든 원만성취를 할 필요가 있습니다. 이제 한번 합쳐 보겠습니다.

옴 : 이 세상에 하나밖에 없는 지극히 신비로운 이 진언을 외우고자 하니,
도로도로 : 한 명도 빠지지 아니하는 오방내외에 있는 모든 일체의 신들이 다 지극한 대비주 부처님의 위신력을 받아서 피안의 세계에 이를 수 있는,
지미 : 씨앗(생명)이 되어서,
사바하 : 원만하게 이루어지도록 해 주십시오.

　풀이를 하자면 대략 이런 뜻을 가지고 있습니다. 이런 진언은 굳이 다양한 해석을 할 필요는 없습니다. 뜻이 그렇다는 정도만 확실하게 인지하시길 바랍니다. 다시 말해 한 구절 한 구절 해석한 것을 충분히 소화해서서 '옴 도로도로 지

미 사바하' 하실 때, "이 우주 공간에 이 세상에 계신 제일 위대한 진언, 여의주 금강석과 같은 진언 '옴'을 통해, 이 삼라만상 법계에 있는 모든 신들과 함께 부처님 피안에 갈 수 있는 씨앗이 될 수 있도록 해 주십시오"하고 생각하십시오.

'옴 도로도로 지미 사바하' 안에 이렇게 큰 힘이 들어 있는 줄 아시는 분들도 계시겠지만, 모르는 분들이 더 많이 있을 것입니다. 부디 이 책을 통해서 진언이 가지는 위대한 힘을 이해하시고 습득하시기를 바랍니다.

내가 진정으로 어떤 것을 이루고자 하는 마음이 있다면, 전철 안이건, 버스 안이건, 시장 통이건, 어떤 장소에 있은들 어떻겠습니까? 내 마음이 정말 이루고자 하는 그 곳에 있으면 육신은 어디에 가 있건 그것은 상관이 없습니다.

그렇지만 여러분들이 비록 법당에 와 있다 하더라도 마음이 시장바닥에 가 있고, 여러분들의 마음이 집에 가 있고, 여러분들의 마음이 식당에 가 있으면, 비록 몸은 법당에 앉아 있어도 기도의 서원은 100% 성취할 수가 없습니다.

언제 어디서나 일심으로 믿고 정진할 때만 옴은 위대한 힘을 나타낼 것입니다.

이렇게 옴의 위대한 위신력을 아시면, 이제 여러분은 전부가 '옴·옴·옴·옴'하고 다닐지도 모르는데 그런 것으로 되는 것은 아닙니다. 입으로 백날을 한다 하더라도 옆의 사람에게 소음공해만 될 뿐입니다. 우선 나와 옴이 하나가 되어야 합니다. 절대의 믿음과, 그 옴에 대해 절대 신뢰하는 그런 상황에서, 옴과 나를 하나로 받아들인다면 부처님을 만날 수 있을 것입니다. 아니, 하나가 될 수 있을 것입니다.

옴은 바로 우주가 탄생할 때 생긴 태초의 소리이기 때문에, 아니 이 옴이란 소리가 발생하는 파장의 힘으로 온 우주가 창조되었기 때문에, 그 옴의 파동과 나를 일치시키는 것은 바로 나의 어머니이자 나 자신인 우주와 하나가 되는 것입니다. 우주의 모든 것이 나라면 미워할 것이 없어집니다. 누가 자신을 미워하고 해치려 하겠습니까? 오직 사랑하는 마음만 가득해집니다.

우리가 어디서 어떠한 경전을 읽든지, 어떤 다라니를 읽든지, 어떠한 상황에 놓이더라도 여러분들은 옴의 귀중함을 알고, 그 옴이 담고 있는 팔만사천경의 신비를 알고, 그리고 내가 그와 하나가 되는, 즉 옴과 내가 하나가 되는 노력을 해야 합니다.

그 노력을 하기 위해서는 평상심이 도라는 것을 이해해야 합니다. 그래서 평상심이 도가 될 수 있도록 일상생활을 바꿔야 합니다. 부처님 앞에 와서만 옴을 만나려 하고, 돌아가서는 자기 생활에 빠져든다면 아무런 의미가 없습니다. 여기에 있는 그 마음이나, 집에 있는 그 마음이나, 회사에 나가 있는 마음이 항상 여여(如如)하여, 옴 속에 같이 공존할 수 있도록 만들어야만 옴을 만날 수가 있습니다. 또 그 옴을 만나면 옴의 법선(法船)을 타고 여러분들이 부처님의 열반적정의 세계로 갈 수가 있는 것입니다.

'피안'은 열반이나 깨달음과 같은 말입니다. 피안은 우리가 지금 서있는 현실의 세계가 아닙니다. 현실의 세계는 갈등과 대립이 늘 상존하는 중생계를 말합니다. 우리가 이 현실에서 피안으로 도달하기 위해선 배를 이용해야 합니다. 이를 법선이라고 했습니다. 중국의 선지식들은 부처님이 되기 위해 꼭 성취해야 할 바라밀을 '도피안(到彼岸)'이라는 말로 번역했습니다. 도피안은 '저 언덕에 이르렀다'는 말로, 이 세상으로부터 윤회의 강을 건너 저쪽 언덕인 이상의 세계에 도달한다는 뜻입니다. 우리가 그 길을 가려면 법선을 타고 가야 합니다.

우리가 살고 있는 이 세상을 흔히 불교에서는 고해(苦海)로 표현합니다. 고통의 바다라는 것입니다. 법선이야말로 고통의 바다를 건너는데 제격입니다. 그런데 이 옴이 뭡니까? 이 옴이 바로 나를 그 곳에 데려다 줄 배라고 표현한 것입니다. 법선이라 표현한 것입니다.

부처님이 말씀하시는 열반의 세계, 증득의 세계, 정각의 세계, 영원히 오지 않는 세계, 성불의 세계에 내가 갈 수 있는 유일한 통로수단이 배입니다. 이 길이 바로, 그러니까 법선을 타면 바로 가는 것입니다.

그런데 여기서 왜 법선을 범선(帆船)이라고 표현했겠습니까? 범선이라 하면 어떤 생각이 떠오릅니까? 그냥 고요한 바다에 조각배가 가는 것이 떠오릅니까? 아니지요. 큰 파도가 치고 험악한 회오리 바람이 부는 바다에 돛을 올리고 빠져 나가는 기분을 연상하게 됩니다. 편안하게 간다면 범선이라고 이야기할 필요가 없습니다. 세상 온갖 번뇌의 파도가 일어나고 있는 고해의 바다에서 범선을 타고 부처님의 열반의 세계로 가는 그런 길이라는 것입니다.

이 옴이 얼마나 위대한 것인가는 말로써 다 표현할 수 없습니다. 인간의 힘의 범위에서 최소한으로 표현한 것이 겨우 이 정도입니다. 부처님의 팔만사천경을 우리가 온갖 미사려구를 동원한 말로 미화시킨다 해도, 한마디로 함축시켜서 말할 수 있겠습니까?

그런데 이런 설명없이 여러분들께 "그저 '옴'만 하십시오. 그러면 성불합니다. 옴, 옴" 한다면 여러분들의 믿음이 잘 성장하지 않습니다. 그래서 인간의 미사려구를 좀 이용한 것입니다. 그러니까 여러분들이 그 뜻을 보다 정확하게 파악해야 할 필요가 있습니다.

'극찬반구(極讚半句)다' 라고 했습니다.

더 이상 찬탄할 말이 없다는 것입니다. 말을 많이 한다고 해서 극찬이 되는 것이 아닙니다. 입으로 나온 소리로 옴을 다 설명할 수도 없고, 다 칭찬할 수도 없습니다. 어찌 더 찬미할 수가 있겠습니까?

이 옴 안에 들어있는 부처님의 팔만사천의 경전들을 여러분들이 머릿속에 항상 생각하십시오. 그리고 또한 이 옴은 우주 삼라만상에 있는 불행의 씨앗, 고행의 씨앗을 파괴시키는 역할도 합니다. 깨뜨려버린다는 것입니다.

지금 내가 가지고 있는 망상과 번뇌 그리고 탐·진·치의 삼독과, 지금 나에게 필요없는 것들, 나를 싸고 있는 포장된 쓸모없는 모든 것들을 이 옴이라는 다라니를 통해서 깨어버린다는 것입니다. 그리고 그 바깥에 있는 범선을 타고 피안에 도달할 수 있는 그러한 것입니다. 우리는 이 옴 속에, 관세음보살님의 크신 위신력이 있다는 것을 믿어야 합니다.

부처님의 참 진리 옴을 자신의 것으로 만드느냐 못 만드느냐 하는 것은, 서두에서 말했듯이 여러분들의 믿음 여하에 달려 있습니다. 100% 믿음으로써 그것을 완전히 이루겠다는 서원 없이는 완전한 원만성취를 기대하기 어렵습니다.

옴은 아주 위대한 진언입니다. 뒤에 '도로도로 지미 사바하'는 옴을 위해서 곁다리로 붙어 있는 것입니다. 옴은 정말 『천수경』의 핵이 되기 때문에 아주 강조하고 또 강조해도 지나침이 없는 부분입니다.

중국 한나라 때 이런 일이 있었습니다. 아주 유명한 학자가 자기 아들도 훌륭한 학자로 키우고 싶었습니다. 자기가 학자니까 아들도 학자로 키우고 싶었는데, 아이가 도대체 말도 듣질 않고 공부도 안하니 어떻게 할 수가 없었습니다. 동네 사람들도 다 욕을 합니다. '아비는 학자라고 남의 아이들을 가르치면서, 본인의 아들은 저 모양으로 키워 말썽만 피워댄다'고, 생각다 못해 이 학자가 도가 높은 스님이 계시는 절에 찾아가서 스님을 만났습니다.

"스님, 제가 다른 것은 다 제 마음대로 되는데, 자식문제 만큼은 제 마음대로 되질 않으니 스님께서 고견을 들려주십시오."
그러자 스님이 물었습니다.
"도대체 당신의 자식에게 원하는 것이 무엇입니까?"
"그야, 그 녀석이 공부를 열심히 하여 훌륭한 학자가 되었으면 좋겠습니다. 그렇지만 매일 술 마시고 놀러 다니면서 말을 듣질 않으니, 이 녀석이 마음잡고 공부를 잘하여 훌륭한 사람이 될 수 있도록 스님께서 도와주십시오."
"제가 힘이 된다면 돕겠으니 당신 아들을 내게 보내십시오."
이렇게 하여 그 아들을 스님께 보냈습니다. 어찌 됐든 아들이 스님께 가고 나서는 소식이 없었습니다. 유명한 학자인 아버지 밑에 있을 때는 하루가 멀다하고 사고치고 돌아다니던 녀석이라,

절에 하루도 있지 못할 거라고 내심 걱정하며 보냈는데 아무런 소식이 없는 것입니다.

하루, 이틀, 사흘, 한달, 석달, 그리고 일년이 지났습니다. 그 학자가 아무리 생각해도 너무 이상한 일이었습니다. 사고뭉치였던 그 녀석이 고즈넉한 산속에 들어가 어떻게 스님 밑에서 일년을 보낼 수 있었을까? 궁금증을 이기지 못한 학자가 스님을 찾아갔습니다. 아! 그런데 이게 어찌된 일입니까? 그 녀석이 스님 앞에 단정히 앉아 글을 읽고 있는 것입니다.

감히 들어갈 수가 없어서 스님 방문 앞에서 듣고 있는데, 한 시간 두 시간 기다리다 보니 어느새 서너 시간이 흘렀습니다. 학자는 아들 녀석이 무슨 공부를 하는지 궁금해서 가만히 귀기울여 들어보니까, '하늘천 따지, 하늘천 따지'하고 세 시간이 지나도록 '하늘천 따지'만 하고 있는 것입니다.

'그러면 그렇지. 네 녀석이 공부는 무슨 공부야! 그건 그렇고, 스님은 남의 귀한 아들을 받아놓고서 나무나 패고 불이나 때고, 물이나 길면서 시봉이나 들게 해 놓고서 고작 가르친다는 것이 어디서 들어먹은 하늘천 따지 두 글자만 가지고 저 짓을 하고 있다니….'

생각이 여기에 미치자 학자는 화가 머리 끝까지 치밀었습니다. 다짜고짜 스님 앞에 나아가 말했습니다.

"여보시오, 내 아들을 데리고 가겠습니다."

"왜 그러십니까?"

"아니, 내 아들이 일년 동안 여기에 와서 무엇을 했습니까?"

"수행을 하고, 도를 닦고 아주 열심히 했습니다. 아주 훌륭한 아드님이십니다."

"스님, 일 년 동안 내 아들에게 무엇을 가르쳤습니까?"

"하늘천 따지를 가르쳤습니다."

"일년 동안요?"

"그 일년에 하늘천 따지를 가르쳤으면 됐지 무엇을 더 가르쳐야 됩니까?"

학자는 그 말을 듣는 순간 혹시나 했던 기대가 무너졌습니다. 그리고는 당장 아들의 손을 잡고 절 문 밖에 나섰습니다.

"역시 중놈은 중놈이구나! 세상을 알지 못하는 중놈에게 아이를 맡기다니 내가 바보였어!" 하며 중얼거렸습니다.

아들은 학자인 아버지의 그런 심정을 그 순간 읽을 수가 있었습니다. 그 날부터 '하늘천 따지, 검을현 누르황' 해서 천자문을 마치고, 논어·맹자 등 사서삼경을 일년만에, 그것도 과거에 시험을 쳐도 될 정도로 공부를 해냈습니다. 그러자 아버지가 무릎을 탁 치면서 아들에게 이렇게 말했습니다.

"역시! 네가 그 스님 밑에서 하늘천 따지 밖에는 배우지 못했지만, 내 아들이라서 마음만 내면 일년 만에 이렇게 되지 않느냐? 그 일년 허송세월이 너무너무 아깝다. 그 일년을 내가 더 가르쳤더라면 일년을 안 거치더라도 바로 장원급제를 했을텐데……."

그러자 아들이 이렇게 말했습니다.

"아버님, 감히 드릴 말씀이 있습니다. 그 스님은 일년 동안 하늘 천 따지만 가르쳤지만, 다른 것을 모두 배운 것과 다름없습니다. 그뒤에 아버님께서 저에게 소학·대학을 가르쳐 주셨지만, 아버님 말씀하시는 것을 들으니까 스님께 배운 것이 그 안에 다 들어 있었습니다. 단순히 하늘 천 따지를 배운 것이 아니라, 하늘천 따지 두 자를 설명하는데 이 온 우주에 있는 법을 다 설명하셨고, 아버지께서는 책에 있는 소학·대학·논어·맹자를 가르치신 것에 불과합니다."

그렇습니다. 『천수경』을 할 때마다 정구업진언을 하고 옴을 하라고 하는 이유가 이 이야기 속에 들어 있습니다. 스님께서 그 아이를 데려다가 하늘천 따지만 가르쳤지만, 하늘천에 대한 위신력과 광대무변한 힘, 그리고 따지에서는 땅에서 이루어지는 모든 생명의 잉태와 보배로움과 땅의 따스함과 땅이 해야 할 모든 일을, 즉 '음과 양의 모든 조화를 다 설명했는데, 무엇을 더 설명해야 할 것이 있겠느냐' 하는 것입니다. 글자로만 봐서는 아들이 천(天)과 지(地)만 알았지만, 그 속에는 소학·대학·논어·맹자·중용·시경·서경·역경 등 사서삼경이 다 들어 있는 것입니다.

그러니 그 아들이 자기 아버지에게 '스님께서 일년 동안 천·지를 설명하신 말씀에, 아버님이 가르치신 학문 일체가 모두 들어 있다'고 말한 것입니다. 이것이 진정한 진리의 깨우침인 것입니다. 우리는 나무를 볼 줄도 알아야 하지만 때론 한 발짝 물러서서 숲을 보는 지혜도 있어야 하는 것입니다.

개경게(開經偈)

　개경게라는 말은 글자 그대로 경전의 게송을 연다는 말입니다. 경을 연다, 이제 『천수경』을 설한다, 이 말입니다.

　앞의 정구업진언은 '이런 관세음보살님의 위신력이 있는 훌륭한 진언을 공부하기 위해서, 내가 입으로 지은 삼라만상의 죄를 깨끗이 청소하고 새로이 시작하겠다'는 의미이고, 오방내외 안위제신진언은 '오방에 계시는 모든 신들에게 내가 이런 경을 읽겠으니 나를 도와주십시오' 라고 부탁을 하는 진언입니다.

　경을 여는데 왜 이런 것이 필요할까요? 이 구절 하나하나에 부처님의 그 오묘한 힘과 행이 그대로 다 들어 있기 때문입니다. 그래서 소중한 『천수경』을 열기 전에 나 자신의 마음과 시방에 있는 모든 불보살은 물론이고 모든 잡신들까지도 한마음으로 『천수경』에 집중하도록 하는 것입니다.

> 무상심심미묘법 백천만겁난조우
> 無上甚深微妙法 百千萬劫難遭遇
>
> 아금문견득수지 원해여래진실의
> 我今聞見得受持 願解如來眞實意

무상심심미묘법(無上甚深微妙法)

"부처님의 법은 너무도 깊고 넓고 훌륭하고 미묘해서 그것 보다 더 높은 것은 없다, 오직 존귀하신 분, 그 법 하나밖에 없다"는 뜻입니다.

무상심심미묘법! 부처님의 그 법은 너무 깊고, 너무 넓고, 너무 커서 그 뜻이 한 점의 하자가 없을 뿐 아니라, 미묘한 그 법이 높고 높아서 내가 감히 그것에 대한 어떤 반론도 제기할 수가 없습니다. 지금 여는 이 경이 바로 그러한 경입니다. 이렇게 나무랄 수 없는 큰 법을 이제 열겠습니다.

백천만겁난조우(百千萬劫難遭遇)

아마도 제가 사용하는 법문 중에 가장 많이 사용하는 구절일 것입니다. 어렵게 어렵게 너무 너무 어렵게 이생과 전생과 전 전생을 통틀어서도 어렵게 만날 수밖에 없는 것을 표현할 때 '백천만겁난조우'라고 합니다.

이 말을 해석하자면 태평양 바닷속에 있는 거북이가 천년에 한 번 물위로 툭 뛰어나올 때, 우연히 지나가던 난파선 조각, 그 나무도 통나무를 만난다는 것이 아니라 나무 조각을, 그 나무 조각도 구멍이 난 나무가 지나가는데, 이 거북이가 쑥 올라오다가 그 구멍으로 머리가 나올 수 있는 인연을 말합니다. 정말 기가 막힌 인연이 아닙니까?

상상도 할 수 없는 인연입니다. 천 년에 한 번 세상 구경을 하기 위해서 물위로 머리를 내미는데, 난파선의 구멍난 조각이 지나가다가 거북이가 올라오는 것과 딱 맞아 떨어져 그 구멍 속으로 거북이 머리가 들어가는 인연, 통상적인 인식으론 상상할 수 없는 상황입니다. 천년에 한 번씩 나오니까 오천년이라야 겨우 다섯 번 나오는 것이고, 만년이 지나야 열 번 나오는 것이고, 열 번 나와 보았자 난파선이 없으면 그냥 들어가야 되고, 그 구멍이 뚫려 있다고 해도 그 구멍에 머리가 들어가야 하는 것, 즉 거북이가 머리를 내밀고 나오는 것과 딱 맞게 난파선 조각, 구멍 난 조각이 지나 가서 거북이 머리가 그 구멍에 들어갈 수 있어야 하는 것입니다.

'백천만겁난조우, 항하사 겁, 무량수 겁' 이런 것들은 다 이해가 쉽지 않은 것들입니다. 부처님은 온 우주 삼라만상 모든 것들을 꿰뚫어 보고 있었던 것입니다. 수억 겁 동안에 한 번 있을까 말까한 상황을 보고 계셨던 것입니다. 그게 바로 '백천만겁난조우' 입니다.

아금문견득수지(我今聞見得受持)

"그렇게 만나기 어려운 인연을 내가 지금 보고 듣고 얻어 지녔습니다."

내가 마음으로 생각을 일으키는, 내가 생각하는 것들을 전환시켜보면, 오만가지 온 우주를 다 삼키고도 모자랍니다. 생각을 한번, 나쁜 것이든 좋은 것이든, 일으키는 상황에 따라서 그 생각의 폭이 온 우주를 다 삼키고도 모자라는 것이 인간의 마음입니다.

이러한 마음, 그러한 큰마음을 어디 한 군데에 못을 박고 서원을 세우기만 한다면, 광대무변한 위신력이 이루어진다고 설명하고 있는 것입니다. 이렇게 어렵게 만날 수밖에 없는 이 위신력을, 내가 이런 마음을 내서 맞아들이니, 그것이 눈에 보이고, 귀에 들어지고, 몸에 얻어 지니게 되었다는 것입니다.

원해여래진실의(願解如來眞實意)

'원해여래진실의'라는 말을 글 그대로 말하면, '원하건대 여래의 진실된 그 마음을 내가 알게 해 주십시오' 이지만, 그것은 그런 작은 뜻이 아닙니다. 여기서 말하는 '원해여래진실의'는, "부처님께서 우리를 구제하기 위해서 모든 것을 다 버리셨다, 모든 것을 다 내놓으신 마음을 알게 해주십시오." 하는 것입니다.

'원해여래진실의'라는 것은 온 우주 삼라만상 법계에 있는 모든 것, 내가 이름을 알지 못하는 모든 인종과 목축과 축생과 풀뿌리와 미생물과 그런 것마저도, 내가 지금 좋은 경을 읽는데 같이 동참해 달라는 뜻입니다. 또 자기 편한대로 내 편한대로 사용하는 그런 뜻이 아니라, 나와는 관계없이 삼라만상 우주섭리에 맞도록 이루어져야한다는 뜻입니다. 그래서 '내 욕심을 채우기 위한 것이 아니라, 불법을 전파하고 나보다 못한 중생들을 위해서, 이웃을 위해서, 사회를 위해서 내가 이런 경을 읽겠습니다.' 라는 뜻을 가지고 있습니다.

개법장진언(開法藏眞言)

> 옴 아라남 아라다(세 번)

'개법장진언'은 '경의 법 창고를 열겠다' 이런 이야기입니다.

그냥 아무렇게나 있는 경을 여는 것이 아니라, 쉽게 이야기 해서 '집의 문을 열겠소' 했는데, 대문을 열 것인지 안방문을 열 것인지, 장롱문을 열 것인지, 창고문을 열 것인지, 숨겨놓은 보석함 문을 열 것인지 하는 것입니다.

그래서 '개법장진언'에 어떤 문을 열 것인가를 상세하게 말해놓은 것입니다. 다시 말해 부처님의 경전인 법의 창고를 열겠다는 것입니다.

옴 아라남 아라다, 옴 아라남 아라다, 옴 아라남 아라다
"옴~ 편안하시어 아무런 갈등이 없는 계명주 빛을 내뿜는 그러한 만족을 이루도록 도와 주소서."

　이 옴이라는 것에 들어있는 여러 가지 뜻은 앞에서 구체적으로 설명한 바 있습니다. 이 『천수경』에는 옴이 제일 중심이라 했습니다. 이 옴을 위해서 모든 것이 형성되어 있다고 했습니다. 옴은 앞으로도 여러 곳에서 나올 것입니다. '옴'은 이 우주 안에 있는 오직 하나밖에 없는 광대무변한 것이고, '아라남'은 무쟁삼매(無諍三昧)라고 했는데, 이 말을 더 편안하게 설명하면 편안하시어 아무런 갈등이 없는 마음, 단어로는 이렇게 설명을 했는데, 이것은 곧 여여한 마음, 걸림이 없는 텅 빈 마음, 무장무애한 마음, 어떠한 고통이 오더라도 충분히 받아들이며 이겨낼 마음을 나타냅니다.

　'아라다'는 원하는 바를 다 이루어 만족했다는 것입니다. 텅 빈 마음으로 내가 만족하고 있는데 신경질이 왜 납니까? 짜증이 왜 납니까? 화가 왜 납니까? 지금 제가 말한 신경질, 짜증, 화는 모두 탐·진·치 삼독에서 오는 것입니다. 원함에서 오는 것입니다. 원하는 게 있어서 그것을 이루지 못했을 경우 원망이 따라옵니다. 원하는 바가 없으면 화가 날 일도 없습니다. 그런데 인간이 정말 원하는 것 없이 살 수 있겠습니까? 불가능합니다. 사람은 적당한 희망과 욕구가 없다면 살

가치마저 없기 때문입니다.

'옴 아라남 아라다'는 법의 창고를 여는 것이기 때문에 간절해야 합니다. 불교 경전에 나오는 모든 진언이 간절하지 않은 것이 없지만, 특히 이 '옴 아라남 아라다'는 더 간절한 것입니다.

『천수경』을 하실 때는 그 말 속에 이 온 우주의 기운을 다 담고, 그 속에 내가 표현하고자 하는 모든 감정을 다 싣고, 그것을 남이 들을 때 진실하게 내 마음이 100% 전달될 수 있도록 해야 합니다. 특히 이 개법장진언은 그러한 진실함이 없으면 아무런 의미가 없습니다. 법의 창고가 그냥 그렇게 쉽게 열리진 않습니다.

옴은 어떻게 하라고 했습니까? 옴을 하면서도 잡생각을 머릿속에 넣고 있다면 그 옴이 제대로 되겠습니까? 옴과 내가 하나가 되는…, 진정한 옴을 하고 있으면 물에서 파장이 일어납니다. 옴의 음에서 파장이 일어나는 것입니다. 그 물은 바로 옴 물이 됩니다. 기적의 옴이 일어납니다.

일본에서 있었던 일입니다. 옴 교주가 이런 물을 한 번에 수백만 원씩 받고 팔았습니다. 이런 방법으로 교세를 확장했습니다. 물론 이런 식의 사이비로 흘러가면 곤란하지만, 진정한 마음으로 하면 이루어지지 않는 것이 없다는 것을 이야기하기 위해서 제가 이런 이야기를 하는 것입니다. 제 말이 거짓인지 정말인지 알아보시려면, 먼저 여러분들의 건강을 위해서 옴 진언을 해 보십시오.

특히 신체 중에서도 제일 순환이 잘 안되는 손과 발을 맞부딪히면서 천천히 '오----오-------옴' 하고 날숨들숨을 교차하며 해보십시오. 아주 놀라운 위신력이 나타날 것입니다. 냉장고에 아무리 귀한 음식을 넣어놓고 기분 좋아하더라도, 그것이 내 살이 되고 피가 되지는 않습니다. 그것을 꺼내어 요리를 해서 내 입으로 들어가 소화가 되어야 비로소 비싼 음식의 가치를 발하는 것입니다. 실천이 중요한 것입니다.

사람의 제일 끝에 붙어있고 조금 있으면 내게서 떨어져 나갈 손톱과 발톱에도 뜨거운 에너지가 전달될 것입니다 몸에서는 제일 말단이고 조금 있으면 버려질 것이기에 영양보급이 제일 안되는 곳입니다. 옴을 해서 이곳이 건강해지는 것을 느껴 보십시오.

이것이 옴의 위신력입니다. 세상에 천대받고 곧 죽을 그런 생명이라도 위하고 아끼는 부처님의 마음입니다. 그 천대받고 곧 죽을 그런 생명이 나에게서는 손톱과 발톱입니다. 옴을 믿고 옴을 발하여 하나가 되면 모든 것이 원만해집니다.

이렇게 옴을 잘 활용하여 이 『천수경』을 배우는 동안만이라도, 이 옴의 진정한 위신력을 체험해 주시기 바랍니다.

제 3장
부처님을 찾아 나섬

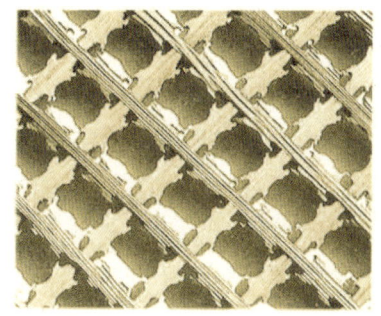

계청(啓請)

천수천안관자재보살　광대원만무애대비심
千手千眼觀自在菩薩　廣大圓滿無碍大悲心

대다라니　계청
大陀羅尼　啓請

"『천수천안관자재보살 광대원만무애대비심 대다라니』를 열어주시기를 바라옵니다" 즉 '천 개의 손과 천 개의 눈을 가지시고 온 세상 어디에나 계시면서 살피시는 관세음보살님의 광대하고 원만하시며 장애가 없이 큰 자비심이 있는 대다라니를 열어주시기를 바라옵니다.' 하는 것입니다.

천수천안 관자재보살

천 개의 손과 천 개의 눈을 뜻하는데, 여기서 천수천안이라고 하는 것은 광대무변한 것을 이야기합니다. 그러면 왜 하필이면 만수만안이 아니라 천수천안이라고 했을까요? 그것은 그 방대한 『천수경』을 우리에게 맞도록 각색하면서, 언어나 그 용어를 우리에게 아주 가까운 것들로 바꾸어 놓았기 때문입니다.

글자 안에는 음양오행이라는 것이 있습니다. 소리도 오행을 갖추고 있습니다. 오행에는 목화토금수가 있는데, 우리가 들어서 모나지 않고 둥글고 탐스럽고 부드럽게 들리는 소리가 있고, 강하게 와서 송곳같이 찌르는 소리가 있고, 모가 난 것처럼 느끼는 소리가 있고, 솜방망이같이 느끼는 소리가 있습니다. 그런 것들을 목화토금수로 나눕니다.

소리에는 이런 목화토금수의 성분들을 다 가지고 있는데, 우리 귀에 와 닿아서 감각적으로 와 닿을 때에는 천이라는 숫자가 제일 많다는 것, 아주 부드럽고 넉넉하고 여유가 있는 개념으로 받아들여지는 것입니다. 그래서 만수만안이라 하지 않고 천수천안이라고 했습니다.

이 천수천안은 모든 것을 다 수용합니다. 그래서 천 개의 눈, 천 개의 손, 이런 뜻이 아니라 '모든 것을 다' 라는 뜻입니다. 관세음보살님께서는 온 우주 삼라만상 모든 것을 다

감싸 안을 수 있는 손과, 어느 곳에 있다 하더라도 다보고 다 알 수 있는 눈을 가지고 있습니다. 그래서 숨을 자리가 없고 빠져나갈 곳이 없다는 그런 의미를 부여합니다. 그래서 '관자재보살'이신 것입니다. 관세음보살님께서는 여러분들이 어느 곳에 있든지 간에 다 알고 있으며, 여러분들이 어디에 있더라도 그 위신력으로 여러분들을 감싸고 보호하는 힘이 있다는 것을 여기에 강조해 놓은 것입니다.

광대원만무애대비심 계청

더 이상 어떻게 표현할 수 없는, 비교의 대상이 없는, 광대무변한, 서로 비교가 되지 않는, 오직 하나밖에 없는 존귀한 그런 뜻입니다. 광대무변한 무애 대비심, 그러한 관세음보살님의 그 다라니를 제가 수지 독송하려 합니다.

여기서 관세음보살님은 대자대비하신 어머니와 같습니다. 낳은 아이와 그 아이를 무장무애하게 성장시키고, 마지막으론 자기를 다 주어서 완성시키는 어머니 말입니다.

어머니! 어머니라는 단어 그 속의 위신력이라는 것은 관세음보살님과 다를 바가 없다고 했습니다. "여자는 많지만 어머니는 없다"라는 말이 있습니다. 어머니라는 말은 불가에서는 자비라고 말을 합니다. 사랑은 주고받고, 내가 주었으면 언젠가는 그 대가를 받는 조건이 거의 붙어 있습니다.

어머니의 사랑을 적절하게 표현한 것으로 『성경』에는 아가페라든가 오메가라는 사랑이 있는데, 이것이 기독교적 절대가치의 사랑입니다만, 이마저도 자식을 통한 보상심이 배어 있다 합니다. 그러므로 기독교적 사랑은 부처님이 말하는 자비로움과는 조금 다릅니다. 사랑과 자비를 한 선상에 놓지 않는 이유는 바로 그렇습니다. 자비라는 것은 돌아오는 것을 생각지 않는 베풂입니다. 돌아올 것을 생각하는 사랑의 베풂은 자비가 아닙니다.

산행을 할 때 봄이면 개나리가 피고 가을이면 단풍이 물들고, 그 나뭇잎을 보면 "정말 예쁘구나!" 하고 느끼게 됩니다. 이때 그 느낌의 상대에게, 예를 들어 내가 그 나무 밑에 거름을 주었는데, "네가 아름다워진 것은 다 내 공덕이야" 하고 생각한다면 그것은 자비가 아닙니다.

자비는 아무런 대가를 바라지 않는, 그저 평상심 그대로 최선을 다해서 오직 줄 뿐입니다. 대자대비한 관세음보살님을 대모(大母)라고 합니다. 자모(慈母)라 하기도 합니다. 관세음보살님의 대자대비하신 위신력은 바로 어머니의 마음과 같은 것입니다. 그 대자대비하신 그 대다라니, 무애 대비심, 대다라니는 바로 신묘장구 대다라니를 말합니다.

신묘장구 대다라니 안에 어떤 위신력이 들어있는지 여러

분들이 다 모른다 해도, 여러분들은 지금까지의 과정, 정구
업진언부터 지금까지의 공부만으로도 이미 『천수경』의 위
신력을 여러분들의 것으로 만들고 있는 것입니다.

> 계수관음대비주　원력홍심상호신
> 稽首觀音大悲呪　願力弘深相好身
>
> 천비장엄보호지　천안광명변관조
> 千臂莊嚴普護持　千眼光明遍觀照

계수관음대비주 원력홍심상호신

'계수관음대비주'를 글자 그대로 풀이하면 "관세음보살님의
대비하신 신묘장구대다라니에 머리 숙여서 귀의 하겠습니다."라
는 뜻이지만, 그런 뜻보다는 "신묘장구 대다라니의 그 크신
다라니, 관세음보살님의 자비를, 그 위대하신 위신력을, 그
크신 음력을 나타낼 수 있는 그 다라니, 즉 신묘장구 대다라
니를 시작하겠습니다." 라는 말이라 생각하시면 되겠습니다.

'원력홍심상호신'은 '관세음보살님의 크신 원력은 넓고 깊으며
그 모습은 너무나 원만해서' 이런 말입니다. 관세음보살님의
그 크신 대비주는, 관세음보살님의 한량없는 넓고 깊고 오

제3장 부처님을 찾아 나섬

묘함이 다 들어 있어서, 말로는 이루 다 할 수 없는 원만함이 들어 있는 것입니다.

천비장엄보호지 천안광명변관조

'천비장엄보호지'는 **"천 개의 팔이 장엄하시어 우리를 널리 보호해 주시며"** 하는 것입니다.

어느 곳에서 어떤 고통과 어려움을 당하더라도 관세음보살님의 천 개의 팔이 구원해 주시니, 물에 빠진 자 물에서 건지고, 불에 타는 자 불에서 구하고, 고통의 바다에 빠진자 고통에서 구하므로 우리를 보호하지 못함이 없다는 것입니다. 그래서 장엄이라는 말로 표현을 하는 것입니다.

'천안광명변관조'는 **"천 개의 눈으로 다 둘러보고 있기 때문에 어느 하나도 놓치지 않는다."**는 것입니다. 천 개의 팔과 천 개의 눈으로 어느 것 하나 놓치지 않고, 팔이 두 개뿐이라면 물에 빠진 자 건져주고 불에 타는 자 구해주고 나면, 나머지 고통받는 사람은 못 구하는 것입니다.

천수 천안! 글자로는 천 개의 팔과 천 개의 눈이라 이야기 하지만, 수천 수만 수억, 숫자로 헤아릴 수 없는 무량의 수를 표현하고 있는 말입니다.

때문에 '관세음보살님은 천개의 팔을 가지고 계신다는데,

내가 1001번이라서 안 되겠구나' 하고 걱정할 필요는 없습니다. 그만큼 관세음보살님은 광대무변하십니다. 한량없고 끝이 없다는 말입니다. 우리가 '만 개, 천 개' 이 둘을 가지고 이야기 할 때, 숫자의 개념으로 천 개보다는 만 개가 훨씬 많고 큰 것이라고 알고 있지만, 말의 어감으로는 천 개가 더 친밀하게 느껴집니다. 천이 만보다 훨씬 정감있고 많다는 그런 느낌을 느끼기에, 편안한 용어로 들어옵니다.

그래서 여기에 만수만안이라고 하지 않고 천수천안이라고 표현하여, 여러분들과 그만큼 친밀하고 싶고 가까이 가고 싶다는 뜻으로 천수천안이라고 표현한 것이지, '관세음보살님의 팔이 천 개밖에 안되고, 눈이 천 개밖에 안된다' 라는 뜻은 아닙니다.

우리를 싸고 있는 온 우주의 섭리, 부처님의 법 그 자체를 모두 감싸는 손으로 천수를 아셔야 하고, 우리가 어디에 어떤 처지로 있다 해도 다 볼 수 있는 눈으로 천안을 아셔야 합니다.

부처님의 위신력은 이미 곳곳을 다 알고 있기 때문에 다 볼 수 있고, 어느 곳에나 자재하시기 때문에 다 보살필 수 있다는 이야기입니다. 그러한 것을 우리가 정확히 알고 부처님과 함께하면 부처님의 크신 위신력을 바로 알 수 있습니다. 천 개 눈의 위신력으로 우리를 다 보고 있기 때문에 조금도 걱정을 하지 않아도 된다는 말인데, 혹시 관세음보

제3장 부처님을 찾아 나섬

살님께서 나를 놓쳐버리지는 않았는지, 옆집은 나보다 기도를 조금 했는데도 되고, 나는 더 했는데도 안 된다, 관세음보살님이 어쩌다 옆만 보고 나는 보질 않았는지, 이런 걱정은 하지 않아도 됩니다.

> 진실어중선밀어　무위심내기비심
> 眞實語中宣密語　無爲心內起悲心
>
> 속령만족제희구　영사멸제제죄업
> 速令滿足諸希求　永使滅除諸罪業

진실어중선밀어 무위심내기비심

'진실어중선밀어'는 "진실한 그 말씀 가운데 비밀스럽고 불가사의한 말씀을 베푸시며" 라는 뜻입니다. 여기서 비밀스럽고 불가사의한 말씀은 바로 신묘장구 대다라니입니다.

『증일아함경』에 난산(難産)으로 고통받는 여인에게 앙굴리말라가 "나는 현성(賢聖)으로 개과천선한 이래 한 번도 살생을 하지 않았다. 이 '진실된 말'에 의해 태아는 고통으로부터 벗어날 것이다"라고 하자, 산모가 고통없이 순산하였다는 기록이 있습니다.

또 『자카타』에 부모가 독사에게 물린 아들을 수행자에게 데리고 왔을 때, 수행자가 소년의 이마에 손을 얹고 "나는 7일 동안을 극도의 고행을 하였고, 이 근래 50여 년 동안 아무 욕망없이 유랑하며 수행하고 있습니다. 이 '진실된 말'에 의해 소년이여! 건강을 되찾고 살아나거라!" 하자, 소년의 가슴에서 독이 빠져나와 생명을 건졌습니다.

이와같이 '진실어'는 자신의 참경험이 담긴 '헛되지 않은 말, 지극한 정성이 담긴 말'로, 그 진실된 행실에 의해 이미 선과가 쌓인 사람의 신통한 말입니다. 그러므로 진실된 말에는 온 우주의 신이 돕는 신통한 힘이 있고, 일종의 주문으로써의 힘을 가지게 되는 것입니다.

바로 이 '신묘장구 대다라니'는 무량 항하사 겁 동안의 부처님과 보살님들의 수행과 선과가 담겨있기 때문에, 그 진실의 힘에 의해 모든 것을 이룰 수 있고 보호할 수 있는 신묘한 힘이 나오는 것입니다.

'무위심내기비심'은, "아무 조건 없는 마음 가운데 중생이 생사를 윤회함을 보시고 자비심을 일으키시어" 라는 것으로, 여기서의 '아무 조건 없는 마음'이란 아무런 인연조작이 없는 무위대자연의 마음입니다. 친하고 멀고를 따지지 않는 마음입니다. 너는 재보다 친하니까 좀더 좋은 보상을 해주고, 재는

제3장 부처님을 찾아 나섬 97

미우니까 벌을 주고 하는 것이 아닙니다. 또 내가 너에게 이렇게 10을 주니까 나중에 나에게 5를 갚으라든가, 11을 갚으라든가, 내가 너에게 이렇게 했으니 넌 이렇게 해야 한다는 조건을 붙이는 것이 아닙니다. 그저 중생이 고해의 바다에서 고통받는 것을 보고 자비심을 일으켜 구원해 주신다는 것입니다. 바로 신묘장구 대다라니를 통해서 말입니다.

속령만족제희구 영사멸제제죄업

'속령만족제희구'는 "빨리 우리로 하여금 바라고 구하며 생각하는 모든 것을 만족하게 해주시며" 하는 뜻입니다.

다시 말해 "내가 진실한 마음으로 대가를 바라지 않고 오직 중생을 위해서 베풀고, 내가 거짓이 없는 진실한 마음으로 나를 낮춰서 모든 것을 자비로 베풀 것이며, 이 신묘장구 대다라니를 지송할 것이니, 관세음보살님께서도 빨리 도와주십시오" 하는 얘기입니다.

주는 것을 손해라고 생각해서는 안 됩니다. 베풂으로써 나만 손해 보는 것 같은 생각과, 나는 이렇게 했는데 왜 남은 그렇게 하지 않는가라는 생각을 가진다면, 이 구절에서 나오는 그대로를 베풀 필요가 없습니다. 차라리 안 베풀면 원망이 없게 됩니다. 베풀어 놓고 대가를 바라고 있기 때문에, 대가가 오지 않을 때 원망이 되고 결국은 업을 짓고 마는 것입니다.

 자신이 스스로 감옥을 만들어 놓고 그 안에 들어가서 애를 끓고 하는, 그런 것을 버려야만 여러분들이 바로 부처가 되는 것입니다. 비워라, 버려라, 줘라 하는 이런 것이 돈이고 권력이 아니라, 순간순간 일어나는 지혜와 마음을 내가 어느 선까지 쓸 것이냐의 문제, 이것을 자유롭게 할 수 있는 힘을 기르는 것이 불도를 닦는 것입니다.

 불법은 아주 적당한 선에서 끊을 줄 아는 힘을 길러야 합니다. 그 중에서 제일 힘든 것이 식욕·성욕·명예욕 이런 것이라 합니다. 육바라밀을 보면 그 중에서 식욕이 참기가 제일 어려운 것이라 합니다.

 학이 천년을 사는데 항상 위장이 반만 채워 있다고 하니까, 여러분들은 학이 신선인 줄 알지만 그렇지 않습니다. 학은 우리 인간처럼 생각하면서 먹는 게 아닙니다. 거북이도 위장이 반쯤만 차 있어서 3,000년을 산다고 하니 도인인줄 알지만 거북이와 학은 도인이 아닙니다.

 미안하지만 학이나 거북이는 생리적으로 그렇게 할 수 밖에 없도록 되어 있습니다. 그렇지만 사람은 생리와 관계없이 욕심이라는 게 움직이면서, 정신 사고가 움직이면 배가 터지는데도 먹는다는 것입니다. 금세 숟가락 놓고 약 먹고 토할망정 먹는다는 것입니다. 이게 인간의 이기심과 욕심입니다. 더구나 인간은 동물과 달리 판단할 수 있는 이성을 가지고 있으므로 더 많은 인과를 만드는 것입니다.

'영사멸제제죄업'은 "이 모든 죄의 업장들을 영원히 소멸시켜서 없애게 해주십시오." 라는 뜻입니다.

부처님의 진실한 그 비밀스럽고 불가사의한 그 다라니의 말씀을, 내가 아무런 조건없이 자비심을 일으켜서 받아들임으로써, 그것을 다시 모든 이들을 만족하게 해주는 마음으로 되돌릴 것이니, 모든 죄의 업장을 소멸시킬 수 있도록 도와달라는 것입니다.

부처님께서는 이런 말씀을 하셨습니다.

"선한 사람도 선의 열매를 맺기 전에는 화를 만난다. 그러나 선의 열매가 무르익은 뒤에는 선한 사람은 복밖에 받을 것이 없다. 또 악의 열매가 익기 전에는, 악을 가진 자도 악만 있는 것이 아니라 선도 있다. 그러나 그 악의 열매가 완전히 익고 나면 그것은 악밖에는 남질 않는다."

옆집 사람은 아무것도 안하는데 복만 받고, 나는 죽도록 절에 가서 기도를 해도 잘되질 않는다는 그런 불만을 갖지 마십시오. 만약에 그 사람이 아무런 기도도 노력도 하지 않는데도 잘먹고 잘살고 잘되고 있다면, 그 사람에게는 선과가 있기 때문입니다. 먼저 지어놓은 선업이 있다는 것입니다. 그러나 아무것도 하지 않고 있는 것은 바로 멸망하는 것입니다. 계속 뽑아만 쓴다면 결국에는 아무것도 남는 것이 없어서 그 사람은 다시 저축을 해야 합니다.

저축은 어려울 때 쓰려고 합니다. 어떤 사람은 은행에 돈이 1억 정도 있는데, 실직도 했지만 사실 또 아무것도 하기 싫어서 계속해서 뽑아 쓰기만 합니다. 1억이 있는 동안에는 꽤 괜찮게 씁니다. 옆집에서 볼 때는 매일 먹고 놀아도 잘사는 것처럼 보입니다. '전생에 무슨 복을 저렇게 많이 지어서…' 라고 하지만, 그 사람이 1억을 모을 때까지 먹을 것도 안 먹고 고생하였다는 사실을 알아야 합니다.

다만 지금의 생에서는 지혜가 부족할 뿐입니다. 1억을 쓰는 중에도 지속적인 노력과 절약을 하면서 쓰면 오래갈 수 있는데, "그동안 고생도 많이 했는데 이 참에 편히 쉬자" 하여 버는 것을 중단해버리고 계속 쓰기만 한다면, 언젠가 은행에 들어 있는 저축은 바닥이 나서 그때 가서는 다시 밑바닥 삶을 살아야 합니다. 현재 그 사람보다 못할지 모르지만, 여러분들은 지금 조금씩 저축을 하고 있습니다.

사랑의 저축, 자비의 저축, 신앙의 저축, 보살의 저축, 이런 등등의 선과로 인해서 여러분들은 곧바로 이생에서, 아니면 다음 생에서 여러분들의 그 업장 그대로를 받게 됩니

제3장 부처님을 찾아 나섬 101

다. 우리가 불자로서 마음을 내야 되는 부분은, 그러한 결과를 놓고 이야기 할 때 내가 그 결과 중에 어떤 길을 선택할 것인가? 그저 있다고 해서 무조건 빼서 쓸 것인가?

"전생에 지어놓은 업이 있어서 내가 편히 잘 사니까, 부처도 필요없고 예수도 필요없다, 나만 먹고 쓰고 옆집이야 굶어 죽든 말든 내 마음대로 살다 가자." 그렇게 하고 싶으면 그렇게 하십시오. 그렇게 해도 될 것 같지만, 절대로 인과는 거짓말을 하지 않습니다.

부처님께서는 선한 사람도 선의 열매가 완전히 영글기 전에는 악이라는 것이 있어서 항상 괴롭힌다고 하셨습니다. 그래서 "그 사람 불자라면서 뭐 그래? 스님이 뭐 그래? 훌륭한 신도라는데 뭐 저래?" 이렇게 흠이 있을 수 있다는 것입니다. 그것이 무르익어서 완전한 과일이 되어 있다면 흠이 없지만, 아무리 현재 선과를 짓고 있다고 하더라도, 완전히 익기 전까지는 그런 흠이 있으니까 그것을 탓하지 말라는 말입니다.

그리고 악인도 마찬가지로, 악이 완전히 무르익기 전까지는 선이 옆에 붙어 있어서 선한 것처럼 보일 수 있으나, 그것을 다 믿지는 말라는 것입니다.

> 천룡중성동자호　백천삼매돈훈수
> 天龍衆聖同慈護　百千三昧頓熏修
>
> 수지신시광명당　수지심시신통장
> 受持身是光明幢　受持心是神通藏

천룡중성동자호

글자 그대로 "하늘이나 용이나 그리고 모든 성인들도 함께 자비로써 보호하여 주시며"

땅에 있는 것만이 아니라 하늘 천상에 있는 모든 성현과 용들도 관세음보살님이 좀더 우리를 잘 돌봐줄 수 있도록 보호하여 주는 것입니다.

불교에서는 용을 상징적으로 많이 이야기합니다. 부처님은 사람만 구하려고 했던 것이 아니라 모든 미물, 생명이 있는 것은 물론 생명이 없는 것들까지도, 이 세상에 부처가 될 수 있는 가능성이 있는 것들은 다 부처를 만들어야 된다는 마음으로 이 땅에 와서 많은 사람들을 제도하였습니다. 수미산을 중심으로 이 땅에 있는 생명만이 아니라 이미 천상에 가 있는 사람들과 동물마저 다 구해야 되겠다고 생각한 것입니다.

천상에 있는 사람은 선업을 많이 쌓아서 일시적으로 천상에 가 있는 것이지, 부처가 되어서 가 있는 것은 아닙니다.

선업의 과보가 다 끝나면 더 이상 천상에 살 수 없습니다. 부처가 될 수 있는 것은 유일하게 사람만이 가능하지 동물도 가능한 것은 아닙니다.

중생들이 부처가 되려면 사람으로 와야 합니다. 천상에 가 있는 영혼도 결국은 부처가 되려면 사람으로 와야 합니다. 석가모니 부처님께서 바로 그러하셨습니다. 전생에 9번을 왔다 갔다하며 이미 다 깨우쳐서 안 와도 되는 경지에 이르렀지만, 사람의 몸을 받아야만 부처가 될 수 있다는 것을 우리에게 가르쳐 주셨습니다.

'천룡중성동자호'는 하늘에 있는 사람과 그를 경호하고 있는 옹호신들마저도, 언젠가 그런 선과의 업이 다 끝나면 다시 인간으로 와서 불법을 잘 증득해 부처가 되라는 것입니다. 뿐만 아니라 지금 있는 위치에서도 항상 선과를 쌓도록 노력해야 하는 것입니다. 그 가장 좋은 방편이 바로 관세음보살님을 도와 신묘장구 대다라니를 지송하는 사람을 보호하며 돕는 것입니다.

백천삼매돈훈수
"백천 가지 온갖 삼매를 다 한번에 깨우쳐 익히게 하시니"

'삼매'는 인도말입니다. 즉 마음이 산란하지 않고 한 곳을 온전하게 집중하는 바른 경지입니다. 여러 번 말씀드린 대로 0.000000…… 1로부터 시작해서 백까지 가려면 너무나 길고도 먼 시간입니다. 그래서 우리는 부처를 만났다는 사실 하나만으로 한순간에 깨우칠 수 있는 길을 알게 되었습니다.

그것은 바로 어떤 곳에서 어떤 상황이라도 일념으로 신묘장구 대다라니를 염하면서 보살심을 베푸는 데 있는 것입니다. 그러면 바로 부처를 만날 수 있는 것입니다.

수지신시광명당 수지심시신통장

"관세음보살님의 신묘장구 대다라니를 몸에 지니면 이 몸이 지혜광명의 깃발이 되고, 관세음보살님의 신묘장구 대다라니를 몸에 지니면 이 몸이 모든 신통의 곳간 되며"의 뜻입니다.

신묘장구 대다라니와 내가 하나가 되면 바로 내가 온 만법의 주인이 된다는 것입니다. 우리가 이 신묘장구 대다라니를 독송하거나, 사경(寫經)하거나, 그것을 몸에 지니기만 해도 바로 그 위신력을 내가 체험할 수 있습니다.

앞에서 이야기했듯이 관세음보살님께서 "이 다라니를 한번 듣거나 한번 읽기만 해도, 그 사람이 만약 지옥고에 떨어진다면 나는 성불하지 않겠다"고 하셨습니다. 그러한 다라니를 사경하는 것도 좋은 일이고, 몸에 지니고 다니는 것도 중요한 일이고, 매일 독송하는 것도 좋은데, 이 세 가지보다도 더 중요한 것은, 내가 알아서, 내가 사경을 해서, 내가 독송을 해서, 내가 몸에 지녀서, 그것을 나만 가지고 있지 말라는 것입니다. 옆집 돌이 엄마에게 쓰는 법을 가르쳐 주고, 독송하는 법을 가르치고, 갖고 다니기를 권하는 것이 더 중요합니다. 그 공덕을 쌓아야 합니다.

　내가 알고, 내가 읽고, 내가 쓰고, 내가 지녀서 그것으로 끝나버린다면 그것은 소승 불교적 행위입니다. 나 혼자 깨우치고 마는 것이니까, 그러려면 부처님이 이 세상에 올 필요가 없었습니다. 내가 읽고 쓰고 지니고 있다 하더라도, 알지 못하는 자에게 가르쳐주고, 읽게 하고 쓰게 하고 보관하게 하기 위해 오신 것입니다.

　바라밀의 으뜸이 보시라고 했는데, 이 보시 행위가 제일인 이유가 바로 이런데서 나옵니다. '법 보시'는 부처님의 법을 내가 전한다는 의미입니다. 작게는 이런 책을 만들어서 남에게 베푸는데 경비를 쓰는 것이 법 보시이지만, 크게는 누구를 만나더라도 내가 불자라는 것을 당당히 말하고 불법의 수승함을 전해야 한다는 것입니다.

> 세척진로원제해   초증보리방편문
> 洗滌塵勞願濟海   超證菩提方便門
>
> 아금칭송서귀의   소원종심실원만
> 我今稱誦誓歸依   所願從心悉圓滿

세척진로원제해 초증보리방편문

"중생의 눈·코·귀·혀·몸·뜻의 육진망상 등 속세의 번뇌 노고를 모두 씻어버리고 괴로운 바다를 건너기 원하며, 깨달음의 방편문을 내가 단 한번에 뛰어넘어 성취할 수 있게 하십시오." 바로 신묘장구 대다라니를 통해서만이 가능한 이야기입니다.

여기서 다시 이야기 하나를 하고 넘어 가겠습니다.

옛날 전라도 금산사 아래 일찍이 부모를 여의고 고아로 살아가는 남매가 살고 있었습니다. 이들 남매는 어려운 중에도 항상 불심을 잃지 않고 열심히 정진하며 생활하고 있었는데, 하루는 금산사 스님께서 탁발을 나오셔서 남매의 집에 왔습니다. 그래 누이가 나가서 "스님, 아무 것도 보시할 것이 없어 죄송합니다" 하고 돌아서려는데, 스님께서 "이집에 앞으로 큰스님이 되실 분이 계시구먼" 하시고는 돌아갔습니다.

누이는 그날밤 동생에게 낮에 스님이 다녀가시면서 하신 말씀을 들려주었습니다. "그래, 나는 아닌 것 같고 아마 동생을 말한 것

제3장 부처님을 찾아 나섬   107

같은데, 동생 생각은 어떠한가?" 동생 또한 갑작스러운 말에 아무 대답도 못 하고 있는데, 누이가 "그래, 우리 동생이 큰스님이 되면 얼마나 좋을꼬" 하며 한숨을 쉬는 것이었습니다.

그날 밤 동생은 한잠도 못 자고 고민하다 새벽녘에 잠시 잠이 들었는데, 꿈에 부모님이 나타나서 "아이고, 우리 아드님이 큰스님이 되셨네" 하며 큰 절을 올리는 꿈을 꾸었습니다.

다음날 동생은 산에 나무를 하러간다고 하고는 금산사로 올라가서 어제 탁발 온 스님을 만났습니다. 자초지종을 말씀드리려 하니까, 스님께서 미리 손을 저으시며 내려가서 누님께 작별인사나 하고 오라는 것이었습니다.

하여 동생은 누님께 와서 절에 들어갈 것을 말씀드리고 작별 인사를 하니, 누이가 내심 기쁘기는 하나 그래도 동생과 헤어짐이 아쉬워 눈시울을 적시며 울었습니다. 그렇지만 그날로 그 모습을 뒤로하고 동생은 절로 들어 왔습니다.

하루 이틀 지나는 동안 동생은 행자를 마치고 사미승이 되었습니다. 누님도 틈만 나면 절에 올라와서 부처님께 경배하고 절 공양간에서 허드레 일도 도우며 열심히 살아가고 있었습니다. 세월이 흘러 3년이 지나자 동생은 정식스님이 되었습니다. 그러던 어느 날 동생스님이 가만히 보니까, 누님이 요즘은 절에 와도 큰 법당에 예불도 드리지 않으며 자기 방에만 왔다 돌아가는 것이었습니다. 한번은 이상하다 하여 동생스님이 누님을 불러서는, "아니, 누님! 요즘은 왜 절에 오시면 법당에도 들르시지 않고 제 방에만 다녀가십니까?" 하고 물었습니다. 누님이 말하기를 "아니, 우리 동생이 스님이 되셨는데, 내가 왜 그 힘든 예불과 절을 해야 하는 것입니까?"

스님이 가만히 생각하니, "우리 누님 큰일 났네. 이걸 어쩌나?" 하며 누님의 잘못된 생각을 고쳐줄 방법을 고민고민 생각다가 결국 큰스님께 이 사실을 말씀드리고 방편을 하나 얻었습니다.

그래서 스님은 다음날 절에 온 누님에게 "누님! 내가 요즘 기운이 없어 허기가 지니, 인절미를 한 그릇 만들어 주세요" 하였습니다. 누이는 동생스님이 모처럼 하는 부탁이라, 그저 기뻐서 대책없이 승낙하고 마을로 돌아왔는데, 돌아와서 생각하니 인절미를 만들려면 쌀이 있어야하고 콩이 있어야하니 걱정이 태산이라, '어디서 쌀을 구하며, 콩은 또 어디서 구하노?' 마을에 내려가서 여기저기 기웃거리니 다들 어려운 사정에 여유가 있을 리가 없었습니다.

고민 끝에 용기를 내어 대감댁으로 가서 봄철에 많은 일을 해주기로 약속하고, 쌀 한 되와 콩 반 되를 얻어 집으로 돌아와서는, 밤새 쌀을 찧고 콩을 볶아 고물을 만들어 인절미를 만들었습니다. 만드는 동안 고소한 인절미 냄새에 자기도 모르는 새에 입으로 가곤 했지만, 그럴 때마다 "우리 스님이 먼저 먹고 남으면 내가 먹어야지" 하며 참았습니다. "우리 동생스님이 내가 이렇게 정성스레 인절미를 만들어 가는데 반은 남겨주시겠지" 하며, 동이 틀 무렵에야 겨우 인절미 한 접시를 만들어 부랴부랴 동생스님 있는 절에 올라갔습니다.

마침 스님께서 아침 예불을 마치고 나오는 길이라, 동생스님을 따라 방으로 들어가 밤새 만든 인절미를 내어놓으며 "스님! 많이 드시고 원기를 회복 하시지요" 하였습니다. 동생스님은 "감사합니다" 하며 인절미를 먹기 시작하였습니다. 한 개 두 개, 먹기 시작한 인절미는 어느덧 바닥이 드러나고, 이제나 저제나 하고 기다리는 누님의 마음을 아는지 모르는지 스님은 계속 먹기만 하는 것입니다.

이제 인절미가 세 개 남았습니다. 누님은 "아이구, 우리 스님이 얼마나 허기가 졌으면…" 하면서도 "그래도 저 세 개는 날 주시겠지" 하고 쳐다보고 있는데, 스님은 그런 누님의 마음을 아는지 모르는지 남은 세 개는 물론 바닥에 남은 고물까지 모두 쓸어 먹어버렸습니다. 이때 누님은 그만 울화가 치밀어 올라왔습니다. 아무리 허기가 져 경황이 없다해도, 내가 옆에 있는데 인절미 하나를 먹어 보라는 말도 없이 다 먹어 치우다니…. 자신도 모르게 "스님, 정말로 너무해요" 하며 울음이 나오는 것이었습니다.

이때 스님이 말하기를 "아니, 누님! 아직도 배가 부르지 않으신지요? 그럴 리가 없을텐데…."

누님은 더욱 화가 나서 "아니, 스님! 지금 뭐라했소? 떡은 스님이 다 먹어 치우고, 나보고 배가 안부르냐구요? 내참! 살다살다 기가 막히는구랴!" 하며 스님에게 화를 내었습니다. 이때 동생이 "누님! 아셨지요! 내가 아무리 떡을 많이 먹어도 누님의 배가 부르지 않는 것을…. 누님의 배는 누님이 먹어야 부르는 것입니다. 이제라도 누님! 열심히 기도 정진하시어 누님의 업보를 닦아 성불하셔야지요" 하는 것입니다. 누님 또한 지혜가 있는 분이라, 동생스님의 이야기를 듣는 순간 확 대오각성하여 후일 큰 보살이 되어 견성하였다는 일화입니다.

이 이야기에서 오직 자기 업장은 자기 자신만이 닦을 수밖에 없다는 사실을 이해하셨으리라 생각합니다.

내가 법의 창고를 얻고 부처님의 법을 증득하려고 하면서도, 매일 수행도 안하고 마음의 목욕도 안하고, 지저분하게 하고 있으면서 불법증득 운운한다는 것은 안된다는 얘기입니다. 그래서 나를 깨끗이 닦아서 청정한 거울을 만들어 놓고 기다린다면, 바로 '초증보리방편문', 부처님의 그 깨달음을 얻을 기회가 온다는 것입니다. 인생은 기다리기를 계속하다가, 한번 기회가 오면 그 기회를 놓치지 않고 한번에 깨달아 버리는 것입니다.

몇 년 동안을 한 시간 두 시간 매일 앉아서 참선을 하여도 별 변화가 없는 것처럼 보였는데, 어느 날 불꽃 튀듯 한순간에 모든 것을 다 깨우쳐 각자가 되는 것입니다. 부처님의 법도 마찬가지입니다. 그래서 내가 그렇게 깨우치려면 준비를 하고 있어야 합니다.

성경에는 이런 말이 있습니다. "신랑이 올 때 신부는 잠자

제3장 부처님을 찾아 나섬 111

지 말고 깨어 있어라." 신랑이 오는데 내가 잠자고 있으면 지나가 버린다는 것입니다. 깨어 있어서 그 신랑이 올 때 맞아들이고 받아야 내 것이 된다는 그런 표현인데, 우리 불경에도 그런 말이 있는 것입니다. 늘 깨어 있어야 하며 항상 준비하는 마음으로 있어야 합니다.

아금칭송서귀의

"지금 내가 신묘장구 대다라니를 정성껏 외우며 그 다라니에 귀의할 것을 서원합니다."

　귀의라는 것은 '부처님 뜻대로 하십시오. 내 뜻은 없습니다. 부처님께서 원하는 대로 다 되게 해주십시오' 라는 말입니다. 지금 내가 신묘장구 대다라니를 칭송하고 좋아하고 믿고 존경하고 오직 그것밖에 없다는 것을 믿고, 거기에 내가 한 점의 의심도 품지 않습니다. '맹세코' 라는 말입니다. '한 점의 의심도 없이 부처님의 뜻대로 되기를 바랍니다' 라는 서원입니다.

소원종심실원만

"지금 내가 신묘장구 대다라니를 정성껏 외우며 그 다라니에 귀의할 것을 서원합니다."

'내가 이렇게 믿었을 때만이 부처가 될 수 있다. 그렇게 한 점의 의심도 없이 오직 부처님의 모든 법을 그대로 믿고 수행을 완성해 나가겠습니다' 하는 의지의 표현입니다.

참선을 하는 사람들은 이런 말을 합니다. "천길 낭떠러지 꼭대기에서 마지막 한 발을 내디뎌야 부처를 만날 수 있다." 이 말은 역대 중국 선사들은 물론, 우리나라의 생불로 추앙됐던 성철스님께서도 말씀하셨습니다. "백척 간두대 위에 올라가서 마지막 한 발짝 내딛을 때 부처를 만날 수 있다"고 했습니다. 여기서도 바로 그런 말입니다. 오직 부처님을 완전히 믿어야 합니다. 적당히 믿어서는 안됩니다.

그냥 믿는 것입니다. 누가 뭐라고 해도 "저는 불자입니다. 저는 부처님을 믿습니다. 그 위신력을 믿습니다. 관세음보살님을 믿습니다. 그 신묘장구 대다라니를 믿습니다" 하는데 있어서 한 치의 의심이 없어야 합니다. 그럴 때 내가 원하는 바를 이룰 수 있습니다. 여기서 이야기 하나를 더하고 가겠습니다. 부처님께서 법화경을 설하실 때에 일어난 이야기입니다.

열심히 정진하며 살아가던 한 보살이 생에 한 가지 발원을 세웠습니다. "내가 부처님과 같은 시대에 태어남도 복이지만, 살아생전에 부처님을 한번 뵙는 영광이 주어진다면 얼마나 좋을까? 나는 꼭 죽기 전에 부처님을 한번 뵙는 원을 세워야겠다" 하고 기

제3장 부처님을 찾아 나섬 113

도하기 시작하였습니다.

오직 한마음으로 기도할 때 보살의 마음은 온 법계에 전달되었고, 얼마 안되어 부처님께서 가까운 강건너 마을 언덕에서 법화경을 설하신다는 소문이 났습니다. 이 말을 듣는 순간 이 보살님은 기쁨에 눈물을 흘렸습니다. "내 기도가 이루어지는구나. 그래 언제라고 하였지?" 하고 부처님 만나 뵙는 기대에 기쁨으로 충만된 하루하루를 보내고 있었는데, 드디어 3일후로 날짜가 다가 왔습니다.

보살은 "그래 살아생전에 부처님을 만날 수 있는 영광을 보람되게 해야지!" 하고는 3일간 철야정진기도를 시작하였습니다. 드디어 3일 지난 새벽! 이제 기도를 마무리하고 강가에 가서 배를 타고 건너가면 부처님을 만나는 것입니다.

보살은 목욕재계를 하고 기도를 마무리하였습니다. 그리고 잠시 선정에 들었는데, 3일이나 잠을 자지 않아 피곤한 상태인지라 그만 깜빡 잠이 들었습니다. 잠시 졸던 보살이 정신을 차렸을땐 제법 바깥이 훤한 아침이었습니다.

깜짝 놀란 보살이 일어나 강가로 달려갔습니다. 아! 그런데 이게 웬일입니까? 강을 건너주는 배가 이미 반쯤이나 가고 있었습니다. 보살은 "사공! 사공! 날 데려가시오!" 하고 고함을 치며 달려갔으나, 배는 보살의 애타는 마음은 아랑곳하지 않고 유유히 떠나갔습니다. 보살은 더욱 힘차게 달려가며 "사공! 사공!"하고 부릅니다.

이때 강 건너 저쪽에서는 부처님의 법화경 설법이 시작되었습니다. 이때 부처님의 법화경을 듣고 있던 대중 중 한 사람이 "부처님! 저기를 보십시오! 사람이 강 위를 걸어오고 있습니다" 하고 강물을 가리켰습니다. 부처님과 모든 대중들이 강쪽을 바라보니, 강물 위에서 손짓을 하며 달려오는 여인이 있었으니, 바로 생의 목표를 부처님 한번 만나 뵙는 것에 둔 보살이었습니다.

부처님께서 가만히 바라보시다가, "자아, 여러분! 오늘 법문은 끝났습니다. 모두 강으로 가서 저 여인을 구하세요. 저 여인은 물에 빠질 것입니다." 하였습니다. 대중들은 "아니, 채 시작도 아니한 법문이 끝나다니! 이게 뭔 소리여!" 하며 웅성웅성 하였습니다. 그러나 부처님께서 시키신 일이라, 모두 강가로 나아가고 배를 띄워 보살을 구할 준비를 하였습니다.

강가에 다다른 부처님께서 대중을 향해 말씀하시기를 "자아, 보아라! 이 여인은 오직 일심으로 법문을 듣기위해 달려왔으므로 물위를 걸어 올 수 있었느니라! 이제 그 마음을 놓으므로 그녀는 물에 빠질 것이다. 이것이 바로 내가 오늘 여러분들에게 전하려는 법문의 핵심이며, 행동으로 보여준 최고 최대의 법문이다!" 하였습니다.

이때 대중들은 부처님의 참 진리를 깨닫고 크게 감화되었다고 합니다. 우리도 이 법문을 통하여 큰 깨우침이 있어야 할 것입니다. 일심으로 오직 100% 원할 때, 이 세상에는 아니 이루어짐이 없다는 사실을 믿어야 하는 것입니다.

강물 위를 걸어오는 그 여인처럼, 그저 달려오기만 할 뿐, 본인은 그 밑이 강물인지 땅인지 분별이 없는 마음! 그 사람이 강물인 것을 인식하면 물속으로 꼬르륵 하고 들어가고 맙니다. 부처님께 가겠다는 생각 외에, 물인지 땅인지 구분하지 아니하고, 오직 한마음으로 달릴 때 물위를 달릴 수 있다는 것을 믿어야 합니다. 그 믿음이 완전해질 때 여러분들은 바로 부처님을 만날 수 있습니다.

'일심으로 하지 않으면 얻는 것이 없다.'

부처는 결코 저 우주 공간에 있거나 하늘에 있거나 미국에 있거나 서울에 있는 것이 아니며, 바로 여러분이 앉아 있는 이 법당 안에 있으며, 이 법당 안에서도 부처님의 법의 본체를 가지고 계시는 여러분들의 마음속에 자리하고 있습니다. 그리고 그 생각 속에 있는 부처를, 여러분들이 어떻게 내 것으로 만드느냐에 따라, 진정한 부처를 만나느냐 못 만나느냐 하는 것이 달렸습니다.

부처님 법은 크든 작든 결국 귀의처는 유아독존(唯我獨尊)입니다. 나에게로 오는 것입니다. 누구에게 가는 것이 아니라, 그 부처님의 귀의처인 법이 돌아올 고향은 바로 나입니다. 나 외에 어느 곳에도 부처님의 법이 존재할 필요가 없습니다. 나를 통해서만이 부처님의 법이 무르익어서 꽃을 피우고 열매를 맺는 것입니다.

우리 부처님께서는 여러 가지 방편에 대해서 수없이 이야기 하셨습니다. 팔만사천의 경문이 전부 방편입니다. 한마디를 위해서 팔만사천 경문을 하셨습니다. 그 한마디를 해서 모두 알아들었다면, 팔만 사천 경을 설하시는 수고로움을 안 해도 되는데, 이 중생이 우매해서 알아듣지를 못 하니까, 가는 곳곳 시시때때로 보면 보는 대로 느끼면 느끼는 대로 다 가르쳐 주려 하다 보니까, 팔만사천이라는 엄청난 경을 설법하신 것입니다.

관세음보살님께 귀의하면서 앞의 정구업진언부터 어떻게 내가 귀의할 것인가, 어떻게 부처님을 믿을 것인가, 그런 것에 대해 전체적인 것을 '소원종심실원만(所願從心悉圓滿)! 오직 부처님께 모든 것을 맡기니 부처님 알아서 해 주십시오' 하는 마음까지 내고 나면, 이제 내가 부처님의 신묘장구대다라니를 만나게 될 차례가 됩니다.

하지만 그렇게 귀하고 이 세상에 하나밖에 없으며, 모든 법계의 주인이며 신묘한 힘을 가진 다라니를 이제 곧 만나게 될 것인데, 아무런 준비도 없이 만나면 무의미하게 됩니다. 따라서 무슨 서원이 있어야 된다는 말입니다. 그 서원이 바로 여기에 나오는 10가지 서원입니다.

> 나무대비관세음　원아속지일체법
> 南無大悲觀世音　願我速知一切法
>
> 나무대비관세음　원아조득지혜안
> 南無大悲觀世音　願我早得智慧眼

나무대비관세음

이 말은 "관세음보살님께 일심으로 귀의한다"는 그런 말입니다. 내가 관세음보살님께 귀의함으로써 내가 원하는 바가 있는데, 그 10가지 서원마다 '나무대비관세음'을 붙인 것은, 일심으로 귀의하는 마음을 반복하고 반복함으로써 지극한 정성을 보인 것입니다.

팔만대장경을 새길 때 한 글자 새기고 큰 절 한 번 하고, 한 글자 새기고 큰 절 한 번하여 팔만 사천자를 새긴 것과 같은 정성입니다. 그것도 초벌새김을 하고 검토하고, 중벌새김을 하고 검토하고, 마무리새김을 하고 검토하였으니, 그 지극한 정성이 보태어져 오늘날 세계에 빛나는 문화유산 팔만대장경이 만들어졌던 것입니다. 만약 이 대장경에 지극한 정성이 담기지 않았다면 팔만대장경은 한낱 송판조각에 불과할 것입니다. 그 간절한 원함의 첫째가 '원아속지일체법(願我速知一切法)'입니다.

원아속지일체법

바로 "내가 부처님이 가지고 계시는 모든 법의 진리를 단 한번에 깨달아 알기를 바란다"는 서원입니다.

사람의 욕심이라는 것은 어떤 면에서 보면 생산의 촉매적인 역할을 할 수도 있는 것이라서, 때로는 아주 좋은 것이기도 합니다. 이 세상에 있는 것 중 처음부터 나쁜 것은 하나도 없습니다. 다 좋은 것입니다. 이 좋은 것을 자기 능력에 맞게 유효적절하게 사용하지 못하기 때문에 나쁜 것으로 변하는 것입니다.

욕심이라는 것은 내가 내 능력을 알고 나에게 맞춰서 적당하게 사용한다면 아주 좋게 작용합니다. 욕심없이 산다면 바보 같은 삶과 다를 바가 없습니다. 어떤 사람이 내 것을 다 가져가도 그저 히히히 웃고, 어렵게 벌어놓은 재산을 누가 명의변경해도 남의 일처럼 신경 쓰지 않는 것을 자비라고 하지는 않습니다. 누군가 까닭없이 괜스레 나를 괴롭히려고 하는데 가만히 있는 것은 자비가 아닙니다. 오히려 바보소리 듣기 딱 알맞습니다.

욕심이라는 것은 필요한데, 그 욕심을 누구를 위해서 쓰느냐가 중요하고, 그 욕심을 얼마만큼 쓰느냐가 중요합니다. 그것만 잘 조절하면 우리 삶의 발전을 꾀하는데 금상첨화입니다.

첫 구절 자체가 인간의 욕심을 그대로 나타내는 것입니다.

두 번, 세 번에 깨우치는 것이 아니라 부처님의 법을 내가 한번에 몽땅 다 탁 얻어버리고 싶다는 것입니다. 원아속지일체법(願我速知一切法)! 원컨대 내가 모든 일체의 법을 여러 번 고생하지 않고 한 번에 얻을 수 있게 해 주십시오.

그런데 이 10가지 서원 중 첫 번째에, 이 '법(法)'이라는 말이 나왔습니다. 앞에서도 여러 번, '부처님을 만나는데 제일 중요한 것이 보시'라는 구절에 따라 붙었던 것도 아마도 법일 것입니다. 그러니까 지혜가 있는 것입니다. 소원을 빌어도 이렇게 뭔가를 좀 알고 빌면 또박또박 핵심을 볼 수 있는 것입니다. 욕심을 부려도 지혜있게 부리는 것입니다.

즉, 부처님이 가지고 계시는 제일 중요한 것을 제일 먼저 한순간에 내 것으로 만들고 싶다는 것입니다. 법이라는 것은 곧 부처님의 진리입니다. 이 진리를 단 한번에 내 것으로 만들고 싶다는 서원입니다.

'진리의 배를 타고 강을 건너간 후엔 그 뗏목은 버려라.'
그런데 사람들의 생각은 그렇지가 않습니다. 가령 우리가 낙동강을 건너가고 싶은데 배도 없고 아무것도 없다고 합시다. 그러면 건너갈 방법을 찾아야 합니다. 강을 건너기만 하면 부귀와 영화가 보장되어 있습니다. 사랑하는 사람도 있고 오매불망 그리워하는 지인들도 있습니다. 주저할 필요가 없고 건너지 않을 이유가 없습니다. 그래서 무슨 일이 있어도 건너가려고 무진 애를 씁니다.

강을 건너기 위해선 무엇보다 배가 우선됩니다. 우리는 아마도 배가 있는지 없는지 찾은 다음, 배가 없다는 것이 확인되면 무사히 건너갈 수 있는 배를 만드려고 할 겁니다. 그래서 나무도 주워오고, 나무를 엮을 튼튼한 줄과 도구들도 구해와 배를 만들 겁니다.

물론 이런 이들은 자신의 능력을 믿고 있고 매사 적극성을 띠고 있는 사람들에 해당합니다. 배를 만들 능력이 안되는 사람은 남의 배에 묻어서 타고 갈 방법을 찾을 것이고, 아니면 작은 튜브를 구해서 건너갈 방법을 찾을 것입니다. 목표는 누구나 강을 건넌다는 공통점이 있습니다.

방법이나 시기, 시간은 다르지만 웬만한 사람들은 다 건너갑니다. 힘들게 건너가는 사람, 쉽게 건너가는 사람, 위험스럽게 건너가는 사람, 시간을 많이 쓰고 건너가는 사람, 지혜가 있어 짧게 건너가는 사람, 방법은 다 다르지만 대부분 건너가는데, 왜 부처님의 피안에 도달하는 이들은 몇 되지 않을까요? 수천 수만 명이 강을 건너가지만 부처님 피안에 도달하는 사람이 몇 명 되지않는 이유는, 건너가기는 가는데 대부분의 사람들이 일단 건넌 후에도 타고 온 뗏목이 아까워 버리지 못하는데 원인이 있습니다.

제3장 부처님을 찾아 나섬

오랜 시간을 걸려 만든 사람은 오래 걸린 시간이 아깝고, 돈을 많이 투자한 사람은 그 돈이 아깝습니다. 또 어떤 이는 손톱이 다 뽑히도록 그것을 만들어 타고 왔는데, 이것을 두고 가면 다른 사람이 공짜로 타고 간다는 것이 억울하고 안타까워 버리지 못합니다.

때문에 뗏목을 어디로 끌고 가든가 숨겨 두든가 해야 된다는 생각에 사로잡혀서, 시간 보내고 시기 놓치고 그 뗏목 때문에 오도 가도 못하는 신세가 되고 맙니다.

여러분들이 초하루에 나가고, 지장재일에 나가고, 관음재일에도 나가고, 일요법회에도 나가고, 이런 저런 불교대학에도 나가고 하는데 이것이 바로 뗏목입니다. 이 뗏목을 타고 강을 건너 피안의 세계로 가야 합니다.

그런데 건너가서는 그 뗏목을 버려야 자유로워집니다. 아무리 오래 걸렸든 돈이 많이 들었든 고생을 했든 상관없이, 일단 강을 건너는 본래의 목적을 달성했으면 과감히 버려야 합니다. 그런데 그걸 다시금 지고 가려하니까 실패하게 되는 것입니다.

강을 건넌 이후부터는 꼬불길을 갈지, 곧은길을 갈지, 산을 넘어갈지 앞길을 모릅니다. 그래서 그 길부터는 다시 시작해서 가야 되는데, 가지고 온 뗏목이 아까워서 버리지 못하기 때문에 결국은 새로운 세계에 도전하는 시간을 지체시키고 마는 것입니다. 이 뗏목을 버려야합니다.

여기 첫 구절에 나오는 '원아속지일체법'은 부처님의 그 크신 법을 한 순간에 내 것으로 만들고 싶어하는 욕심입니다. 그 욕심이 자기 개인의 어떤 영리 목적이나, 내가 도인이 되어서 훌륭하게 되는 것으로 끝날 것 같으면 아무리 세워도 이루어지지 않습니다. 그러나 이것이 공익과 모든 보살도를 행하는 목적으로 만들어져 있으면 크면 클수록 좋습니다. 광대하면 광대할수록 좋습니다.

그래서 마음의 뗏목을, 내 개인의 뗏목을, 내 개인의 집착을, 나를 싸고 있는 주변의 집착들을 정리해야 합니다. 이런 정리를 하라는 이야기를, 여러분들 생각과 지식으로 잘못 이해해 실수하는 경우도 종종 있습니다.

다 버려야 얻는다고 하니까, 집안의 재산을 몽땅 다 내버리려 한다면 얼마나 우매한 일입니까? 작은 재산을 버리면 큰 재산이 들어온다고 생각하면 오산입니다. 내 재산 다 버리고 길바닥에 나앉아 가만히 있는다고 해서, 커다란 빌딩이 어느 날 내 것이 되는 것은 아닙니다. 착(着)을 버리라는 얘기입니다. '나'라는 집착을 버려야 합니다.

어떤 물건을 하나 가지고 있으면, 근본적으로는 이것이 내 것이 아니라는 것을 아셔야 합니다. 처음에 여러분들이 이 세상에 나올 때에는 아무것도 가지고 있지 않았습니다. 여러분들의 것이라고는 아무것도 없습니다.

원래 여러분들 것은 없습니다. 처음부터 여러분들은 아무 것도 가지고 나오지 않았습니다. 갈 때도 부처님은 아주 철저히 평등하게 만들어 놓았습니다. 아무것도 가져 갈 수 없게 만들어 놓았습니다. 아무것도 가져가지 못합니다. '내 것' 아닌 것에 매달려서 세상을 살다가, 결국은 아무것도 못 가지고 갈 것입니다.

세상을 살면서 지금 내 것이라고 따라다니는 그것은 바로 뗏목입니다. 그 뗏목을 버려야만 여러분들이 진정한 부처님의 피안의 세계로 갈 수 있는 것입니다. 작게는 생활 속에서 이런 것들을 체험할 수 있습니다.

"달라, 달라! 저것을 내가 가지고 취해야지!" 하면, 어떤 것이든 간에 가능성이 없는 것은 아니지만, 그것이 사회적·도덕적·법적으로 어떤 테두리를 벗어날 때에는, 얻었다 하더라도 그것은 마장으로 얻어지는 것입니다. 그것을 하나 얻음으로써 생기는 부작용과 후유증이 더 큰 것입니다.

열심히 수행을 하던 수행자가 있었습니다. 이 사람은 가진 것이 아무것도 없었습니다. 정말 입고 있는 옷 하나가 가진 것의 전부였습니다. 작은 움막 하나 지어서 열심히 수행하고, 배고프면 산에 올라가서 과일도 따먹고 조그만 밭 일구어서, 거기서 나오는 것으로 오직 자기 하나 먹을 정도로 수행을 하는 사람이었습니다. 어느 날 지나가던 스님이 그 사람에게 하루저녁 신세를 졌습니다.

다음날 스님이 떠나면서 자기 바릿대 안에서 『금강경』을 하나 꺼내어 "아주 좋은 책 입니다. 지금도 수행을 이렇게나 잘하시니, 이 『금강경』을 잘 읽으면 아주 훌륭한 사람이 될 것입니다"하고 주고 갔습니다.

책을 읽어보니까 그 뜻이 구구절절이 기묘하고 좋아서 매일 정성을 들여 읽었습니다. 그는 『금강경』을 읽고 나면 꼭 다락에 올려놓고 자는 버릇이 있었습니다. 그런데 어느 날 보니까 쥐가 와서 이 『금강경』을 박박 갉아먹고 있었습니다. 그래서 쥐를 쫓아내곤 여전히 읽고 나면 다락에 올려놓았습니다.

하지만 다른 쥐들도 기어 나와 그가 잠든 새 갉아먹는 것이었습니다. 하루 이틀 지나고 나니까 책의 한쪽 귀퉁이가 많이 상했습니다. 화가 났습니다. 그런데 쥐를 다 잡을 수도 없는 것이고 해서 궁리 끝에 고양이를 한마리 사왔습니다.

고양이 소리가 나니까 쥐가 꼼짝을 못합니다. 그래서 걱정없이 매일 『금강경』 공부를 했습니다. 그런데 좀 지나니까 이 고양이가 매일 웁니다.

"이놈의 고양이가 쥐나 잡지."

가만히 보니까 이 고양이가 배가 고파서 우는 것입니다. 먹을 것을 줘야 이 고양이도 살지, 쥐만 잡으라고 하니 '저 고양이에게 무엇인가를 먹여야 할텐데, 젖을 줄 수도 없고….' 궁리하다가 '소를 한 마리 사와서 소젖을 짜 먹이면 되겠구나'하고 소를 한

계청

제3장 부처님을 찾아 나섬

마리 사서 키웠습니다.

소를 키우니까 고양이 밥은 해결이 되는데 소가 먹을 여물이 없습니다. 그러다 보니 풀도 뜯어다가 먹여야 되고, 재우기도 해야 하고, 소가 살 움막도 만들어 주어야 되고 해서 소를 관리할 사람이 필요했습니다. 자신은 매일 책이나 읽고 수도나 하는 사람인데 그 뒷받침을 해 주기가 쉽지 않았습니다.

그래서 며칠 뒤에 어떤 보살을 한 사람 모시고 왔습니다. "우리 집에 와서 소도 관리해 주고 고양이 밥도 주고 하라"고 했습니다. 자, 쥐를 쫓기 위해 고양이를 데려 오고, 고양이 밥을 주기 위해 소를 데려 오고, 소를 키우기 위해서 여자를 데려다 놓았습니다. 살다보니까 아들도 태어났습니다.

이 도인이 어느 날 개울가에 앉아서 도를 닦다가 문득 생각을 합니다. 어떠한 테두리를 만들어 놓고, 원래 자기가 살려고 하던 바와 전혀 다른 세계를 가고 있는 것입니다. 산에 가서 앉아 있어도 자기가 낳은 아이 생각이 나고 그 아이가 보고 싶습니다. 그러니까 개울에 가서 앉아 있어도 화두가 잡히질 않습니다. 아이가 보고 싶어서 아이에게 와야 되곤 합니다. 자기 생활에 변화가 와 버렸습니다. 그래서 어느 날 이런 생각을 했습니다.

한순간 딱 깨우칩니다. 스님이 주고간 『금강경』한 권이 인생에 이렇게 테두리를 만들어서 묶어 놓았다는 것입니다. 처음에 그 『금강경』은 아무것도 아니었습니다. 아니, 있는지도 몰랐습니다. 그렇지만 그 『금강경』을 통해서 많은 인연과 테두리를 만들었고 그 테두리 안에 들어가 자기가 사로잡혀 있는 것입니다.
'아, 이래서는 안 되겠다. 이건 내 삶이 아니다.' 그 테두리를 벗어나려고 하지만 이제는 걸린 게 너무 많습니다. 전신에 걸려서, 발에도 손에도 족쇄가 묶여져 있어서 꼼짝을 못하는 것입니다.

이게 인생입니다. 그러니까 무엇을 자꾸 내 것으로 만들어 놓는다고 해서 나에게 좋은 것만은 아닙니다. 하나를 만들면 만들수록 족쇄가 하나씩 늘어나는 것입니다. 그 족쇄를 조금이라도 덜 채워야 하고, 그 족쇄가 많으면 많을수록 여러분들은 창살없는 감옥 속에 살게 됩니다. 부자가 나쁘다는 것은 아닙니다. 그러나 돈이 너무 많아서 그 돈의 노예가 되어 살 수밖에 없는 처지에 빠질 수도 있습니다. 돈이 새나갈까, 누가 훔쳐 가지는 않을까 노심초사 그 걱정뿐입니다. 그러니 돈 속에 매달려 살 수 밖에 없게 됩니다.

물론 능력이 있으면 벌어야 합니다. 부자도 되고, 일류 기술자도 되어야 하지만, 그러나 이루고 난 후에 그것에 대한 노예로 전락되고 만다면 모든 것은 허사가 됩니다. 그것은 뗏목을 버리지 못해 고생하는 이치와 똑같습니다. 뗏목을 버려야 합니다. 강물을 건너는데 요긴하게 사용되었다면 - 제 역할과 기능을 다했다면 - 그 뗏목을 버려야 합니다. 그렇지 않으면 뗏목은 다시금 자신을 옭아매는 장애로 변할 것입니다. 이를테면 부자가 되지 말라는 것이 아니라, 부자가 되고나서 어떻게 살아야 하는가가 중요하다는 것입니다.

여러분들께 뗏목을 만들지 말고 아예 포기하고 강도 건너지 말라는 말이 아니라, 건너는 순간까지는 최선을 다하고, 건넌 후에는 뗏목을 버릴 줄 아는 과감한 결단이 필요하다는 얘기입니다.

원아조득지혜안(願我早得智慧眼)

"내가 부처님의 법을 한순간에 몽땅 얻고 싶은데, 그러기 위해서 빨리 내가 지혜의 눈을 얻고 싶습니다."

여기서 '눈'이라고 표현을 했는데 이것은 얼굴에 붙어서 앞을 보는 그런 눈을 말하는 것이 아니라, 내 마음속에 있는 진리의 참 모습인 부처님의 법을 볼 수 있는 눈을 열어달라는 그런 말입니다.

눈으로 무엇을 보자는 것이 아니라, 내가 가지고 있는 지혜의 눈을 열어 달라는 서원입니다. 우리가 어떤 일을 잘 처리하는 사람을 보고 "그 사람 눈이 참 밝다"고 말합니다. 여기에서 나오는 지혜의 안이라는 것은, 부처님의 법을 빨리 볼 수 있는 그런 눈을 말합니다. 부처님의 지혜를 내가 빨리 얻기 위한 진리의 눈을 뜨게 해달라는 뜻입니다.

우리가 이 눈을 잘 떠야 합니다. 이 눈을 제대로 뜨지 못하면 목적이 불분명한 미련한 짓만 일삼게 됩니다. 용기있고 힘도 있고 뭔가를 해야 한다고 생각을 하지만, 그 눈이 제대로 떠 있지 않으면 그 힘이 엉뚱한 방향으로 쓰여집니다. 그래서 엄청난 문제를 일으킬 수도 있습니다. 예를 들어서 아이는 아이 모습대로 보고, 어른은 어른 모습대로 보고, 동물은 동물 모습대로 바라볼 수 있어야 하는데 그렇지 못하게 됩니다.

어떤 거사님이 이런 말씀을 하셨습니다. 자기 부인에게 운전을 가르치는데 정말 힘들다는 것입니다. "이것도 못하느냐, 학교에서 공부를 하기는 했느냐?" 등 잔소리꾼이 되었다는 것입니다. 그런데 이게 웃을 일이 아니라 절대로 자기 부인은 못 가르칩니다. 선생님이 자기 아이에게 공부를 잘 가르칠 것 같지만 그렇지 못합니다. 남의 아이는 이치와 경험에 의해 잘 가르치지만 자기 아이는 그렇지 못합니다. 왜 그렇겠습니까? 제대로 보지 못하기 때문입니다. 교육자와 피교육자가 되어야 하는데, 사랑이라는 편견에 기대수준이 높아서 제대로 보지 못하기 때문입니다. 편견없이 사물을 보는 지혜의 눈이 필요한 것입니다.

나무대비관세음　원아속도일체중
南無大悲觀世音　願我速度一切衆

나무대비관세음　원아조득선방편
南無大悲觀世音　願我早得善方便

"대비하신 관세음님께 귀의하오니, 일체의 중생을 빨리 제도할 수 있게 하여주십시오. 지혜를 얻을 수 있는 방편을 빨리 가르쳐 주십시오"의 뜻이 됩니다.

　중생들의 어려움 불행 고난을 해결할 수 있게 되기를 바랍니다. 그러니 될 수 있는 한 빨리 그들을 제도할 수 있도록 좋은 방편을 빨리 주십시오.

나무대비관세음　원아속승반야선
南無大悲觀世音　願我速乘般若船

나무대비관세음　원아조득월고해
南無大悲觀世音　願我早得越苦海

"대비하신 관세음님께 귀의하오니, 반야선(지혜의 배)을 빨리 타게 해 주십시오. 고해의 바다를 빨리 건너가게 해주십시오."

여기에서 나오는 '반야선'이라는 것은 당연히 배를 말하는 것입니다. 어떤 배냐 하면 반야의 배입니다. 반야라는 것은 바로 지혜입니다. '내 모습이 어떤지, 내 지혜가 어떤지 알게 하여 나에게 맞는 배를 타게 해주십시오.' 하는 것입니다.

❖ 반야선을 용이 배역할을 한다하여 반야용선이라고도 하는데, 인로왕보살이 앞장서서 배를 몰아 극락세계로 향한다. 왼쪽 위는 극락에 계시는 아미타삼존불이시다. 이승에서 극락으로 가는 반야선 말고, 지옥에서 구제되어 나온 사람을 인도하는 반야선은 아미타삼존불 대신에 관세음보살과 지장보살이 그려진다.

반야선이라는 말은 여기가 아니더라도 많이 나옵니다. 명부신앙에도 반야선이 나옵니다. 반야용선이라고 해서 죽은 영혼이 그 배를 타고 부처님의 나라로, 극락의 세계로 간다는 말이 나옵니다. 그 말은 바로 귀신이 배를 타고 간다는

제3장 부처님을 찾아 나섬 131

말이 아니라, 그 영혼을 통해서, 지장보살님의 법력을 통해서, 천도를 통해서, 큰스님의 법문을 통해서, 그 영혼이 반야용선이라는 지혜의 배를 타고 부처님의 나라로 갈 수 있도록 해 준다는 것입니다.

말로 하면 사람들이 잘 믿지를 않습니다. 그래서 모습으로 보여주는 것이, 49재 때 반야용선을 만들어서 영혼 위패를 태우고 가는 모습을 보여줍니다. 그 의식이 중요한 것이 아니라, 바로 반야 지혜의 배를 타고 간다는 것을 상징적으로 보여주는 것입니다.

'산다는 것 자체가 고해라고 하는데, 그 고해를 빨리 건너가려면 내일 죽는 것이 빨리 가는 것이 아니냐?' 라고 할지 모르지만 그런 것은 아닙니다.

여기서 말하는 사바세계, 우리가 괴롭다고 말하는 '이 고해의 바다, 사바세계를 빨리 건너가게 해 주십시오'라는 것은 시간을 단축시켜 달라는 것이 아닙니다.

지혜의 바다로 빨리 건너가게 해달라는 것입니다. 지혜의 바다로 빨리 건너갈 수 있는 부처님의 지혜를, 그 반야선을 내가 빨리 깨달아 얻게 해달라는 것입니다.

> 나무대비관세음　원아속득계족도
> 南無大悲觀世音　願我速得戒足道
>
> 나무대비관세음　원아조등원적산
> 南無大悲觀世音　願我早登圓寂山

원아속득계족도(願我速得戒足道)

"원컨대 내가 빨리 계행(戒行)이 구족(俱足)한 도리를 얻기를 원합니다."

계라는 것은 우리 중생들이 부처님의 말씀대로 지켜야 할 도리를 이야기하는 것입니다. 이 계를 잘 지킨다는 그런 뜻으로만 있는 것이 아니라, 그 계를 통해서, 그 계를 가능한 지키는 그 수행을 통해서 바르게 살아가는 지혜를 얻어야 한다는 것입니다. 계를 잘 지킨다는 것은 바로 바르게 사는 것입니다. 즉 정의 길을 가는 것입니다. 부처님께 내가 원을 세울 때, 내가 흐트러질지 모르므로, 계는 그 서원에 이르도록 지켜주는 등불과 같은 것입니다.

여기서 나오는 10가지 서원은 정말 순수한 인간의 마음 그대로를 부처님께 내보이는 것입니다. 아이가 엄마에게 뭘 요구할 때, 아이가 뭔가를 계산해서 "내가 이렇게 하면 엄마가 혼낼거야" 해서 감추고 하는 것이 아니라, 자기의 욕구 그대로를 엄마에게 내놓습니다. 생각가는대로 자기 생각을 다 내놓듯이, 인간들이 부처님께 솔직하게 요구하는 것입니다. 내 모습 그대로를 보이는 것입니다. 욕심도 부리고, 칭얼대기도 하고, 부처님께 매달리기도 하고 하는 모습을 여기에서 볼 수 있습니다.

계를 지키는 것은 어렵습니다. 어렵지 않다면 이렇게 요구할 필요도 없습니다. 어려우니까 어떻게 해서라도 내가 이 계를 잘 지킬 수 있도록 근본자리를 만들어 달라는 것입니다. 그것도 계행에 모두 합당하도록 잘 지킬 수 있게 되기를 바라는 것입니다. 그러니 부처님의 힘에 의지하는 것입니다.

계를 잘 지키려 해도 잘되지 않습니다. 계를 잘 지키면 좋다는 것은 알고 있습니다. 그런데 삶이라는 것은 그렇게 잘 되질 않습니다. 그래서 부처님의 힘에 의지해서 내가 이 계를 잘 지키게 해달라는 것입니다.

원아조등원적산(願我早登圓寂山)

"원컨대 내가 원적산(원만하고 고요한 산, 즉 열반의 산이니, 불생불멸하는 곳이고 청정한 도리를 뜻한다)에 빨리 오르게 해 주십시오."

이 원적산이라는 말은, 뗏목을 만들어서 강을 건넜습니다. 그리고 나서는 뗏목을 버리고 진리의 산을 올라야 합니다. 자기가 원하는 목적, 등산이라면 산의 정상에 가는 것이 목적입니다. 그 목적이 바로 부처님의 진리에 가는 것입니다. 법성신이 되는 목적지가 바로 산입니다.

여기서는 산이라고 표현했지만, 우리 인간이 살고 있는 사바세계의 산이 아니라 정해진 목표를 말합니다. 그 산에 오름으로써 내가 원하는 그 목표, 정상에 올라간다는 말입니다.

원적산이라는 말은 진리, 열반의 세계라고 말합니다. 열반! 세속적으로 생각하면 그냥 죽는 것을 열반이라고 합니다. 그렇지만 그것은 사람들이 그냥 죽는 것입니다. 여기서 말하는 열반이라는 말은 죽었다는 것이 아니고, 고향을 떠나온 사람이 고향으로 돌아간다는 것입니다. 죽음과는 별개입니다. 고향이 어디라는 것을 정확히 아는 사람은 이 열반을 쓸 수 있지만, 고향이 어디인지 모르는 사람은 열반이라고 할 수 없습니다.

진리 공부를 정확히 한 사람만이 열반이 어디인지 정확하게 알 수가 있는 것입니다. 진리 공부를 정확하게 하지 않은 사람은, 돌아갈 때 인간 세계의 고리를 붙들고 못 놓습니다. 그게 바로 뗏목입니다. 그 뗏목을 껴안고 놓지 못합니다. "저 다이아몬드 반지를 껴보지도 못하고 내가 어떻게 가느냐? 농 안에 넣어놓은 비단옷을 내가 한번 입지도 못하고 어떻게 가느냐? 며느리가 아들 밥도 제대로 해 주지 않는데, 혹여 내가 없으면 어떻게 먹고사나?" 하고 생각하니 한이 많아서 못갑니다. 제대로 죽지도 못하는 것입니다. 이게 바로 세속에서 말하는 죽음인 것입니다.

내가 온 자리를 정확하게 알게 되면 그렇지 않습니다. 고향을 모른다면, 내가 가야 할 고향이 어딘지도 모르고, 그런 고향이 있는지도 모르고, 고향이 어떻게 생겼는지도 모른다면 회귀본능의 즐거움을 느낄 수 없습니다. 그러나 고향을 정확하게 아는 사람은 그런 즐거움이 있는 것입니다.

진리법 자체는 피안, 부처님의 세계, 그 정토로 가는 것입니다. 불법을 제대로 증득한 사람은 당당하게 받아들입니다. 그런데 세상에 살다 보니까 여러 가지 오욕으로 지은 죄도 많고 과업이 많다 보니까 두려움도 생기고, 탐·진·치 삼독으로 그 뗏목을 놓지 못하고 마지막까지 그것을 붙들고 있다가 열반이 아니라 죽음을 당합니다. 죽음은 또 다른 고통의 시작입니다. 그러므로 여러분은 세세생생 죽음을 반복할 것이 아니라, 영원한 즐거움을 누릴 수 있는 열반에 들어야 합니다. 모든 것을 놓고 당당하게 가야 합니다.

불가리아라는 나라가 있습니다. 그 곳에 사는 사람이 세계에서 가장 장수를 한다고 합니다. 보통 120세까지 산다고 합니다. 물론 우리나라에도 100세, 120세까지 사는 사람이 적지 않습니다. 문제는 삶의 기준을 어디에 두고 있느냐하는 것입니다. 이 기준에 따라 '산다, 죽는다'의 가치기준이 매겨집니다.

 병원에서 식물인간으로 200세까지 산다 한들 그게 진정한 의미의 삶은 아니지 않습니까? 그것은 삶이 아닙니다. 불가리아에 사는 사람들은 삶에 대한 정의가 확실합니다. 129세 먹은 노인들도 전부 나가서 일을 할 만큼 건강합니다. 방에 앉아 있어야만 하는 사람은 장수한다고 하질 않습니다. 120세 먹어도 전부 차 잎을 따러 농장에 가서 일을 합니다. 그리고 오늘 친구들과 인생 이야기도 하고 술도 한잔 마시고 하다가, 내일 아침에 그 사람은 열반에 들고 없습니다. 그런 사람에 한해서만 장수를 했다고 합니다.

 이런 이야기를 하면 이해가 잘 안되겠지만, 우리의 궁극적인 목적은 한 꺼풀, 우리가 쓰고 있는 이 한 꺼풀 애착만 벗으면 살고 죽는 것은 아무런 문제가 없습니다. 지금 여러분들은 열심히 죽으러 가고 있습니다. 갈려고 가는 것이 아닙니다. 필연입니다. 그럼 "기왕 가야한다면 어떻게 갈거냐?" 하는 문제가 남습니다.

 진짜 삶의 정의는 남에게 피해를 주지 않아야 합니다. 80세, 90세, 100세를 살면 뭐합니까? 물론 그러고 싶어서 그러는 것은 아니지만 그것도 '업'입니다. 치매다, 중풍이다, 이런 고질적인 병을 얻어서 자식들을 고생시키며 병상에서 사는 삶을 삶이라고 하지 않습니다. 목숨만 붙어 있다고 해서 삶이라고 생각해서는 안 됩니다.

삶이라는 것은 남에게 피해를 주지 않고, 내 의지대로 움직일 수 있는 그 순간까지를 말하지, 그것이 지나면 그것은 삶이 아니라 타의에 의해서 존재하는 것입니다. 삶을 어떻게 마감하느냐가 그래서 중요합니다. 태어나는 것도 중요하지만 어떻게 마감하느냐가 제일 중요합니다.

이런 말이 있습니다. "밤사이 안녕하십니까?" 이런 인사가 제일 좋은 것입니다. 어제 저녁 수천 년 살 것 같이 밤새 이야기하던 사람이 오늘 아침에 조용히 열반에 드는 것입니다. 이것이 최고의 행복입니다.

여기서 진일보하면 돌아감도 마음대로 선택할 수 있다는 것입니다. 남에게 피해 주지 않고 고통없이 가는 것입니다. 그렇게 되려는데 이것이 맘대로 잘 되지 않습니다. 그 정도 되려면 평소에 음으로 양으로 복덕을 많이 쌓아야하며 끝없이 정진을 해야합니다.

우리가 세운 이 10가지 서원들은 그것에 목적을 맞추고 있습니다. 열반에 들려는 그 목적에 맞추고 있는 것입니다. 죽는다는 개념에서 열반으로 바꿀 수 있는 지혜를 키워야 합니다. 이럴 때 비로소 우리는 부처를 만날 수 있습니다. 부처는 자기 안에 있다고 했습니다. 자기 노력에 달려 있습니다. 이러한 열 가지 서원을 세워서 법성신이 되면 어떤 일이 벌어지는 것인가는 뒤에 설명이 되어 있습니다.

> 나무대비관세음 원아속회무위사
> 南無大悲觀世音 願我速會無爲舍
>
> 나무대비관세음 원아조동법성신
> 南無大悲觀世音 願我早同法性身

원아속회무위사(願我速會無爲舍)

"원컨대 내가 아무 것도 함이 없는 집에 빨리 도달하게 해주십시오."

'함이 없다'는 말은 내가 한 것이 아무것도 없다는 그런 말이 아니라, '내가 한 것이 아주 많이 있지만, 한 것을 드러내지 않는 마음의 집을 짓도록 해 주십시오' 라는 것입니다. 여기에서 '무위사'는 '영원의 집'으로 해석될 수 있으며, 영원·열반·해탈·허공과도 통합니다. 즉 위없는 보리입니다. 위없는 보리를 깨우친 자들이 있는 곳에 나도 빨리 모여 동참하고 싶다는 것입니다. 이제 마지막으로 이 서원들의 핵심이 나옵니다. 바로 아래에 있는 '원아조동법성신'입니다.

원아조동법성신(願我早同法性身)

"원컨대 내가 빨리 부처의 몸과 같도록 해주십시오."

위에서 내가 어떤 행위를 하고도 표내지 아니하고 나를

의식하지 않는 본래 그대로의 맑은 마음에 대해 설명한 바 있습니다. 이를 예수님은 사랑으로 표현하셨고, 부처님은 자비로 말씀하셨습니다. 사랑은 준 것 보다는 적게 돌려받을 수 있지만 전혀 받지 않을 수는 없습니다. 그러나 자비는 전혀 받지 않을 수 있는 것입니다. 받지는 않고 주기만 하는 것이 자비입니다. 그 자비를 일으키고 행하는 마음을 통하여 '원아조동법성신' 이렇게 되면 바로 내가 부처가 되는 것입니다.

제일 처음에 법을 얻었습니다. 제일 처음에 부처님께 원을 세운 것이, 내가 법의 창고를 열고 내가 법의 진리를 알게 해달라는 것이었습니다. 그리고 마지막 서원은 원한 것을 이루는 장면입니다.

내가 이 앞의 9가지 서원을 통해서 그것을 다 이루어 버리면 '내 몸 자체가 바로 부처'가 되어 버리는 것입니다. "어서 빨리 부처와 같은 몸이 되도록 해주십시오. 내가 바로 부처의 몸이라는 것을 알게 해 주십시오. 내가 부처님과 같다는 것을 알게 해 주십시오."

불교의 가장 큰 핵심은 바로 자기 자신을 깨우치는 것입니다. 내가 깨우쳐야만 해결이 되는 것입니다. 아버지가 깨우쳤다면, 깨우친 자의 아들은 될 수가 있어도 내가 깨우친 것은 아닙니다. 여기서 원하는 것은 아버지가 깨우치고, 어머니가 깨우쳐서 깨우친 자의 아들이 되라는 것이 아니라,

내가 깨우쳐서 깨우친 자의 아버지를 만들고, 깨우친 자의 어머니를 만들라는 것입니다.

내가 바로 법성신이 되어야 합니다. 법성신이 되게 해달라는 것입니다. 이 10가지 서원에 인간의 각양각색의 모습을 부처님께 그대로 나타내고 있는 것입니다. 이 열 가지 일을 다하고 나면 우리는 바로 부처가 되는 것입니다.

아약향도산 도산자최절	아약향화탕 화탕자소멸
我若向刀山 刀山自摧折	我若向火湯 火湯自消滅
아약향지옥 지옥자고갈	아약향아귀 아귀자포만
我若向地獄 地獄自枯渴	我若向餓鬼 餓鬼自飽滿
아약향수라 악심자조복	아약향축생 자득대지혜
我若向修羅 惡心自調伏	我若向畜生 自得大智慧

10가지 서원을 잘 이루면 이제 보살행을 행합니다. 어렵고 힘든 삼악도를 비롯한 사악한 무리들의 여섯 세상을 다니면서 보살도를 행하는 것입니다.

아약향도산 도산자최절

"내가 만일 도산지옥을 향해서 보살도를 행해 가면 도산지옥이 스스로 꺾여지고"

도산은 칼로 된 산이니, 바로 도산지옥을 말합니다. 날카로운 칼날을 촘촘히 박아놓고 그 위를 맨발로 걸으며 고통을 당하는 지옥입니다. 내가 법성신이 되어서 간다면 날이 시퍼렇게 선 칼날로 된 지옥을 간다 하더라도, 그 칼날이 문드러져서 솜방망이처럼 됩니다. 다시 말해 보살이 되어 극락행 열차를 타고 가서 마지막으로 직면해야 할 상대는 삼악도에서 허덕이는 지옥중생과 그리고 사악한 중생들의 세계입니다. 이것이 칼산이며, 한때는 내가 휘젓고 살던 곳이기도 합니다. 10가지 서원을 잘 이루어 완성한 사람은 법성신이 되어 중생 세계를 구제한다는 얘기입니다. 이제 비로소 보살의 대열에 합류하게 된 것입니다.

지옥에 대해서는 『서유기』에 자세히 나와있습니다. 당나라 태종이 염라대왕에게 불려갔다가 돌아오는 3일 동안에 각종 지옥을 다 보고는 크게 깨달은 바가 있어서, 삼장법사에게 부탁을 하여 서역 천축국으로 불경을 가지러 가게 한 것이 『서유기』입니다. 이 책에 각종 선신과 악신이 모두 나오고, 관세음보살님의 자비와 위신력이 모두 나옵니다. 뿐만 아니라 삼장법사와 손오공 저팔계 사오정 등의 활약을 통해 정과를 얻게 되는 과정이 상세하게 소개됩니다. 여러분도 기회가 되면 꼭 한 번 읽어보시기 바랍니다.

아약향화탕 화탕자소멸
"내가 만일 화탕지옥을 가면 화탕지옥이 스스로 소멸하며"

화탕은 불로 물을 끓이는 곳이니, 바로 화탕지옥을 말합니다. 내가 신묘장구 대다라니를 지송하여 보살이 되어서, 쇳물이 펄펄 끓는 지옥을 가면, 그 지옥이 스스로 소멸하여 끓던 물이 청정수가 되어 버립니다.

아약향지옥 지옥자고갈
"내가 만일 법성신이 되어서 지옥을 가면, 지옥이 스스로 말라 없어지며"

지옥은 염부에 속한 곳으로 땅속에 있어서 죄인에게 고통을 주는 곳입니다. 매우 심한 추위로 고통받는 '알부타, 이라부타, 알찰타, 확확파, 호호파, 올발라, 발특마, 마하발특마'의 팔한지옥(八寒地獄)과, 매우 뜨거운 불길로 고통을 받는 '등활 지옥, 흑승 지옥, 중합 지옥, 규환 지옥, 대규환 지옥, 초열 지옥, 대초열 지옥, 무간 지옥'의 팔열지옥(八熱地獄) 등 136종의 지옥이 있습니다.

이 136지옥에는 앞서 말한 도산지옥과 화탕지옥도 포함되는데, 또 포괄적으로 지옥을 말함으로써 이들 지옥을 한 번 더 강조한 것입니다. 이렇게 여러 가지로 고통이 심한 지옥에 떨어져 앞날이 없는 중생들이 아무리 많다 하더라도, 내가 법성신이 되어 가면 모두 극락왕생해서 지옥이 없어져 버린다는 것입니다.

아약향아귀 아귀자포만
"내가 만일 법성신이 되어서 아귀를 향해 가면, 아귀가 스스로 배가 부르며"

아귀는 몸뚱이는 집채만큼 크고 목구멍은 바늘구멍만 합니다. 조그마한 티끌도 목에 걸리고 맙니다. 그러니 항상 배가 고플 수밖에 없습니다. 항상 배고픈 설움을 당하고 있는 것이 아귀입니다. 스님이 발우공양을 하고 나서 발우를 깨끗이 닦아 먹은 후에, 발우 씻은 물을 아귀에게 주면 아귀가 먹고 갑니다.

아귀는 중생이 죄의 업보를 받아 되는 것입니다. 육도중생이 생사의 윤회에 의해 잠시 사바세계에 왔을 때, 지금 쓰고 있는 물건과 제 몸뚱이가 본래 제 몸도 아니고 제 물건도 아니라는 것을 모르고 탐심을 내기 때문에 그 업보로 아귀가 되는 것입니다.

이 아귀가 배고파하는 그 고통이 얼마나 큰가 하는 것을 설명하기 위해서, 여기에다 말한 것입니다. 아귀뿐이겠습니까? 사람이 배고픔을 느끼는 고통도 굉장히 큰 것입니다. 또 욕심은 많은데 채우지 못하는 고통이 다 아귀의 고통입니다. 그런 고통을 느끼는 아귀들도, 내가 법성신이 되면 그 덕택으로 고통에서 해소가 된다는 말입니다.

아약향수라 악심자조복
"내가 만일 아수라에 보살도를 행해 가면 아수라의 악한 마음이 조복하고"

내가 만약 아수라와 같이 매일 싸우고 하는 그런 세상에 나아간다 해도, 곧바로 평화롭게 바꿀 수가 있다는 것입니다.

아수라는 천취아수라와 인취아수라와 축취아수라의 세 종류가 있는데, 지난 겁생에서 진심(嗔心)을 갖고 유루복(有漏福)을 지은 업보가 있기 때문에, 조그만 일에도 노여움을 갖고 싸우는 악한 귀신입니다.

아수라까지만 되어도 우리 보다는 식이 높은 상대입니다. 이 아수라는 늘 싸우고 시비하는 것을 좋아해서 남이 조용하게 있는 것을 못 봅니다. 그래서 집안을 아이들이 어지럽히고 형제간에 싸우거나 하면 아수라장이라고 말합니다. 아수라는 그렇게 매일 요란스럽게 싸우고 하는데, 내가 법성신이 되어서 나아가면 그것이 아주 평화스러운 것으로 변한다는 것입니다.

아약향축생 자득대지혜
"내가 축생의 세계로 나아간다면 축생 스스로가 지혜를 얻으리라"는 것입니다.

축생은 지혜와 복덕을 닦지 못해서, 어리석고 악한 습관이 몸에 배었기 때문에 그 업보로 축생이 된 것입니다. 그러한 축생조차도 내가 법성신이 되어 가면 저절로 지혜를 얻게 된다는 것입니다.

그렇지만 여기서 축생이라는 것은 소나 말, 이런 것들만 말하는 것이 아닙니다. 지혜를 얻어서 부처가 될 수 있는 것은 사람에게만 있다고 했습니다. 천상에 있는 사람도 바로 부처는 되지 못한다고 했습니다. 천상에 있는 그 기간을 다 채우고 나서 다시 이 인간으로 와서 지혜를 얻어야 부처가 될 수 있다는 것입니다. 여기서 축생은 오히려 동물을 이야기하는 것이 아니라, 사람이지만 축생과 같은 사람을 말하는 것입니다.

소승의 은사이시며 화계사 조실을 맡으셨던 숭산 큰 스님은 법문을 하실 때 그런 말씀을 하십니다.

"동물들이 제일 좋아하는 것은 사람에게 잡아먹히는 것입니다. 그 이유는 동물이 사람의 몸으로 바뀔 수 있는 제일 빠른 길이 사람에게 흡수되는 것이기 때문입니다.

또 사람들이 동물들을 많이 죽여서 그 짐승들의 영혼들이 사람으로 환생되었다고 합니다. 사람에게 죽임을 당한 동물 영혼의 일부는 인간의 식(識)을 얻어서 인간으로 와 있다는 것입니다. 동물의 식을 가진 인간들이 이 세상에 너무 많아졌으니, 이러한 사람들을 불법으로 제도를 해야 되지 않겠습니까?"

우리에게 많은 점을 시사해 주는 큰 스님의 말씀입니다.

모든 것은 문제가 일어나는 것의 원인만 없애면 더 이상 일어나지 않습니다. 잡초를 잎새만 자르면 밑에서 새순이 또 나옵니다. 그러나 뿌리가 뽑히면 죽어 버립니다.

그러니 위만 잘라서 포장하지 마십시오. 잠시 잠잠하기는 하지만 계속해서 새순이 나와서 괴롭히는 것입니다. 애초에 악업의 뿌리 자체를 잘라 버려야 합니다. 그래서 위에서 나를 감싸고 있는 모든 탐·진·치 삼독을 그대로 고사시켜 버리고 부처님 진리의 파수꾼이 되어야 합니다.

피안에, 즉 부처님의 세상에 도달할 수 있는 강을 건너고 나면 그 뗏목을 가차없이 다 버려 버리고, 부처님께 귀의할 수 있는 그런 서원을 10가지를 세우고, 그래서 법성신이 되고 나면 위에 나오는 여섯 가지 일들이 다 이루어진다는 것을 확연히 믿어주시기 바랍니다.

　이러한 여섯 가지 보살행에 나오는 아귀니, 지옥이니, 아수라니 하는 것들은 자체로 하나의 세계를 이루고 있지만, 어찌 보면 우리들 마음속에 이 여섯 가지 어려운 세상이 존재한다고 보아야 합니다. 내가 10가지 서원을 이루어 법성신이 되면, 그동안 우리를 괴롭히고 어지럽혔던 여섯 가지 어려움이 모두 사라지는 것입니다.

　관세음보살님께 서원을 세우고, 수행정진하고, 공부를 게을리 하지 아니하면 아니 되는 것이 없다고 말씀드렸습니다.

　다음은 관세음 보살님의 명호에 관하여 알아보도록 하겠습니다.

　원래 관세음보살님의 명호는 마흔 두 가지로 표현되었습니다. 한사람이 세상에 나오면 수많은 역할에 따라 호칭이 달라집니다. 할아버지가 지어주신 아무개, 그리고 어린이·학생·동생·오빠·형·아빠·아저씨·사장·부장 등등 많은 호칭이 주어지지만 결국 한 사람이듯이, 관세음보살님에게도 구현하시는 능력과 복덕 자비와 지혜에 따라 많은 명호가 주어졌습니다. 동서사방 오방내외 곳곳에 천수천안으로 종횡무진하시기 때문에 더더욱 많은 명호가 주어진 것입니다.

나무관세음보살마하살　　　나무대세지보살마하살
南無觀世音菩薩摩詞薩　　　南無大勢至菩薩摩詞薩

나무천수보살마하살　　　　나무여의륜보살마하살
南無千手菩薩摩詞薩　　　　南無如意輪菩薩摩詞薩

나무대륜보살마하살　　　　나무관자재보살마하살
南無大輪菩薩摩詞薩　　　　南無觀自在菩薩摩詞薩

나무정취보살마하살　　　　나무만월보살마하살
南無正趣菩薩摩詞薩　　　　南無滿月菩薩摩詞薩

나무수월보살마하살　　　　나무군다리보살마하살
南無水月菩薩摩詞薩　　　　南無軍茶利菩薩摩詞薩

나무십일면보살마하살　　　나무제대보살마하살
南無十一面菩薩摩詞薩　　　南無諸大菩薩摩詞薩

나무본사아미타불(세번)
南無本師阿彌陀佛

"관세음보살마하살께 귀의합니다. 대세지보살 마하살께 귀의합니다. 천수보살마하살께 귀의합니다. 여의륜보살마하살께 귀의합니다. 대륜보살마하살께 귀의합니다. 관자재보살마하살께 귀의합니다. 정취보살마하살께 귀의합니다. 만월보살마하살께 귀의합니

제3장 부처님을 찾아 나섬　149

다. 수월보살마하살께 귀의합니다. 군다리보살마하살께 귀의합니다. 십일면보살마하살께 귀의합니다. 제대보살마하살께 귀의합니다. 스승이며 본처불인 아미타불께 귀의합니다."

그대로 번역하자면 위와 같습니다. '마하살'에서 '마하'는 크다 위대하다는 뜻이니, 마하살은 대보살입니다. 보살은 보리살타의 준말로 보리심을 얻은 정각자입니다.

위의 열 세 분 불보살님은 실은 세분의 불보살의 명호를 나열한 것입니다. 왜 그렇게 되겠습니까?

첫 번째 관세음보살은 바로 관세음보살 자신입니다.

두 번째 대세지보살은 아미타불의 오른쪽에서 보필하시는 보살이시니, 아미타불의 왼쪽에 계신 관세음보살과 더불어 극락세계의 삼존불(三尊佛)의 한 분입니다.

세 번째 천수보살은 손이 천 개인 보살로 관세음보살의 다른 이름입니다.

네 번째 여의륜보살 역시 육관음 중의 한분으로, 손에 여의주와 보배로운 수레바퀴를 가지고 중생의 소원을 들어주고 법륜을 굴리는 분입니다.

다섯 번째 대륜보살도 법륜을 굴려 중생을 구제하는 관세음보살의 다른 이름입니다.

여섯 번째 관자재보살도 관세음보살의 다른 이름으로, 무애한 경계를 걸림없이 자재하게 관찰하시며 중생을 구원하

❖ 극락정토에 계신 아마타삼존불
　왼쪽이 대세지보살이고, 가운데가 아미타불이며, 오른쪽이 관세음보살이다. 아미타불을 중심으로 관세음보살과 대세지보살이 보필하고 있다. 그 밑에 있는 작은 보살은 구존불이라 하여 아미타불을 모시는 여덟 불보살 중의 일부인데, 구존불은 아미타불과 관세음보살 대세지보살의 삼존불을 위시하여, 문수보살 보현보살 금강장보살 제장애보살 미륵보살 지장보살의 아홉 분이다.

시는 분이라는 뜻입니다.

　일곱 번째 정취보살은 선재동자에게 보살행과 해탈법문을 설해주시는 분으로 관세음보살의 다른 이름입니다.

　여덟 번째 만월보살은 자비로움이 가득한 얼굴이 원만한 달과 같다고 해서 부르는 관세음보살의 다른 이름입니다.

　아홉 번째 수월보살은 세상의 모든 물속에 달이 비추듯 어디서나 중생을 돌봐주신다는 뜻에서 부르는 관세음보살의 다른 이름입니다.

열 번째 군다리보살의 '군다리'는 '군지'라고도 하는 보배로운 병을 말하는 것으로, 그 병에 감로수를 담아 중생을 구제하는 관세음보살의 다른 이름입니다.

열한 번째 십일면보살도 육관음의 하나로 열한 개의 얼굴을 갖추고 있으면서, 앞의 얼굴 셋은 고요하고 안온한 자비심을 품은 보살상이고, 왼편의 얼굴 셋은 위엄과 노여움을 갖춘 상으로 악한 중생의 고통을 없애는 얼굴이며, 오른편의 얼굴 셋은 아래 어금니가 입밖으로 나온 상으로 선업을 짓는 자를 보고 더욱 정진하도록 권장하는 얼굴이고, 뒤에 있는 얼굴 하나는 몹시 웃는 상으로 선한 자나 악한 자나 모두 선업을 닦도록 하는 얼굴이며, 제일 위에 있는 얼굴 하나는 부처님 얼굴을 하고 있으면서 근기가 높은 자에게 가장 오묘한 불법을 닦도록 하는 얼굴인데, 모든 얼굴들이 화관을 쓰고 화관 위에는 모두 아미타불을 모신 분으로 관세음보살의 다른 이름입니다.

열두 번째 제대보살은 모든 대보살이라는 뜻으로 여기서 호칭되지 않은 관세음보살의 나머지 다른 명호를 모두 총칭한 것입니다.

또 열세 번째 아미타불은 관세음보살의 본 스승이십니다.

❖ 석굴암에 있는 11면 관음보살상. 머리에 있는 화관에 11개의 얼굴이 있다. 왼손엔 연꽃을 꽂은 감로수병이 들려있다. 여기서는 팔이 둘이나, 팔이 여덟 개인 11면보살상도 있다. 신라시대 경흥국사가 갑자기 병이 나서 한 달여를 일어나지 못했을 때, 11면관음보살이 여승으로 화해 나타나서 "근심으로 인해서 생긴 병이니, 즐겁게 웃으면 날 것"이라고 하면서 11가지 모습으로 변하면서 우스꽝스런 춤을 추는 것을 보고 턱이 빠질 것 같이 웃다가 병이 나았다고 한다.

그러니까 위에 나오는 "열 셋의 불보살님께 귀의합니다"는 결국 "관세음보살과 대세지보살, 그리고 아미타불의 세 분 불보살님께 귀의합니다"라는 뜻이 됩니다. 이 세 분 불보살, 즉 관세음보살·대세지보살·아미타불을 극락세계의 삼존불이라고 합니다.

그런데 왜 관세음보살을 그 스승이신 아미타불 앞에 칭송했겠습니까? 그것은 실제로 우리 중생을 돌봐주시는 분이 관세음보살이기 때문입니다. 실질적으로 중생과 밀접하게 맞닥뜨리면서 구제해주시는 분이기 때문입니다. 또 관세음보살과 대세지보살이 중생을 구제하는 것이 곧 아미타불이 중생을 구제하는 것으로 귀결되기 때문이기도 합니다. 즉 제일 마지막에 있고 극락에 계시면서 중생구제의 마무리를 짓는 분이 아미타불이기 때문입니다. 혹은 관세음보살이 아미타불의 화신이라고도 합니다. 그래서 관세음보살의 화관에 아미타불이 모셔져 있다고 합니다.

아미타불은 아미타여래라고도 하고, 줄여서 미타라고도 하는데, 무량수불이라고도 부릅니다. 아미타불은 약 10겁 전에 부처가 된 분입니다. 지금도 극락세계에 머무르면서 설법을 하고 있는 분으로, 좌우에 각기 관세음보살과 대세지보살을 거느리며 48대서원을 이루고자 자비심을 일으키고 있습니다.

관자재보살하면 그 관자재보살이 따로 있는 줄 알고 자꾸 찾아다니는데, 그런 것이 아니라 관자재보살이 곧 관세음보살님이고, 수월보살이 곧 관세음보살이라는 것을 아셔야 합니다.

여기서 각 보살님을 이야기하고 있지만, 결국 이 보살님들은 관세음보살님으로 모이는 것입니다. 이렇게 모일 수 있는 이름이 42가지가 됩니다. 그 중에서 대표적으로 불리는 이름이 지금 말한 10가지입니다. 나머지 이름은 이 책의 말미에 '관세음보살 42수진언'을 정리해 놓았는데, 그것이 모두 관세음보살의 다른 이름이기도 합니다.

관세음보살님의 42가지 이름을 다시 10가지로 대표하여 줄이고, 평소에 염하거나 외우게 될 때 그것이 바로 관세음보살님께 직접적으로 기도를 하는 것과 별 다를 바가 없다는 것을 믿으십시오. 믿는다는 것이 얼마나 중요한 것인가를 여러분들이 체험을 통해서 알아야 합니다.

이걸 말로는 전달하기가 참 어렵습니다. 자기가 뭔지 믿음에 도취되어 보아야 합니다. 한 사물을 놓고도 어떤 사람은 별것 아니게 생각하고, 어떤 사람은 소중하게 생각하고, 어떤 사람은 아주 절대적이라고 생각할 수 있는 것입니다. 절대적이라고 생각하는 사람은 그 사물에 대해서 믿음을 100% 가지고 있는 것입니다. 어떠한 상황일지라도 자신의 믿음이 100%라면 자기에게는 절대적인 것입니다. 신앙이라는 것은 절대적이어야 합니다. 절대적인 것 가운데서 지혜를 얻어서 그것을 밝게 아름답게 귀하게 베풀면서 꾸며 나가야 하는 것입니다.

신라 경덕왕 때 희명이라는 여인이 지은 도천수관음가(禱千手觀音歌) 또는 도천수대비가(禱千手大悲歌)라는 향가가 있습니다. 천수관음님께 기도하는 노래, 또는 천수관음보살님의 대비하신 마음에 기도하는 노래라는 뜻으로, 『삼국유사』의 '분황사 천수대비 맹아득안(盲兒得眼)'에 전하는 노래입니다.

한기리라는 마을에 희명이라는 여인이 있었는데, 아이를 낳아 금이야 옥이야 하고 길렀습니다. 가난했지만 참으로 행복한 나날이 었습니다. 그런데 이 아이가 다섯 살이 되자 갑자기 눈이 멀었습니다. 하늘이 무너지는 것 같았습니다. 없는 살림에 빚을 내어 온 갖 약을 다 써보았지만, 한번 실명한 아이의 눈은 낫지를 않았습니다. 생각 같아서는 내 눈이라도 뽑아 주고 싶었지만 그렇다고 아이가 볼 수 있겠습니까?

그래서 생각난 것이 관세음보살님이었습니다. 천 개의 눈을 갖고 천 개의 손을 가지고 이 세상 모든 어려움과 고통을 구제하여 주신다는 관세음 보살님이 생각난 것입니다. "내가 왜 진작 관세음 보살님을 생각하지 못했을까? 관세음보살님께 부탁해서 천 개의 눈 중에 두 개만, 아니 한 개라도 우리 아이에게 달라고 해 보아야지, 그래서 아이가 다시 볼 수만 있게 된다면, 내 무슨 일이라도 할 것이다."
어머니는 참으로 용감합니다. 자식 앞에선 어머니에게 무서울 것이 무엇 있겠습니까? 그래서 관세음보살님께 눈을 달라고 하는 것입니다. 천 개나 되는 눈이 있으니, 사랑하는 내 아들을 위해 그 눈을 뽑아 달라는 것입니다.
그래서 그길로 아들의 손을 이끌고 분황사로 달려갔습니다. 그리곤 빌었습니다. 아들에게 노래를 가르쳐 부르게 하고 자신은 그 옆에 서서 빌고 또 빌었습니다. 아들이 목쉬도록 부른 노래가 이렇습니다.

"무릎을 꿇으며 / 두 손바닥을 모아서
천수관음님 앞에 / 간절히 비옵나이다.
천 개의 손과 천 개의 눈을 / 가지셨사오니
하나를 내어, 하나를 덜어 / 둘 다 없는 내 몸에
하나만이라도 / 가만히 고쳐주십시오
아아! / 나에게 주시오면
그 큰 자비는 너무 커서 말로 다 할 수 없습니다."

"고쳐주시던가, 눈을 뽑아 주시던가" 이 막무가내의 기도를 관세음보살님은 들어주셨습니다. 아이는 노래 부르고 어머니는 빌고, 사실 막다른 골목에 밀린 아무런 방도도 없는 시골 아낙과 철없는 아이의 간절한 희망입니다. 그래서 이름도 '밝음을 구한다, 다시 광명을 구한다, 아들의 눈이 떠지기를 바란다'라는 뜻의 희명(希明)으로 고친 것입니다. 아니, 너무나 신기하게 여긴 마을사람들이 '희명댁'이라고 불렀는지도 모릅니다.
이를 기록한 일연스님도 찬사를 보탰습니다.
"대나무 말 타던 더벅머리가 시장거리에서 놀더니/
하루 아침에 두 눈 먼 소경되었네/
천수보살님이 자비로운 눈으로 돌아보지 않으셨다면/
얼마나 많은 봄을 버들꽃 못보고 헛되이 지냈을까?

관세음보살님의 위신력에 대한 이야기는 참으로 많습니

다. 그 중 하나만 더 말해보겠습니다.

조선시대에 있었던 일입니다. 배불정책(排佛政策)으로 불교를 아주 하찮게 생각을 하던 그런 시대였습니다.
송대감이라는 사람이 있었습니다. 송대감은 불교를 아주 신봉해서 자기 집 벽장 안에다 몰래 부처님을 모셔 놓았습니다. 부처님을 모신 것이 소문나면 지위가 위태로웠기 때문에 이렇게 숨겨 놓았습니다. 이렇게 열심히 부처님을 믿고 관세음보살님을 믿던 송대감도 전생의 업연은 피할 수가 없었던 모양입니다.

왕이 바뀌었습니다. 송대감은 중상모략에 빠져 역적으로 몰렸고, 감옥에 들어가 죽도록 고문당하다가 일주일 후면 사형에 처해지게 되었습니다. 송대감은 포도청 감옥에 들어가서도 관세음보살님에 대한 믿음을 놓지 않았습니다.
하지만 처형당할 날이 일주일 앞으로 다가오자 그 믿음에 대한 회의가 오기 시작했습니다. 그 위대하다던 경전, 한번 듣기만 해도 지옥고를 면하게 하고, 중생이 위기에 처했을 때 구하지 못하면 성불하지 않겠다던 관세음보살님에 대해 깊은 회의가 들었습니다.
『천수경』을 읽으면 뭐하나! 목숨 걸고 벽장에 모셔놓고 관세음보살님을 지극 정성으로 기도했는데, 일주일 후면 죽는다는 사실에 회의를 느꼈던건 당연한 일이었겠지요. 그러니 "관세음보살님도 별 볼일 없는가 보다. 그렇게 지극 정성으로 믿었는데….” 그 순간에 회의가 일어나는 것입니다.

이게 우리가 흔히 말하는 것으로 마장(魔障)이라고 합니다. 이 고비를 넘겨야 합니다. 모든 생활이 다 그렇습니다. 어려운 고비가 오고 회의를 넘기는 사람만 이 100% 기도의 맛을 보는 것입니다. 그런데 우리는 대부분 그 고비를 못 견디는 것입니다.

송대감도 예외는 아닙니다. "내가 부처를 좋아하고 한 평생을 숨겨가며 믿어 왔는데, 생명이 일주일밖에 남지 않았으니 부처님도 소용이 없나보다. 내가 이렇게 지극 정성으로 믿는 공덕만 생각해도, 부처님이 만약에 계신다면 나의 생명만은 건져주어야 되지 않겠나? 그런데 나는 이미 죽음이 확정되었으니 부처님을 신뢰할 수 없다"는 회의가 온 것입니다.

사람이 믿음에서 회의가 오면 자기에 대한 억울함, 분노가 일어납니다. 송대감도 감옥 안에서 그런 분노가 일어나서 한탄을 합니다. "차라리 이렇게 될 바에야 부처님 믿는 그 시간과 공덕을 다른 곳에 쏟았더라면, 오늘날 이런 일이 없지 않았을 거 아닌가?"

그리고 시간은 가는 것입니다. 그렇게 후회를 해도 시간은 가고 믿음을 가지고 있어도 시간은 갑니다. 사람은 끝에 가서는 똑같은 것을 아는데, 순간순간 일어나는 자기 마음을 억제할 수 없다는 것입니다.

제3장 부처님을 찾아 나섬

결국 그날부터 부처님을 믿던 마음을 끊어 버렸습니다. 예불을 드리고 마음속으로 간절했던 부처님에 대한 믿음마저도 버렸습니다.

인간이라는 것이 묘해서, 자기가 좋아하던 그 마음이 클수록 그것에 대한 회의도 더 크게 마련입니다. 회의감은 저주로 나타납니다. 저주하는 마음은 좋아했던 마음의 폭을 넘어서서 커지는 것입니다. 좋아하지 않았으면 미워할 것도 별로 없습니다. 너무나도 좋아하고 믿었기 때문에 그것이 아니라고 판단이 되면 그것에 대한 자기 회의가 너무나도 크게 작용을 합니다.

송대감은 미칠 것 같았습니다. 그렇게 짧은 시간에 부처님을 싫어하는 마음이 생기고 못믿는 마음이 생기니까 더 화가 나고 열이 나고 합니다. 그런데 사형 날짜가 3일 남았을 때 저녁에 꿈을 꾸었습니다.

관세음보살님이 나타나서 "송대감! 그래 가지고 어떻게 믿는 사람이라 하겠소! 믿음은 소신에 의하여 끝까지 정진하는 것이오. 진실은 끝날 때 가야 아는 것이거늘, 어찌 한치 의심이 남아있단 말이오? 지금이라도 늦지 않았으니 관세음보살 명호를 천 번 외우고, 신묘장구 대다라니를 천 독만 해보시오. 그리고 끝까지 자신을 믿으시오!" 하시며 야단하시는 관세음보살님을 뵙고 꿈에서 깨었습니다.

너무나 오랜 시간 동안 믿어 왔던 그 신앙이 꿈에 나타나 현몽을 했던 것입니다. 송대감은 혼란이 왔습니다. 꿈을 믿어야 하는지, 안믿어야 하는지? 어차피 안 믿어도 시간은 가고 죽음은 코앞에 있습니다. 날짜는 3일 앞으로 정해져 있으니까.

송대감도 나름대로 부처님께 일심으로 정진하면서 뭔가 지혜를 많이 길러놓은 사람입니다. 한순간에 마음이 흔들리기는 했지만, 지혜가 없었더라면 무지한 생각으로 체념하고 굴복했을 것입니다. "이제껏 지켜주지 않고 있다가, 3일후 죽을 목숨인데 너를 믿은들 무슨 소용이 있을까? 꿈이고 뭐고 간에 조용히 죽음이나 기다리자"하고 있었을 것입니다. 그러나 지혜가 밝았던 송대감은 비록 3일밖에는 남질 않았지만 이렇게 생각했습니다.
"어차피 3일은 그냥 가도 가는 거다. 그렇다면 부처님께서 마지막 순간에 현몽을 하신 것에는 무언가가 있을 것이다. 살아서 이루지 못한다면 죽어서라도 부처님 덕을 볼 수도 있지 않을까? 한번 해보자."
그런 결론이 생기니까 송대감이 밥도 거절하고, 밥먹는 시간도 아까운 것입니다. 3일 밖에 남지 않았는데 밥 다 먹고 잠 다 자고 하면 언제 천 독을 합니까. 계속해서 신묘장구 대다라니만 하는 것입니다.
간수가 와서 보니, 어제만 해도 땅을 치고 벽을 치고 미친 것처럼 행동을 하던 사람이 갑자기 미쳐서 중얼중얼 거립니다. '죽음이 다가오니까 저 사람 돌았나 보다. 훌륭한 대감이었는데 저렇

계청

제3장 부처님을 찾아 나섬 161

게 가는가 보다' 하고 생각을 합니다.

밥도 먹지 않고 움직이지도 않자 소문이 납니다. "그 대감 죽을 때가 다 되니까 정신이 이상해졌다. 계속 중얼거리고만 있지 밥도 먹지 않고 잠도 자지 않고 저렇게 계속 중얼거리기만 한다."

마침내 사형을 당하는 날입니다. 10시가 사형시간입니다. 그런데 9시 50분까지 계속해서 하는데도 천 독을 다하지 못했습니다. 10시가 되어서 간수가 나오라고 감옥의 문을 여니까, 간수의 바지가랑이를 잡고 큰 절을 올리며 "여보시게, 나에게 10분만 주게. 10분이 늦었다고 자네가 죽는 것이 아니니까, 10분만 더 나를 여기 있게 했다가 끌고 가게" 하고 애원을 합니다.

신분으로 따지면 자기와는 비교도 안돼는 그 간수에게 큰 절을 하고 얻은 10분 동안에, 못다한 신묘장구 대다라니를 독송해 천 독을 채웠습니다. 그 순간 송대감은 말할 수 없는 환희심으로, 자기가 지금 사형을 당할 죄인이라는 사실마저 잊어버렸습니다.

그때 간수가 "자아, 이제 10분이 지났으니 갑시다" 하여 정신을 차리고 집행장으로 향했습니다. 그런데 지금까지 그렇게도 불안 초조하였던 마음이 이렇게 편안해질 수가 없었습니다. 기분이 너무 너무 좋았습니다. 이제 죽어도 좋습니다.

이제 관세음보살님이 나를 보호하고 있고, 내가 죽어도 극락왕생을 한다는 믿음이 생깁니다. 천 독을 다 채우지 않았더라면 거기에 대한 미련이 남았을 텐데, 그 천 독을 다 채우고 나니까 당당하게 "가자" 하며 나갑니다.

간수가 보았을 때는 정말 기가 막힙니다. 이 사람이 3일 동안 잠도 자지 않고 굶고 앉았다가, 또 갑자기 죽기 싫어서 10분을 더 달라고 하더니, 10분이 지나서는 얼굴이 환해져 있을 뿐 아니라, 죽으러 가는 사람이 아닌 것처럼 "이제 가자"고 하니 참으로 기가 막힐 노릇입니다.

옛날에는 사람을 사형시킬 때, 사람을 죽이는 망나니라는 사람이 따로 있어서 큰칼을 들고 춤을 춥니다. 춤을 추고 난 후에 목을 치는 것입니다. 망나니가 춤을 추고 있으면 대부분의 사람은 겁에 질려 이미 죽어 있습니다. 그러면 목을 치는 것입니다. 산 목숨이 아닌 것입니다.

그런데 송대감은 망나니가 춤을 추어도 얼굴에서 광채가 빛나고 있습니다. 마치 죽을 사람이 아니고 편안히 앉아 도를 닦는 사람 같습니다. 오히려 칼을 들고 죽이려는 사람이 더 불안하고 겁이 나서 안절부절못합니다. 그래도 시간은 흐릅니다. 결국 죽일 수밖에 없는 그런 상황에서 춤을 추고는 칼로 목을 쳤습니다. 그 칼로 치면 한번에 목이 날아가는 것입니다.

그런데 이날은 이상한 일이 벌어졌습니다. 송대감의 목을 내려친 칼이 부러져버린 것입니다. 사람 목을 쳤는데 사람 목이 날아가지 않고 칼이 뚝 부러졌으니 주위에서 난리가 났습니다. 칼이 잘

못 되었나 싶어서 다른 칼을 가지고 왔지만 또 부러졌습니다. 이 사람이 쓰는 칼이 없어서 옆에 있던 장군의 칼, 전쟁에서 쓰는 큰 칼을 사용하였지만 또 칼이 부러졌습니다. 세 번 모두 칼이 부러진 것입니다. 도대체 송대감을 죽일 수가 없었던 것입니다. 일이 이렇게 되니 주위에 구경을 왔던 사람, 집행을 하러 왔던 사람들이 모두 "이건 무슨 일이 있는 것이다. 보통 일이 아니다. 이것은 나라님께 보고를 해야 되는 일이다"하여 사형을 중단하고 나라님께 보고를 했습니다. 그러자 임금이 "정말 특이한 일이다. 어떻게 사형장에서 사람 목이 날아가지 않고 칼이 부러질 수가 있느냐! 죽여서는 안 되겠다"하여 송대감이 풀려 나왔습니다.

송대감이 풀려나서 집에 오자 집에서도 난리가 났습니다. 죽으러 간 사람이 살아서 돌아왔으니 기쁘기도 하지만, 어찌된 영문인지 모르는 집안 식구들은 어안이 벙벙했습니다. 그런데 송대감이 대문에 들어와서는 아무도 만나지 않고, 방에 들어가서는 벽장 안에 모셔 두었던 관세음보살님께 합장을 했습니다.
아! 그 순간 송대감은 저도 모르게 합장한 손을 부르르 떨어야 했습니다. 관세음보살님의 목에 붉은 줄이 세 줄이나 그려져 있었던 것입니다.
그때 송대감은 부처님의 위신력을 알았습니다. 그 사형장에서 자신을 대신하여 관세음보살님이 칼을 맞음으로써 자신의 목숨을 구해준 것입니다. 사형장에서 떨어져 나가야 할 그 목을 관세음보살님의 화신이 대신 막아준 것입니다.

이런 위신력이 관세음보살님께는 있다는 것입니다. 관세음보살님의 위신력은 이밖에도 수없이 많습니다.

정권이 바뀌고 송대감은 훗날 다시 등용이 되었는데, 그때 그는 불교에 관한 많은 일을 합니다. 물론 그 당시 불교가 산중으로 다 쫓겨 가고 그랬지만, 그 와중에도 이런 대감이나 유학자들이 불교를 인정하고 알게 모르게 뒤에서 보필을 하고 있었기 때문에, 그나마 오늘날 이렇게 불교가 번성할 수 있었던 것입니다. 이렇게 부처님의 위신력은 끝이 없는 것입니다. 다만 분명한 것은 열 번, 백 번, 천 번 여러분께 말씀 드려도 똑같은 말을 합니다.

100%여야 합니다. 그 믿음이 100%였을 때만이 이런 체험을 할 수 있는 것입니다. 가다가 중간에 포기를 하거나, 그리고 가고 있는 중에도 만가지 다른 생각에 사로잡혀 있으면 원만성취가 어렵습니다. 기도의 서원을 우선 작게 세우십시오. 너무 크게 세우면 따라갈 수가 없습니다. 작게 세워 놓고 그것을 위해서 100% 가야 합니다. 100% 가면 여러분들은 바로 관세음보살님을 만나고 부처님을 만날 수가 있는 것입니다. 관세음보살님의 위신력을 100% 믿음을 통해서 증명해 보이는 그런 계기가 되어야 하겠습니다.

제3장 부처님을 찾아 나섬

제 4장
참 부처님의 위신력

신묘장구 대다라니

나모라 다나다라 야야 / 나막알야
바로기제 새바라야 / 모지 사다 바야
마하 사다 바야 / 마하 가로니가야 / 옴
살바바예수 / 다라 나가라야 다사명
나막 까리다바 / 이맘 알야
바로기제 새바라 다바 / 니라간타
나막 하리나야 / 마발다 이사미 / 살발타
사다남 / 슈반 / 아예염 / 살바 보다남
바바말아 미슈다감 / 다냐타
옴 / 아로계 아로가 마지로가 / 지가란제
혜혜 하례 / 마하 모지 사다바
사마라 사마라 하리나야
구로 구로 갈마 / 사다야 사다야
도로 도로 미연제 / 마하 미연제 / 다라 다라
다린 / 나례 새바라 / 자라 자라
마라 미마라 / 아마라 / 몰제

제4장 참 부처님의 위신력

예혜혜 / 로계새바라 / 라아 / 미사미 나샤야
나베 사미 사미 나샤야 / 모하 자라 미사미
나샤야 호로 호로 / 마라 호로 하례
바나 마나바 / 사라 사라 / 시리 시리 / 소로
소로 못쟈 못쟈 / 모다야 모다야
매다리야 / 니라간타 / 가마 샤날샤남
바라 하라나야 마낙 / 사바하 / 싯다야
사바하 / 마하 싯다야 / 사바하 싯다유예
새바라야 / 사바하 / 니라간타야
사바하 / 바라하 목카 / 싱하 목카야
사바하 / 바나마 하따야
사바하 / 자가라 욕다야
사바하 / 샹카 셥나녜 / 모다나야
사바하 / 마하라 구타다라야
사바하 / 바마 사간타 / 니샤 시체다
가릿나 이나야 / 사바하 / 먀가라 잘마
니바사 나야 / 사바하

나모라 다나다라 야야 / 나막 알야
바로기제 새바라야 / 사바하 (세 번)

소승이 신묘장구대다라니를 설명하는 것 보다, 그 옛날 당나라에 와서 불법을 널리 편 서역의 고승 불공삼장께서 천수경을 번역하시면서 서문에 비친 뜻을 전하는 것이 훨씬 여러분의 가슴에 와닿을 것입니다.

불공삼장은 대광지삼장(大廣智三藏)이라고도 하는데, 이름은 불공(不空)이고 서역사람입니다. 금강살타(金剛薩埵)가 비로자나불을 친견하고 유가(瑜伽)의 최상승한 법을 받았는데, 수백년 뒤에 용맹보살(龍猛菩薩)에게 전했고, 또 수백년 뒤에 용맹보살이 용지아도리(龍智阿闍梨)에게 전했으며, 용지는 금강지(金剛智)에게 전했고, 금강지는 불공에게 전했으며, 불공은 천축으로부터 동쪽으로 와서 당나라에 그 법을 전했으니, 최상승의 불법이 비로자나불로부터 여섯 번째 만에 불공에게 전해져 한문으로 번역된 것입니다.

불공이 당나라 현종때 서역으로부터 와서 숙종 대종에 이르기까지 세 황제에게 국사로 존경을 받으며 불법을 전수하고 불경과 밀법을 번역하였는데, 특히 대종황제 때에는 특진대홍려경(特進大鴻臚卿)의 벼슬을 받고, 눈이 먼 상태에서도 혼신의 힘을 다해 천수경을 번역한 공로로 개부의동삼사소국공(開府儀同三司蕭國公)의 칭호와 더불어 3000호의 식읍을 받게 되었습니다. 사양하고 또 사양하였는데 끝내 받아들여지지 않자 "아! 내가 불법으로 세상을 구제하고자 하였는데, 뜻하지 않게 관작과 물질에 더럽히게 되었구나!" 하고는 목욕하고 옷을 갈아입은 뒤에 길상좌로 앉아 적멸하였습니다. 대종황제는 이를 슬퍼해서 대변정대광지삼장이라는 시호를 내렸는데, 이 천수경이 바로 그런 천수경입니다. 무슨 댓가를 바라고 번역하고 전파한 것이 아닙니다.

또 불공삼장이 범어로 된 천수경을 한어로 번역하고 그림을 넣은 이 그림 천수경은, 당나라 황실에서 비단에 오색 황금실로 그림과 글씨를 수놓아 비밀리에 익히고 존중되었는데, 그 후 전란 속에 이리저리 흩어지고 훼손되어, 불공삼장이 전한 온전한 모습을 유지하기 힘들었습니다. 그렇지만 천수경을 이렇게 일목요연하게 풀이한 책이 아직 없고, 불공삼장의 서문에서도 "과거 무량겁에 선근을 널리 심지 못하여 제불의 명호를 얻어 듣지 못한 자도 이 다라니만 독송하면 뜻대로 성취할 것인데, 하물며 보살을 친견한 자야 그 이익을 어떻게 다 기록하겠습니까?"라고 밝혔듯이, 신묘장구대다라니를 외우기만 해도 뜻대로 성취할 것인데, 그 안에 등장하는 보살들의 모습을 보고 느끼면서 외우는 사람의 서원이야 말할 것이 무엇 있겠습니까?

불공삼장의 번역이 다소 훼손되었다 하더라도, 신묘장구대다라니의 본뜻이 과거 무량겁 동안의 여러 보살님들의 명호와 진실된 역할을 되새기고 그 위신력을 기리는데 있다고 생각하며, 그 보살님들의 신묘한 모습을 아울러 살핀다면 그 진실의 힘으로 신묘장구대다라니의 위신력이 충분히 우리에게 다가올 것입니다.

불공삼장의 서문을 살펴보면서 그 뜻을 대신하고 이어서 그림천수경을 아는대로 풀이해 보겠습니다.

경에 말씀하시되, "관세음보살이 부처님께 말씀하기를 '생각컨대 과거 무량 항하사겁에 걸쳐 부처님이 세상에 나오시니, 이름이 천광왕정주여래(千光王靜住如來)입니다. 그분이 저를 어여삐 여기시며 일체 중생을 위하여 이 대비심다라니를 설하시고, 황금색 손으로 나의 이마를 어루만지며 말씀하시기를 '네가 이 다라니를 수지하여 미래 악세(惡世)중생을 위하여 큰 이익을 지으라' 하시거늘, 이때 제가 초지(初地)보살로 있었는데, 천광왕정주여래께서 이 다라니를 설하시는 것을 듣고, 초지에서 곧바로 팔지(八地)로 올라갔습니다.

즉시 서원을 발하되, '제가 능히 오는 세상을 맡아서 중생을 이익되게 하라 하시면, 저로 하여금 팔만사천 색가라 머리(금강같이 견고한 머리)와, 팔만사천 청정한 보배의 눈(六塵에 매이지 않는 정각의 눈)과, 팔만사천 모다라 손(모든 중생을 빼짐없이 구제하는 손)이 생겨나게 하소서' 하고 발원하였습니다.

그러자 저의 서원과 같이 제 몸에 천수천안이 다 갖추어지니, 시방의 대지와 육종(六種)이 진동하였고, 시방의 모든 부처께서 광명을 방출하시어 제 몸을 비추어 주시니, 이후로 항상 수지독송하여 일찍이 잊어버리지 아니하였습니다.

'만일 비구 비구니와 동남동녀라도 지극한 마음으로 저의 이름자를 칭념하며 또 저의 스승이신 아미타불을 생각한 뒤에 이 다라니를 독송하면 백천만억의 생사 중죄를 소멸하고, 목숨이 끊어질 때에는 시방의 모든 부처가 다 와서 옹호하여 극락국토에 소원대로 왕생케 할 것입니다.

만일 어떠한 중생이라도 이 다라니를 송하는 자가 삼악도에 빠지거나, 여러 불국토에 왕생치 못하거나, 무량삼매와 변별하는 재주를 얻지 못하거나, 만일 모든 여인이 인과응보를 다스려 남자되기를 구하다가 소원을 이루지 못하면, 제가 맹세코 정각을 이루지 아니 할 것입니다.

또한 현세에 일체 소원을 성취하지 못하면 대비심다라니라 이름할 것이 없으니, 만일 십악오역(十惡五逆)으로 사람을 훼방하며, 불법을 비방하여 사찰을 훼절하고 탑상을 파쇄하며, 승려의 물품을 도적질하고 범행(梵行)을 어렵게 하는 등 중죄를 지어 천불이 출세하고 참회하여도 그 죄를 면치 못할 자라 하더라도, 이 다라니를 일심으로 독송하면 시방의 제불이 그를 위하여 증명을 하여 일체의 죄악을 다 소멸할 것입니다.

이 다라니를 외우는 자는 열네 가지 선근 종자를 얻고, 열다섯 가지 악하게 죽는 종자를 받지 않을 것입니다. 만일 선남선녀가 성심으로 이 다라니를 수지독송하고 다른 인연을 맺지 않으면, 마땅히 일광보살과 월광보살이 증명을 지어주시리니, 이때 제가 또한 천수천안으로 호위를 하여 주고, 모든 선신과 천룡금강밀적이 항상 옹호할 것입니다.

만일 이 다라니를 송하는 사람이 큰 바다 가운데서 목욕할 때, 그 물속에 있는 중생이 그 사람이 목욕한 물에 몸이 적셔지면 일체 죄보를 다 소멸하고 연화정토에 왕생할 것이며, 또 이 다라니를 송하는 사람이 길을 갈 때 바람이 불어 그 사람의 기운이 다른 중생에게 전해지면 그 중생의 일체 죄업이 다 소멸되고 다시 삼악도를 가지 않게 될 것입니다.

또 이 다라니를 독송하는 자가 입으로 말을 내면, 천마외도와 천룡귀신이라도 그 청정법음을 듣고 다 공경심을 발하여 부처와 같이 존중히 할 것이니, 이 사람은 곧 불신(佛身)이라, 구십억 항하사 제불이 또한 외호(外護)할 것입니다.

그러므로 이 다라니의 위신력을 어느 정도라고 말할 수도 없고 어느 정도라고 헤아릴 수도 없으니, 과거 무량겁에 선근을 널리 심지 못하여 제불의 명호를 얻어 듣지 못한 자도 이 다라니만 독송하면 뜻대로 성취할 것인데, 하물며 보살을 친견한 자야 그 이익을 어떻게 다 기록하겠습니까?'고 하셨다.

관세음보살이 이 다라니를 설하실 때, 그 모임의 무량중생이 혹 사과(四果)를 얻으며 혹 지위(地位)를 증명해 얻었느니라."

…

또 경에 말하기를 "지극 정성으로 나의 본 스승이신 아미타불의 명호를 염송하고 난 뒤에 이 신주를 외우라"고 하였다.

사실 대다라니에 대한 풀이는 여러 사람이 여러 가지로

달리 하였습니다. 대다라니가 범어로 되어있고, 여러 나라를 거쳐 우리나라에 들어왔기 때문에 번역에 또 번역을 거듭하였으며, 만들어진 지가 이미 수천년이 지났으므로 그 본 뜻을 정확히 번역하기는 어렵습니다.

그렇지만 한 가지 분명한 것이 있습니다. 바로 과거 무량겁에 걸친 불보살님들의 진실된 행적을 살핌으로써, 그 진실된 힘에 의해 수지하는 사람이 옹호를 받고 서원을 이루게 하는 것이 대다라니라는 것입니다. 즉 불보살님들께서 이룬 선과의 힘을 빌리는 것입니다.

앞서 '진실어'에 대해서 말씀드렸듯이, 우리가 대다라니를 수지독송하면, 그 다라니 경문에 해당하는 불보살님께서 "나는 과거 이러한 언행을 하고 이러한 선과를 쌓았으니, 너 지금 대다라니를 수지독송하는 자여! 나의 과거 진실한 공업의 힘으로 공덕을 이루라! 서원을 이루라!" 하는 것입니다.

마치 초등학생이 "우리 아빠 힘세다. 큰 자동차도 맨 손으로 민다" 하고 자랑하면, 상대방 초등학생이 겁을 먹고 한 대 때리려다가도 주춤하는 것과 같습니다. 또 "우리 아빠가 이번 수해 때 용감히 물로 뛰어들어 열 사람이나 구했다" 하고 자랑을 하면, 주위의 모든 아이들이 부러움 반 존경 반으로 그 아이를 쳐다보는 것과 같습니다.

이렇게 힘세고 좋은 일 많이 하고, 부자이고 높은 계급의 부모를 자랑하면서, 자신도 모르게 그 언행을 배우고 따르다 보면 명랑하고 지혜롭게 커나갑니다. 마찬가지로 힘세고 지혜로우며 항상 우리를 보호해주고 도와줄 준비가 된 여러 신들의 이름과 업적을 칭송하며 배우고 따름으로써, 우선은 그 힘을 빌리고, 그 힘과 지혜를 존경하며 그대로 따르다 보면 나도 모르게 그런 힘과 지혜를 갖게 되는 것입니다.

이것이 바로 대다라니의 효과이고 대다라니를 수지독송하는 이유인데, 대다라니의 힘이자 효과는 셋으로 볼 수 있습니다. 첫번째는 총지(總持)로 세상 모든 덕을 베푼 것을 갖고 있으며, 둘째는 능지(能持)로 일체의 착한 법을 갖고 있으며, 셋째는 능차(能遮)로 일체의 악한 법을 모두 막는다는 것입니다. 이제 다라니를 그림과 함께 펴 보이겠습니다.

1〕 나모라 다나다라 야야

◆관세음보살의 본신이 대비(大悲)하신 마음을 쓰시니,

◆큰 소리로 읽지 말아야 한다.

2〕 나막알약

◆여의륜보살의 본신이 이르르고

◆여의륜(如意輪)은 불법을 원만하게 통득하셔서 몸 뒤에 불광이 달처럼 빛나게 되었고, 이 불광은 모든 것을 뜻대로 이루게 하는 위신력이 있다. 읽을 때 정성스런 마음을 유지해야 한다.

3〕 바로기제 새바라야

◆관세음보살의 본신이 바리때를 지니시네!

◆지발(持鉢)관세음보살이 바리때를 가지고 탁발하러 나선 것이다. 사리나 영골을 얻는 등 뜻하는 바를 얻으려면 송독할 때 관세음보살의 탁발하는 마음을 지녀야 한다.

4】 모지 사다바야

◆불공여래견삭보살이 극락으로 이끄시고

◆불공여래견삭보살(不空如來羂索)은 천병(天兵)을 다스려 거느리시는 위신력이 있다. 여섯 관세음의 한 분으로, 묘법의 연꽃을 미끼로 하고 마음의 불공(不空)을 낚싯줄로 삼아, 중생을 낚아서 열반극락에 보낸다.

5】 마하 사다바야

◆보살 종자들이 다라니를 외우니
◆스스로 대다라니를 외는 관세음보살 종자(種子)의 본신이다. 관세음보살이 스스로 대다라니를 외우는 모습을 보이시는 진언이다.

6】 마하 가로니가야

◆마명보살이 번뇌를 끊어주시네!
◆마명(馬鳴)보살의 본신이 발절라인(拔折羅印:번뇌를 끊고 마군을 항복받는 수인)의 수인을 지으셔서 번뇌를 없앤 것이다.

7] 옴

◆옴~

◆이 옴을 발하면 일체의 귀신이 모두 무릎 꿇고 합장하여 부처님 말씀을 들을 준비를 한다.

8] 살바 바예수

◆사대천왕이 마군을 항복받으시니

◆욕계 육천(六天) 가운데 첫째 하늘인 사대천왕의 본신이 마군들의 항복을 받는 위신력을 보인 것이다. 동주의 지국천왕(持國天王), 남주의 증장(增長)천왕, 서주의 광목(廣目)천왕, 북주의 다문(多聞)천왕이다.

9] 다라나 가라야 다사명

◆사대천왕이 다스리는 각 부락의 무리들이 따르네!

◆사대천왕이 다스리는 부락의 귀신 이름이다. 각 부락의 이름은, 동방은 건달파의 무리이고, 서방은 용의 무리이며, 북방은 야차의 무리이고, 남방은 구반다의 무리다.

10】 나막 까리다바

◆용수보살이 위엄을 보이시고
◆용수(龍樹)보살의 본신이다. 성정이 급하고 엄하신 분이므로, 마음을 가다듬어 찬찬한 마음으로 독송해야 하고, 빠뜨리거나 잘못 외우지 말아야 한다.

11】 이맘 알약 바로기제 새바라다바

◆스승이신 로사나불이 설법하시며
◆본사(本師)인 로사나불(盧舍那佛)의 본신이다. 광대하고 원만한 법신으로 불가사의한 공덕이 있다.

12】 니라간타 나막 하리나야

◆청정하고 원만하신 비로자나불이 나투시네!
◆청정한 법신(法身)이고 원만한 보신(報身)이신 비로자나불(盧遮那佛)의 본신이다. 정성을 다해 독송해야 한다.

13〕 마발다 이사미

◆양두신왕)보살이 마군을 거느리시고

◆양두신왕(羊頭神王)보살의 본신이다. 하늘의 모든 천마(天魔)로 자신의 권속을 삼는 위신력이 있다.

14〕 살발타 사다남

◆감로보살의 부락 무리들이 따르며
◆관세음보살의 또 다른 이름인 감로(甘露)보살의 권속이다. 즉 원통증 입한 보타산의 모든 선재동자들이다.

15〕 슈반 아예염

◆비등야차천왕이 잘잘못을 살피시네!

◆최고의 판결사인 비등야차천왕(飛騰夜叉天王)이 사방을 지나가며 잘잘못을 살피는 것이다.

16〗 살바 보다남

◆중생을 옹호하시는 바가제신왕이 나서시고

◆바가제신왕(婆伽帝神王)의 본신이다. 그 모습이 검고 장대하며 표범가죽으로 만든 옷을 입고, 손으로는 쇠스랑을 잡고 정법을 옹호한다.

17〗 바바말아 미슈다감 다냐타

◆군다리보살이 악한 귀신을 물리치는 철륜과 포승줄을 드셨네.

◆군다리(軍吒利)보살의 본신이다. 쇠로된 톱니바퀴와 포승줄을 잡고 있으며 눈이 세 개이시다. 모든 나쁜 귀신을 항복 받는 분으로, 모든 사람의 행복을 위해서 심판하는 것이다.

18〗 옴 아로계 아로가

◆신선들을 다스리시는 대범천왕이 나서시고

◆대범천왕(大梵天王)의 본신이다. 대범천은 신선이 부락을 이루어 사는 곳인데, 대범천(大梵天) 범보천(梵輔天) 범중천(梵衆天)의 삼범천(三梵天)으로 대범천왕이 다스리신다.

제4장 참 부처님의 위신력

19】 마지로가 지가란제

◆중생을 옹호하시는 제신왕이 나서시며

◆제신왕(帝神王)의 본신이다. 몸이 장대하고 흑색이다. 정법을 옹호하는 신이다.

20】 혜혜 하례

◆33천을 다스리는 마혜수라천신이 나서시네!

◆욕계 육천 가운데 둘째 하늘인 33천을 다스리는 마혜수라천신(摩醯首羅天神)으로 천병을 이끌며, 몸은 푸른 색이다.

21】 마하 모지 사다바

◆향적보살이 신심을 굳게 만드시고

◆향적(香積)보살이 5방의 귀병(鬼兵)을 눌러 신의 시종을 들게 하는 주문으로 불가사의한 것이다.

마음을 신실하게 해서 다시는 잡란한 마음을 먹지 않게 하는 것이다.

22】 사마라 사마라 하리나야

◆보살들이 서로 벌을 주며 다스리시네!

◆보살이 서로 경계하며 벌을 주는 말로, 이렇게 함으로써 보살 각자는 물론이고 중생을 가지런히 다스리는 것이다.

23】 구로 구로 갈마 사다야 사다야

◆공신보살이 천병을 호령하시고

◆공신(空身)보살이 하늘의 대장군을 복속시키고 20만억 명의 천병을 호령하는 위신력이 있다.

24】 도로 도로 미연제 마하 미연제

◆엄준보살이 공작왕과 만병을 다스리시고

◆엄준(嚴峻)보살이 공작왕(孔雀王)과 만병(蠻兵)을 누르고 거느리는 위신력을 보인 것이다. '마하 미연제'는 '도로 도로 미연제'를 한 번 더 찬양하는 말이다.

25】 다라 다라

◆관세음보살이 대장부로 나타나시니

◆'다라 다라'는 관세음보살이 대장부의 몸으로 나투셔서 중생을 구제하시는 것이다.

26】 다린

◆사자왕의 병사들도 독송의 위력을 체험하네!

◆사자왕과 병사들이 다라니를 독송하는 것을 듣는 것이다. 이 진언을 외면 사자왕과 병사들이 보호해준다.

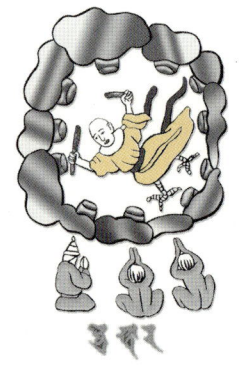

27】 나례 새바라

◆벽력보살이 모든 마군을 복속시키시고

◆벽력(霹靂)보살이 구름으로 가린 벽력북을 치며 비를 내리면서, 모든 마군의 권속들을 복종시키고 항복시키는 위신력을 보이신 것이다.

28) 자라 자라

◆최쇄보살이 악을 쳐서 부수시며

◆최쇄(摧碎)보살의 본신이다. 손에는 황금바퀴(金輪)를 들고 있다. 이 황금바퀴가 악을 부수는 신통력은 이루 다 말할 수 없다.

29) 마라 미마라

◆대항마금강이 마귀를 복속시키시고

◆대항마금강(大降魔金剛)의 본신이다. 손에는 황금바퀴와 연결되는 공이(金輪杵)를 들고 있어서 마귀를 항복시킨다.

30) 아마라 몰제

◆모든 부처들이 합장하며 천수천안 관자재보살의 신묘장구 대다라니를 듣고 있네!

◆과거의 모든 부처님들이 앉아서, 관세음보살이 과거 불보살들의 업적을 칭송하는 대다라니를 들으며 감통하는 것이다.

31】 예혜혜 로계 새바라 라아

◆마혜수라천왕이 나서시고

◆마혜수라천왕(摩醯首羅天王)은 하늘의 병사를 거느리고 모든 귀신을 통솔한다.

32】 미사미 나샤야

◆관세음보살이 손에 방패와 활과 화살을 잡으시며

◆과거의 다른 불보살들처럼, 관세음보살도 악을 물리치려고 무장을 하고 나선 것이다.

33】 나베사미 사미 나샤야 모하자라 미사미 나샤야

◆관세음보살의 본사이신 아미타불이 나투시니

◆아미타불(阿彌陀佛)의 본신으로, 곧 관세음보살의 스승(本師)이시다. 정수리 위로 나온 법신(法身)이 세상을 구제하신다.

34] 호로 호로 마라 호로 하례

◆팔부신왕이 옹호하여

◆부처님의 정법을 보호하는 팔부신왕(八部神王)의 본신이다. 관세음보살과 아미타불이 나투시니, 팔부신왕이 옹호하러 나온 것이다.

35] 바나마 나바 사라 사라

◆다섯의 더럽고 악한 세상을 다스리네!

◆악한 마음이 극성해서 흐려진 말세의 세상을 다스리는 것이다. 앞서 모든 불보살들이 힘을 합해 어지러운 세상을 다스렸고, 이제 마지막으로 말세의 세상을 다스리는 것이다.

36] 시리 시리

◆관세음보살께서 일체 중생을 이롭게 하려 하시니

◆모든 중생들의 서원을 이루게 하는 불가사의한 공덕을 보여주는 것이다. 이미 무리로 뭉쳐있던 악한 세상은 모두 다스렸고, 이제부터는 중생 각자의 마음속에 있는 악한 마음과 업장을 다스리는 것이다.

제4장 참 부처님의 위신력

37】 소로 소로

◆모든 부처 나무에 부처 잎이 떨어지는 소리가 들리네!

◆나뭇잎처럼 달려있는 많은 부처님이, 나뭇잎 떨어지듯 우수수 내려와 중생을 구제하시는 것이다.

38】 못쟈 못쟈

◆관세음보살께서 중생과 인연을 맺으시니

◆관세음보살님께서 고해에서 시달리는 중생들과 인연을 맺으시며 구석구석 찾아가 구제하시는 것이다.

39】 모다야 모다야

◆아난존자가 손에 무딘 칼을 들고 계시며

◆아난존자(阿難尊者)의 본신이다. 무딘 칼이라 함은 아직 칼을 찾고 있다는 뜻이다.

40】 매다리야

◆대거보살이 황금칼을 드시고,
◆대거(大車)보살은 손에 황금칼을 들고 마군을 항복시키는 것이다.

41】 니라간타

◆용수보살이 황금칼을 드시며
◆용수(龍樹)보살은 손에 황금칼을 들고 악을 멸절시킨다.

42】 가마샤 날샤남

◆보당보살이 쇠 갈래창을 드시고
◆보당(寶幢)보살의 본신이다. 손에 쇠 갈래창(鐵叉)를 든 모습이다.

43】 바라 하라 나야 마낙

◆보금광보살이 손에 금강저(金剛杵)를 드시네!

◆보금광보살(寶金光菩薩)이 손에 발절라를 들고 있다.

44】 사바하 싯다야 사바하

◆사바하! 일체의 법문(法門)에 통달하셨네! 사바하!

◆'사바하'는 원만성취를 기원하는 말이다. 이제까지의 소원에 일단락을 지은 것이다. 아직 다라니가 끝나지 않았으므로 '사바하'의 '하'를 길게 읽지 않고 짧고 높게 읽어야 한다. 이하 같음.

45】 마하 싯다야 사바하

◆방광보살이 손에 붉은색 당(幢)을 드시고, 사바하!

◆방광(放光)보살의 본신이 손에 붉은 깃발을 든 것이다.

46】 싯다유예

◆모든 하늘의 보살이 다 손에 황금 칼을 드시니
◆보살들의 본신이 뜻을 모아 선과(善果)를 이루고자 하는 것이다.

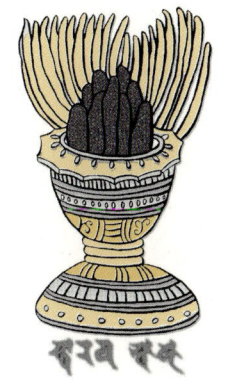

47】 새바라야 사바하

◆서역 안식국의 향(香)불이 타오르네! 사바하!
◆'사바하'의 '하'를 길게 읽지 않고 짧고 높게 읽는다. 이하 같음.

48】 니라 간타야 사바하

◆산해혜자재왕보살이 손에 황금칼을 드시고, 사바하!
◆산해혜자재왕(山海慧自在王)보살의 본신이 손에 황금칼을 들고 미세한 업장도 다 다스리는 것이다.

49】 바라하 목카 싱하 목카야 사바하

◆보인왕보살이 손에 황금도끼를 드시며, 사바하!

◆보인왕(寶印王)보살의 본신이 나타나 모든 악을 멸하시고

50】 바나마 하따야 사바하

◆약왕보살이 병고를 치료하시며, 사바하!

◆약왕(藥王)보살의 본신이다. 모든 병고를 치료할 수 있다. 각 개인에게 있는 악과 업장을 모두 없앴으므로 이제 병고를 치료하는 것이다.

51】 자가라 욕다야 사바하

◆약상보살이 병고와 액운을 다 치료하시네! 사바하!

◆약상(藥上)보살의 본신이다. 모든 병과 액운을 치료할 수 있다.

52】 샹카 셤나녜 모다나야 사바하 마하라 구타다라야 사바하

◆모두 한 소리로 모든 병과 액운을 치료하시며, 사바하! 모두 한 소리로 모든 업과 잘못을 다스리시네. 사바하!

53】 바마 사간타 니샤 시체다 / 가릿나 이나야 사바하 /

먀가라 잘마 / 니바 사나야 사바하 /

◆이 부분은 그림과 번역이 훼손된 것 같다.

54】 나모라 다나다라 야야 / 나막알약 / 바로기제 새바라야 사바하

이 부분은 천수경의 시작 부분과 같은 내용이다. 여기서는 '사바하'의 '하'를 길게 읽어야 한다.

제 5장
꼭 벗어야 할 짐

사방찬(四方讚)

일쇄동방결도량 이쇄남방득청량
一灑東方潔道場 二灑南方得淸凉

삼쇄서방구정토 사쇄북방영안강
三灑西方俱淨土 四灑北方永安康

일쇄동방결도량

"동쪽을 향하여 감로수를 뿌리시니 동쪽의 도량이 깨끗해지고"

동쪽은 사방을 놓고 보았을 때 생산의 의미를 가집니다. 그래서 오행에서는 동쪽을 목(木)이라고 합니다. 신경계통을 이야기하고 새롭게 일어남을 이야기 합니다. 태양이 뜨는 동쪽, 무엇이든지 새롭게 일어난다는 그런 의미를 동쪽에 담고 있습니다.

여기서 '뿌린다' 함은 관세음보살께서 버들가지로 감로수를 뿌리어 중생의 번뇌망상을 씻어주시며 사바세계의 더러운 티끌을 깨끗하게 해주신다는 뜻입니다. 남방이나 서방 북방도 마찬가지입니다.

　그렇지만 여기서는 나도 관세음보살님의 그런 마음을 받들어 사방의 도량을 청정히 하고 아울러 나의 마음도 청정히 해야 합니다.

　왜냐하면, 관세음보살님은 관세음보살님의 도리가 있고, 나는 나의 도리가 있기 때문입니다. 동방을 청결히 하면 내가 동방에서 새롭게, 지금 내가 가지고 있는 이 모든 번뇌를 깨끗이 다 씻어버리고, 새로운 것으로 나를 만들어 보고 싶다는 의미입니다. 이 새로운 것은 지금까지 나를 감싸고 있던 탐·진·치 삼독, 오욕망상 이런 것들에 둘러 싸여서 제대로 보지 못하던 내가, 동방의 새롭게 시작하는 마음을 통해서 지금까지 때묻은 나의 정신세계의 모든 것을 다 씻어버리고, 신묘장구대다라니를 통해서 새롭게 나오고 싶다는 것입니다.

이쇄남방득청량

"남쪽을 향해서 물을 뿌리시니 청정한 시원함을 얻으며"

　여기서 시원함이라는 말은 더운 날 선풍기 앞에서 '시원하다'라는 말도 될 수 있기는 합니다만, 무슨 일이 꼬여 있다가 잘 풀려버렸을 때도 '시원하다'라고 말하는 데, 그것에 가깝습니다.

앞에서 내가 달고 있던 그 탐·진·치 삼독, 오욕·망상·번뇌를 다 떼어버리고, 부처님의 신묘장구대다라니 속에서 동방의 그 새로 움트는, 이제 갓 태어난 어린아이처럼 되고 싶다는 그런 심정의 충동에서 신묘장구대다라니를 열심히 독송을 해서, 그런 마음 뒤에 오는 감동입니다. 정말 나에게 관세음보살님이 청정한 시원함을 주시듯이, 나도 그 앞에서 새롭게 시작하고자 하는 그런 마음을 나타낸 것입니다.

우리가 부처님 법을 공부하면 할수록 삼독·번뇌·오욕도 그만큼 커갑니다. '일쇄동방결도량'을 해서 마음이 깨끗해졌지만, 마음의 다른 쪽에서는 번뇌도 많아집니다. 그래서 '이쇄남방득청량'을 함으로써, 남방, 따뜻함, 열기, 내 마음에서 일어나고 있는 번뇌의 불꽃을 한 번 더 끄는 것입니다. 따뜻한 남방이 시원해질 수 있다는 것은 번뇌를, 오욕을, 삼독을 털어버린 그런 즐거움, 기쁨, 시원함을 말합니다.

삼쇄서방구정토

"서쪽을 향해 물을 뿌리시니 모두 정토가 되고"

서방정토라 해서 서방을 극락세계로 많이 표현합니다. 수미산을 중심으로 동서남북을 이야기할 때 서방정토를 극락세계라고 합니다. 그런데 그것은 수미산을 중심으로 영적인 세계를 이야기할 때 극락을 이야기하는 것이고, 눈에 보이는 방향으로 이야기할 때 이 지구가 수미산의 서쪽에 있습니다.

지구에서 사는 우리도 살아 있는 입장에서 볼 때는 극락에 와서 사는 것과 같다고 볼 수 있습니다. 작게는 고해의 바다도 될 수 있지만, 우리의 인생살이가 그렇게 어렵다는 것이지, 사실 우리가 지구에서 생명을 얻었다는 것만으로도 행복해야 합니다. 여러분들이 화성에서 태어나거나 목성·금성에 태어났다면, 그것은 지구보다도 살기 힘든 곳에 태어나는 것입니다. 다행히 지구에 태어난 것만으로도 극락정토에 태어난 것과 다름이 없습니다.

관세음보살님이 서방에 감로수를 뿌려 불국토가 되듯이, 나도 내 마음의 모든 번뇌를 물리치면 이제 나 자신이 불국토가 되는 것입니다. 서방정토를 극락세계라고 이야기하지만, 『천수경』에서는 바로 부처님의 법을 이야기하는 것입니다. 극락세계를 만나는 것 자체가 형상으로 이루어져 있는 나라 지역에 가서 살겠다는 것이 아니라, 부처님의 법을 만남으로써 그러한 극락세계를 맞이하는 것을 느끼겠다는 것입니다.

앞서 동쪽을 향해 물을 뿌려서라고 해석했는데, 물이라는 것은 세척을 한다는 의미도 되고, 생명을 잉태한다는 의미도 됩니다. 물이라는 것은 많은 의미를 가지고 있습니다. 이 물은 나쁜 쪽 보다는 좋은 쪽의 의미를 더 많이 가지고 있습니다.

'삶을 통해서 눌어붙은 군더더기 때를 세척하여야 하고, 그래야만 새것을 얻을 수 있다'는 의미를 상징적으로 나타내고 있는 것입니다. 그 물로 깨끗이 씻음으로써 영원히 마르지도 않고 변하지도 않고 냄새나지 아니하는 정토, 늙지도 않고 죽지도 아니하는 부처님의 토양을 얻고 싶다는 이야기입니다.

사쇄북방영안강
"북쪽에 물을 뿌리시니 영원한 편안함을 얻는다네."

나도 관세음보살님의 중생에게 영원한 평안함을 얻게 하려는 바로 그 마음을 본받아, 북방을 향해 천수경이라는 물을 뿌려보는 것입니다.

여기서 편안함을 얻는다는 것은 그저 내 육신을 편안히 하자는 의미는 아닙니다. 남편이 속 안 썩이고, 아이들이 말 잘 듣고 이런 정도의 편안함이라면 『천수경』을 공부할 필요도 없습니다. 그런 것은 노력만 조금 하면 됩니다. 집에 가서 조상님 잘 모시고, 남편 아이들에게 잘해 주면 이런 것 정도는 다 해결이 됩니다. 여기서 말하는 편안함은 피안의 세계입니다. 부처님의 열반의 세계가 피안의 세계입니다.

우리가 궁극적으로 원하는 것은 부처님의 나라로 가는 것입니다. 부처님의 모습과 같이 되는 것입니다. 그렇게 되는 것이 목적입니다. 내가 먼저, 내 자신이 부처가 되어야 합니다. 부처님의 세계에 가는 것도 좋고, 부처님의 모습을 닮는 것도 좋지만, 그렇게 된다는 궁극적인 목적은 부처가 되는 것입니다.

'사쇄북방영안강'이라는 것은 바로 부처님을 만날 수 있는, 피안에 갈 수 있는, 그런 것을 얻어야 되겠다는 말입니다. 내가 편안함을 얻었다는 것은 피안의 세계로 가겠다는 것입니다. 이것은 내 개인의 작은 안일과 편안함을 이야기하는 것이 아니라, 작게는 가족, 크게는 사회, 더 크게는 온 인류가 신묘장구대다라니의 위신력을 통해서, 내가 부처가 됨으로써 부처가 되지 않은 많은 사람들을 피안으로 함께 갈 수 있도록 해야겠다는 것입니다.

이 사방찬의 내용에서 뜻하는 것은 이 마음과 현실세계가 나누어져 있는 것이 아니라는 것을 말합니다. 내가 지금 생각하는 것과 현재 살아가는 모습은 둘로 나누어져 있는 것이 아닙니다. 지금 제가 이렇게 사는 것이 누구의 탓도 아니고, 바로 자신 때문이라는 것입니다. 자신이 지어놓은 업연으로 이렇게 사는 것이라는 것입니다.

어떤 사람은 좋은 부모를 만나고 어떤 사람은 나쁜 부모를 만나서 부모가 어쩌고저쩌고 하는데, 이것은 부모를 탓할 것이 아닙니다. 자신의 복이 그것밖에는 되지 못하니까 그 모습의 사람을 만나고 그 형태로 태어나는 것입니다. 자기가 복이 있고, 전생에 지어놓은 복이 있어서 다음 생에는 이렇게 살아야 된다는 것이 정해져 있으면, 나쁘게 태어나려고 해도 그렇게 되지 않습니다.

따라서 상대의 잘못이 아니라 자신의 잘못이라는 것을 인식해야 됩니다. 그러면 이 세상을 바라보는 눈이 달라지고 편안해집니다. 내가 잘못해서 이렇게 되었는데, 상대와 부딪힐 때 '내가 잘못해서 저 사람과 이렇게 되었는데' 라고 생각하면, 미안하고 죄송스럽고 이런 마음이 생기지만, 나는 잘했는데 네가 잘못해서 이런 일이 벌어졌다고 생각을 하니까 화가 나고 저주스럽고 합니다. 내가 원인이라는 것을 인정해야 합니다. 그것을 인정하는 것이 바로 불교공부이고 참된 불자의 도리입니다.

그러나 대부분의 사람들은 자신의 잘못을 인정하려 하지 않습니다. 그 인정하려 하지 않는 부분이 바로 고해의 바다입니다. 자기를 인정하면 사물을 바라보는 시선이 달라집니다. 파도가 치면 치는 대로 힘이 있고, 생생한 모습이 보이고 융단처럼 맑으면 맑은 대로 거기에 한번 올라서고 싶은 그런 아름다움이, 편안함이 나옵니다. 보는 시각대로 나를 바로 알고 나를 낮추면 어떤 상황에서라도 모든 것이 다 부

사방찬

제5장 꼭 벗어야 할 짐　205

처입니다. 그런데 자신을 낮추지 않으면 회오리가 칠 때 원망스럽고 억울하고 어렵고, 편안할 때는 모든 것이 나로 인해서 편안한 것같이 생각이 드는 겁니다.

　나를 낮추어서 모든 일의 중심이 나에게 있다는 것을 인정해야 합니다. 부처님께서 태어나자마자 말씀하신 '천상천하유아독존(天上天下唯我獨尊:이 세상 하늘과 땅 사이에는 오직 나만이 존귀한 존재다)'이라고 했는데, 이것을 가지고 일부 사람들이 악의적으로 해석하고 있습니다. 이 말이 바로 여기에 설명하는 사방찬에 나와 있는 말과 같습니다. 사방찬 뿐만 아니라 모든 경전을 설명해 오면, 결국은 이 역에 와서 쉬게 됩니다. 모든 선과와 악과, 이 모든 것이 날부터 시작되고 나에게 종착되는 것입니다.

　『천수경』의 신앙을 통해서 우리 주변이 깨끗해지고, 시원함을 얻고, 정토가 구현되고, 영원한 편안함을 얻는다, 이것은 결국 나 자신의 문제입니다. 남의 이야기가 아니라 내 몸에 붙어 있는 군더더기, 생각, 오욕, 탐·진·치 이런 것들을 깨끗이 씻어서 새로 시작하는 그런 입장이 되어야 합니다. 그렇게 하려면 그것에 수반되는 마음가짐과 모든 것을 준비해야 합니다. 부처님의 정토를 구현하기 위해서 그렇게 준비를 해야 합니다. 정토구현이 되고 나면 더 이상의 편안함은 없습니다. 사방찬을 통해서 여러분들은 본인이 그런 부처가 되어야 합니다.

도량찬(道場讚)

> 도량청정무하예　삼보천룡강차지
> 道場淸淨無瑕穢　三寶天龍降此地
>
> 아금지송묘진언　원사자비밀가호
> 我今持誦妙眞言　願賜慈悲密加護

　이 도량찬은 바로 앞에 나오는 사방찬과 연결되어 나오는 말입니다. 도량찬을 엄정게(嚴淨偈)라고도 하는데, 그것은 엄정하게 즉, 아주 깨끗이 해야 된다는 뜻입니다.

도량청정무하예
"도량이 청정하여져서 더러운 티끌이 없어졌으니"

제5장 꼭 벗어야 할 짐　207

사방찬을 통해서 동서남북을 모두 깨끗하게 하니 이제 도량이 깨끗해지고 편안해졌습니다.

부처님의 법을 공부하는 지역을 도량이라고 합니다. 여러분들에게 쉽게 설명하기 위해서 도량이 청정하다고 하였습니다. 그렇지만 『천수경』에서는 그런 의미가 아니라, 여러분들이 가지고 있는 육신이 바로 청정해야 될 도량이라는 것입니다. 생각을 담고 있는 그 몸뚱이 말입니다.

청정한 도량, 깨끗한 도량, 이 몸을 깨끗이 해서 탐·진·치 삼독을 다 털어냄으로써, 정신과 육체를 하나로 묶어 맑고 맑은 새로운 도량으로 만들어 내야 합니다. 거기에다가 새로운 부처님의 법을 받아 들여서 내가 부처가 되어야 되는 것이지, 도량이라고 해서 청소를 하는 그런 도량이 아닙니다.

도량을 청소하겠다고 빗자루를 드는 그 깨끗한 마음, 집안을 청소하겠다고 걸레를 드는 마음, 그 자체도 도량이기는 하지만, 여기서 말하는 도량은 그런 현상적인 도량이 아니라 내 마음이 자리하고 있는 도량을 가리킵니다.

악한 생각을 하게 되면 죄를 짓게 되고, 좋은 생각을 갖고 있으면 세상이 다 편하고 즐거울 수밖에 없습니다. 도량을 우선 청정하게 가꾸는 일이 그래서 무엇보다 중요합니다.

여기서 '무하예'라는 말이 있는데, 기실 무하예에 비하면 청정이라는 말도 한계가 있습니다. 방을 깨끗이 닦아서 먼지가 하나도 없다. 그런 어떤 상대적 개념의 청정함이 아니라, 이 『천수경』에 나오는 청정함이라는 말은 상대가 없는 그런 깨끗함을 말합니다.

하나밖에 없는 깨끗함, 세상에 하나밖에 없는 깨끗함이라면 어느 것과도 비교가 되지 않습니다. 오직 하나밖에 없는 제일 깨끗한 나의 육신을 그렇게 만들어야 된다는 말입니다. 오직 하나밖에 없는 그런 청정한 도량을 만들어야 합니다.

삼보천룡강차지

"불·법·승의 삼보와 천룡이 이 땅에 강림하시어"

이 말은 불·법·승 삼보와 하늘에 있는 천룡팔부가 모두 이 땅에 내려온다는 것입니다. 불법승 삼보가 어디에 있겠습니까? 내가 부처가 되면 내가 불·법·승입니다. 나를 청정하게 하여서 나를 좋은 도량으로 만들고 나면, 거기에 주인이 되는 또 하나의 나, 내가 자연적으로 불법승 삼보가 되는 것이고, 그 삼보를 싸고 있는 주변, 여기서는 천룡팔부라고 하였는데, 멀리 하늘에 있는 용이나 신선까지 불러오지 않더라도 아들, 딸, 마누라, 남편, 시어머니, 시아버지가 모두 천룡팔부입니다. 나를 싸고 있는 이웃집 아주머니, 옆집 아저씨가 모두 천룡팔부입니다.

이 사람들이 나의 청정함을 통해서 내가 불·법·승 삼보를 이룸으로써, 그 사람들이 모두 나를 쳐다보고 옹호하고 받들고 모실 수 있다는 것입니다.

일영이라는 사람이 있었습니다. 이 사람이 천수경 한 권을 전한 공덕으로 죽은 뒤에 천상에 태어났습니다. 그런데 10만 8천 명이나 되는 많은 사람들이 한 곳에 태어나서 생사도 없고 이별도 없는 즐거움을 누리고 있었습니다.

그래서 일영이 그들에게 물었습니다. "그대들은 무슨 공덕을 닦았기에 이렇게 둘도 없는 즐거움을 누립니까?" 그들이 입을 모아 말하기를 "일영이라는 분 덕분에 그렇습니다. 그 분이 천수경 한 권을 세상에 전한 공덕으로, 우리는 그 분이 여러 겁 동안 생사를 출입할 때 그의 가까운 친척 친구들로 태어나 이런 즐거움을 누리는 것입니다." 그 한 마디에 일영이 크게 깨닫고 부처를 이루었습니다. 그리곤 부처의 법안으로 그들을 살피니, 그들 모두 부모가 장수하고 자녀가 많으며 친구들이 많았습니다.

그래서 탄식하며 말하기를 "그때에 천수경을 외우지도 못한 채 한 권을 전했을 뿐인데도, 내 몸이 천상에 태어나고 주변 사람들이 저렇듯 행복을 누리는데, 만일 천수경을 외우거나 여러 권을 전했다면 그 공덕을 어찌 다 말로 할 수 있겠는가?" 하였습니다.

이들이 바로 나를 따라다니는 삼보요 천룡팔부가 아니겠

습니까? 그렇습니다. 신묘장구대다라니의 위신력(威神力)을 통해서, 100% 여러분들이 『천수경』을 믿고 그 부처님과 하나가 될 때, 여러분들은 바로 천룡팔부를 바로 옆에서 만날 수 있는 것입니다. 바로 보살님 옆에 있는 이 도반들이 천룡팔부가 되는 것입니다. 하늘까지 가지 않아도 됩니다.

이러한 것들이 바로 『천수경』을 배우는 묘미입니다. 다른 곳에서도 『천수경』 강의를 많이 들었겠지만, 제가 여러분들에게 전하려고 하는 『천수경』은 바로 이러한 것들입니다.

『천수경』이 가지고 있는 이 오묘한 진리를 그저 지식으로만 여러분들에게 전달하고 싶지는 않습니다. 그렇게 전달하고 싶으면 이런 시간이 필요가 없습니다. 지혜로 전하고 싶습니다.

제가 여러분들에게 드린 말씀을 가슴 깊이 새겨듣고, 그 말에 끌려 다니지 말고, 그 속에 들어 있는 진정한 뜻을 내 것으로 만들어서 진정한 『천수경』의 의미를 받아들이면 여러분들이 바로 부처가 될 수 있습니다.

아금지송묘진언(我今持誦妙眞言)

"내가 묘한 진언을 얻어 외우고 있사오니"

내가 지금 일심으로 외우는 그 묘한 진언은 바로 신묘장구대다라니입니다. 내가 정말 묘한 진언을 외우는데 그 외

제5장 꼭 벗어야 할 짐

우는 진언이 뭐냐는 것입니다. 앞에서 말한 채널을 찾기 위해서 채널의 주인공을 외우고 있는데 그게 뭐냐, 신묘장구대다라니입니다. '아금지송묘진언' 이라는 말은 내가 지금 그 묘한 진언을 찾고 얻어서 외우고 있다는 말입니다. 바로 '신묘장구대다라니를 진리의 말로 알고 외우고 있습니다' 라는 그런 뜻입니다.

원사자비밀가호
"원컨대 자비를 내려서 은밀하고 비밀스럽게 나를 보호하고 도와주십시오."

여기서도 개인의 소원, 희망 이런 것들을 충족시켜 달라는 것이 아닙니다. 그 정도는 이『천수경』을 공부하지 않아도, 외우지 않아도, 남이 하는 것을 듣기만 해도,『천수경』책을 한권 집에 가져다 놓기만 해도, '옴 마니 반메 훔'을 목에 걸기만 해도, 그런 정도는 다 이루어지는 것입니다.

이 공부를 통해서 지혜를 얻고자 하는 것은, '원사자비밀가호' 속에 들어있는, 내가 감히 생각하지 못하는 그 오묘하고 큰, 이 우주 공간에 하나밖에 없는 부처님의 그 크신 위신력, 해는 동쪽에서 뜨고 서쪽으로 지고, 봄이 되면 잎을 내고, 여름이면 꽃을 피우며, 가을이면 과일이 열고, 겨울이 오면 씨앗을 잘 간직하는, 이러한 우주 삼라만상의 법칙, 배가 고프면 음식을 먹어야 하고 목이 마르면 물을 먹어야 하는, 이런 삼라만상의 법칙을 단면으로 보아야 합니다.

그림을 그릴 때 원근법을 이용하여 멀리 있는 사물처럼 입체로 그린 것이 있고, 그냥 표시를 단면으로 그려놓은 것이 있습니다. 신앙은 원근으로 보면 많은 부작용이 따릅니다. 단면으로 보아야 합니다. 나타나 있는 그 사실만으로 해결을 해야합니다.

『천수경』이 말하는 은밀이라는 말은 '나만의' 라는 뜻입니다. 아무도 모른다는 것입니다. 오직 나 자신밖에 모르는 것입니다. 남이 알 필요가 없습니다. 부처님과 나만이 아는 것입니다. 부처님이 상대적으로 있기는 하지만 부처님은 우리와 같이 현재 실존적으로 존재하는 것이 아닙니다.

결국은 부처님과 나는 하나입니다. 부처님과 나 사이에 있는 은밀한 약속이라는 것은 결국 나와의 약속입니다. 기도를 하거나 고백을 하거나 약속을 하거나 이런 것들, 대상과의 약속이 있는 것은 은밀이라고 표현을 하지 않습니다. 『천수경』에서 말하는 은밀이라는 것은 나와의 약속입니다. 그런 은밀한 나와의 약속을 지킬 수 있는 그런 신묘한 힘을 가진 다라니를 내가 갖게 해달라는 것입니다. 이 사방찬과 도량찬은 바로 현상세계와 부처세계를 연결시켜 놓은 부분과 같습니다. 정신적인 부분과 실제 현실로 나타나는 그런 부분을 잘 믹서시켜 놓은 부분이라고 볼 수 있습니다.

즉 "사방찬에서 도량을 청정하게 하여 이제 티끌조차 없는 청정한 도량이 되었습니다. 삼보와 천룡팔부가 모두 내려오시어, 내가 지금 묘한 진언을 얻어 외우고 있사오니, 자비를 베풀어 비밀히 보호하여 주십시오" 하는 것입니다.

참회게(懺悔偈)

아석소조제악업	개유무시탐진치
我昔所造諸惡業	皆由無始貪嗔痴
종신구의지소생	일체아금개참회
從身口意之所生	一切我今皆懺悔

 이제 신묘장구대다라니를 통해서 내가 법성신이 되고, 이렇게 되기 위해서는 참회할 수밖에 없다는 것입니다. 신묘장구대다라니를 읽고 있으면 그 위신력으로 한순간에 펑 터져서 여러분들이 산신도사가 되고 선녀가 되는 것이 아니라, 이러한 큰 묘한 진언을 내 것으로 만들어 가는 도중에 자기도 모르게 참회가 나오는 것입니다.

 참회하는 마음이 나오고, 참회의 눈물이 나오고, 참회하는 행동이 나오고, 그래서 다시는 잘못을 저지르지 않겠다고 서원하여 지켜가는 동안에 자신도 모르게 부처가 되는 것입니다. 티끌까지도 다 털어내기 위해서는 결국은 참회게가 필요한 것입니다.

아석소조제악업 개유무시탐진치
"예로부터 내가 지은 모든 악업은, 시작도 없는 때로부터 탐내고 성내고 어리석게 행동한 삼독심으로 말미암음이며"

이런 악업을 모두 참회한다는 것입니다. 내가 옛날부터 지어 오던, 그러니까 지금 지어서 문제가 되는 것이 아니라, 내가 모르게 지어 온 생기기 전(未生前)의 일부터, 즉 부모님에게 몸을 받고 나오기 이전부터 지었던 악업을 하나도 빠뜨리지 말고 참회해야 합니다.

우리가 계산적으로 생각하면 죄가 안된다고 여기는 것이 많습니다. 나의 기준에서 생각하고 보고 느껴서 판단하는 일이 많다는 겁니다. 가령 남의 물건을 훔치거나 속여서 도둑질하는 일만이 도둑질이 아닙니다. 내가 도둑질이라고 생각하지는 않지만 상대에게는 도둑질이라고 볼 수 있는게 많습니다. 내가 알지 못하는 속에서 저질러진 일들이 무수히 많습니다.

여러분들이 알고 지은 죄도 많지만 모르고 지은 죄도 엄청 많습니다. 모르고 지은 죄는 사실 죄라고 생각하지들 않습니다. "모르고 지었으니까!" 그러나 내가 모르는 사이 지은 죄로 인해 상대적으로 피해를 본 사람들이 있습니다. 그들에게서 뭐가 오겠습니까? 원망과 저주가 옵니다. 그래서 생기는 업장도 있다는 걸 알아야 됩니다. 그 모르고 지은 죄악까지 하나도 빼지 않고 모두 다 참회해야 합니다.

'오비이락(烏飛梨落)'이라는 말이 있습니다. '까마귀 날자 배 떨어진다'는 말입니다. 원래 이 말은 '오비이락 파사두(烏飛梨落 破蛇頭)'에서 연유되었습니다. '까마귀 날자 배 떨어지고, 떨어진 배에 뱀이 머리를 맞아 죽는다'는 말입니다. 이런 업의 인연이라는 것은 계획된 살인, 계획된 범죄, 계획된 일이 아니더라도, 우연히 던진 말 한마디 행동 하나가 그 사람에게 깊은 상처를 남기게 됨을 상징적으로 암시하고 있습니다. 말 한마디 행동 하나가 어떤 사람의 자존심을 건드리게 되고, 그래서 그 사람이 원한을 갖게 됨으로써, 그 원한이 다시 나에게 화를 미치게 된다는 깊은 뜻을 던져주고 있는 것입니다. 이 같은 깊은 뜻을 내포하고 있는 것이 '오비이락 파사두' 입니다.

어느 날 까마귀가 우연히 배나무에 앉았다가 날아가는데, 나는 순간 나뭇가지가 흔들리고 그 흔들림에 배가 떨어졌습니다. 그런데 하필이면 그 밑에서 낮잠을 즐기던 뱀이 떨어지는 배에 머리를 맞고 죽었습니다. 아무리 뱀이 죽었다 하지만, 상황논리로 보면 아무런 문제가 없습니다.

까마귀는 까마귀대로 날고 싶어 난 것뿐이고, 배는 떨어지는 것이니까 떨어진 것이며, 재수 없는 뱀이 밑에서 낮잠을 자다가 죽은 것입니다. 이런 우연한 업연(業緣)도 빠져 나갈 수 없는 것인데, 계획된 업연은 얼마나 힘들고 엄청난 업이겠습니까? 그러니 말 한마디를 하더라도 조심하셔야 합니다.

'오비이락 파사두'의 고사는 여기에서 그치지 않습니다. 우연히 까마귀가 난 나무에서 배가 떨어지고 그 배에 맞은 뱀이 죽었습니다. 그 뱀이 죽는 것으로 끝나버렸다면 더 이상 문제 될게 없는데, 이 뱀이 죽어서 다시 산돼지로 태어났습니다.

산에서 칡을 캐먹기 위해 흙을 파다가 앞에 있는 바위를 건드렸습니다. 그 바위가 굴러 양지바른 곳에서 단잠을 자고 있던 꿩을 덮쳐 그만 목숨을 앗았습니다. 그 꿩이 바로 전생의 까마귀였습니다. 우연히 떨어뜨린 배에 맞아 죽은 뱀이 업연에 의해 산돼지로 태어나, 칡뿌리를 캐 먹으려다 건드린 바위 때문에 낮잠을 자고 있던 꿩이 죽은 것입니다.

그런데 이 업연은 또 여기에서 그치지 않고 계속 되풀이 됩니다. 그 꿩은 다음 생에 사냥꾼으로 와서 산돼지를 잡으러 다닙니다. 그러니까 꼬리에 꼬리를 무는 인연 겁으로 살아가는 겁니다.

이런 것을 그냥 이야기로 넘겨서는 안됩니다. 이 이야기가 던져주는 교훈과 가르침을 가슴속 깊이 새겨 내 삶의 전환을 시도해야 합니다. 그것이 곧 내 삶의 질적 발전으로 이어집니다. 그렇게 되면 여러분들의 근심 걱정이 없어집니다.

진리는 바로 여기에 있습니다.
여러분들의 자식이나 남편이나 도반이나 시부모님이나 모든 생명있는 중생들은 이런 인연들로 왔습니다. 독한 시어머니를 만난 며느리는, 언젠가 전생에 그 시어머니를 지독하게 괴롭혔을 겁니다. 그러니 그 인연으로 그렇게 만나는 것입니다.

인연은 빠져 나갈 수가 없습니다. 그러나 인연을 다스릴 수는 있습니다. 때문에 업을 짓고 살아가는 현재 이 순간이 제일 중요합니다. 그런 악업들을 해소할 수 있는 길은 현재의 삶 밖에 없기 때문입니다.

뒤에 가서 언급하겠지만 사람의 몸을 받아 태어나는 게 그래서 중요합니다. 사람의 몸을 받기란 매우 어렵습니다. 따라서 사람 몸을 받은 이 순간의 삶을 헛되이 보내서는 안 될 것입니다. 불성을 잘 갈고 닦아 깨우침을 얻는 그 순간에 모든 업연은 해소됩니다.

여러분들이 가족간에, 자식간에, 뭔가 살이 낀 것 같고 말을 안 들어 속썩는 일이 있다면, 전생에 여러분이 그 가족

구성원들에게 엄청나게 애를 먹인 일이 있을 것입니다. 이 사실과 업연을 빨리 인식해야 합니다. 이를 믿고 해소하기 위해 온갖 노력을 기울일 때 그 업장 역시 소멸되게 마련입니다.

그렇기 때문에 나를 하심(下心)하는 노력이 우선 중요하다 하겠습니다. 날 하심할 때, 내 가족은 물론이고 빈부귀천을 떠나 모든 이들을 공경하며 잘 해줄 수 있는 것입니다. 그러나 업연의 굴레를 모르고 '넌 나하고 무슨 원수가 져서 그러냐'는 등 상대방을 공격적으로 대하게 되면, 이것이 다시 나를 겨누는 화살촉이 되어 훗날 나를 망가뜨리게 됩니다. 지금은 부모니까 자식을 다그치지만, 다음 생엔 그 말이 업연이 되어 내가 한 그 말이 나를 조이게 된다는 그런 말입니다.

여러분은 이런 얘기를 듣고 '아, 그럴 수도 있겠구나' 하고 한쪽 귀로 흘려서는 안됩니다. 불자들의 신앙은 연기법(緣起法)을 믿는데 있습니다. 연기법을 믿지 않는 불자는 불자라 할 수 없을 만큼, 인연은 불교의 중요한 가르침이자 절대적 요소입니다. 따라서 불자라면 이러한 가르침을 빨리 내 것으로 받아들여서 깨달음을 추구해야 합니다. 이를 외면한다면 여러분은 세세생생 업연의 굴레에서 벗어나지 못할 것입니다.

우리가 부처님 경전 공부하면서 실감하는 게 있습니다. '기도를 해도 베풀고 참회를 해도 베풀어라' 했는데, 자의적으로 판단하는 경우가 많다는 겁니다. 예를 들어 참회할 때 몇 가지는 빼놓고, "이 정도는 말 안해도 괜찮겠지" 하고 나머지만 참회하는 데 이건 별 의미가 없습니다. 자기가 정말 괜찮다고 생각한 그게, 별거 아니라고 여긴 그게 제일 중요한 문제를 일으킬 수가 있습니다. 그러니까 참회를 할 때는 다 내놓아야 합니다.

스님들이나 신부님들은 병이 많습니다. 왜 그런지 아십니까? 고뇌가 많기 때문입니다. 물론 자기 고뇌가 있는 경우도 있지만, 여러분들이 갖고 있는 온갖 고뇌를 스님과 신부님들께 모두 맡겼기 때문에 그렇습니다.

스님들보다 더 심한 것은 신부님들입니다. 신부님들은 고해성사라는 것을 제도적으로 둬가지고, 부부문제 등 인간과는 함께할 수 없는 얘기를, 신의 증인으로 신부님들께 고해하는 겁니다. 이 고해성사에서 나온 얘기들은 절대로 밖에 얘기해선 안 됩니다. 그것이 신에게 한 약속입니다.

그러나 스님들이나 신부님들이나 목사님들이나 인간의 씨앗을 가지고 있습니다. 다시 말해 아직 성불하지 않은 '중생'이란 말입니다. 부처님 같으면 어떠한 얘기라도 다 들어 주고 해결해 주고 그러지만, 스님들이나 신부님들은 그렇게 하지 못합니다. 그러니까 늘 병이 많을 수밖에 없습니다.

여러분들도 듣고 말하는데 즐거움을 느낄겁니다. 그 점은 스님이나 신부님이나 다를 바가 없습니다. 그런데 어떤 점이 다릅니까? 스님이나 신부님은 그것이 큰 업을 짓는 것임을 알고 옮기지 못하지만, 여러분들은 남의 얘기하며 즐길 수 있다는 것입니다. 서넛이 한자리에 모였다 하면 영철이 엄마 얘기에 가지치고 비료주고 합니다. 그러곤 재미있어 합니다. 그러나 그 재미는 나로서 끝나지 않습니다. 서넛이 같이 앉아 영철이 엄마 얘기하느라 즐거워했지만 그 후유증은 반드시 오게 마련입니다. 구업(口業)을 지었다는 겁니다.

그렇다고 말 안하고 살 수는 없습니다. 그래서 되도록 좋은 점만 생각하고 말하는 습관을 기르는 게 중요합니다. 물론 사람이 화가 나면 좋고 나쁜 말을 가릴 수 없게 됩니다. 수행자의 길을 걷고 있는 저도 인간이다 보니 화가 날 때가 있습니다. 그래서 때로는 거친 말도 하게 됩니다. 하지만 제가 여러분과 다른 점은 재빨리 제자리로 돌아온다는 겁니다. 수행자 본분으로 회귀하는 속도가 빠르다는 것입니다. 이것이 자기를 지키는 일이며 본분을 이탈하지 않는 자세입니다. 그래야 당당한 자기 모습으로 살아갈 수가 있습니다.

종신구의지소생 일체아금개참회

"몸과 입과 뜻(身口意)의 3업을 통해 지은 악업을, 이제 내가 이 악업 일체를 다 참회합니다."

지난 잘못을 따로따로 생각해 가며 적당히 참회하는 것이 아니라, 한꺼번에, 일시에 참회할 수 있는 기회를 달라는 겁니다. 어떻게? 바로 신묘장구대다라니를 통해 모든 것을 일시에 참회하겠다는 의지의 발로입니다. 그리고 이제부터는 다시 죄를 짓지 아니하겠다는 서원을 하는 것입니다.

우리가 지은 죄업은 일일이 셀 수가 없습니다. 내가 정말 올바르게 살았는지 생각해 보십시오. 내가 아이 엄마로, 지아비의 아내로, 며느리로, 부족함 없이 처신했는가? 반성해 보면 자기로 인해 수 없이 많은 죄가 지어졌음을 알게 됩니다.

그러면 참회게를 처음부터 다시 한번 풀이해 봅시다.

'아석소조제악업 개유무시탐진치(我昔所造諸惡業 皆由無始貪嗔痴)'란 '내가 무시 이래로 지어온 모든 악업은 미생전의 아주 오랜 옛날부터 익혀온 탐·진·치 삼독심으로 인해 일어난 것'이니, '종신구의지소생 일체아금개참회(從身口意之所生 一切我今皆懺悔)'라, '이러한 잘못은 몸과 말과 뜻으로 인해 빚어진 바 이제 모든 것을 한꺼번에 참회하옵나이다'란 말입니다.

참회게를 통해서도 알 수 있듯이 우리는 탐·진·치 삼독심을 잘 다스려야 악업 짓는 것을 피해 갈 수 있습니다. 탐·진·치 삼독심은 신·구의 삼업을 쫓아서 만들어집니다.

제5장 꼭 벗어야 할 짐   223

삼독심 가운데 우리가 가장 경계해야 할 대목이 진심(嗔心), 즉 성냄입니다. 사람이 성을 내게 되면 화기(火氣)가 머리로 올라와 판단력을 흐려놓게 됩니다. 다시 말해 성을 자주 내는 사람은 생각구멍이 바늘구멍만 해집니다. 그러니 자기 생각에 묻혀 살게 되고, 매사 어떻게 처신해야 할지, 그 처세술이 매우 치졸해지며 협소해집니다.

여러분은 아귀의 목구멍이 바늘구멍만 하다는 것을 스님들의 법문을 통해서 알고 있을 것입니다. 마찬가지로 여러분의 생각이 바늘구멍만 하다고 생각해 보십시오. 생각이 협소해지면 하는 행동이 소인배처럼 됩니다. 가슴이 협량해지므로 아량을 찾기 힘들고, 남을 위한 배려란 있을 수 없게 됩니다. 스스로 성냄을 버려야 보는 구멍이 커지게 마련입니다.

어떤 이유로든 참는 일이 매우 중요합니다. 그래서 부처님도 인욕바라밀을 매우 중요시하셨습니다. 그런데 여기에서 한 가지 알아두셔야 할 점은 모르고 참는 것은 참는 것이 아니라는 점입니다. 몰라서 참는 것은 우매한 이의 처신에 불과합니다. 알고 참는 것은 지혜로운 이의 처신이나, 모르고 참는 것은 바보에 지나지 않는다는 점입니다.

여러분이 참기만 잘해도 부처님을 간간이 뵐 수가 있습니다. 부처님이 자꾸자꾸 반복하시며 말씀하신 것은 중생들의 습(習)을 키워주기 위해서였습니다. 여러분이 신심이 나서

기도정진하고 불전에 예불하고 하다가도, 법당을 나서면 다 잊어버리고 흐트러진 생활에 곧 돌입하는 이유도 사실은 습관이 되지 않아서 입니다. 좋은 버릇을 잘익혀 습관화하면 부처님의 경계에 곧 돌입할 수 있습니다.

 좋은 버릇이 습관화된 이들이 바로 도인들 입니다. 그 자리가 부처의 경계이기도 한 것입니다. 여러분이 좋은 습을 길러 어느 자리에 있든 부처님의 마음자리를 잃지 않는 자세가 무엇보다 중요합니다. 절에 있든 영화관에 있든 지하철에 있든 부처의 마음으로 있으면 그 자리가 관음전이며 극락정토이고 부처의 영산회상입니다.

 삼독심을 잘 다스리면 어떻게 되겠습니까? 스스로 신·구·의 삼업으로 짓는 삼독심의 악업을 잘 다스리면, 계(戒)와 정(定)과 혜(慧)의 삼학으로 바뀌어 가는 삶을 체험할 수 있을 것입니다. 계·정·혜 삼학은 영원한 행복과 자유를 추구하는 부처의 세계를 말합니다. 이 자리가 우리가 돌아가야 할 본래의 고향집입니다. 성불과 해탈의 길인 것입니다. 그러기 위해서 우리는 신·구·의 삼업으로 짓는 모든 죄업을 참회하고, 앞으로는 좋은 생각 좋은 행동만을 할 수 있는 습을 길러 나가야 하겠습니다.

 참회는 나의 삶의 방향을 바꿔 놓습니다. 혹시 여러분은 참회의 눈물을 흘려본 경험이 있습니까? 참회했을 때 생각

제5장 꼭 벗어야 할 짐   225

이 바뀌고 말과 행동이 달라진 경험을 해 본 적은 없습니까?

그랬을 것입니다. 참회는 새로운 희망과 가능성을 안겨줍니다. 그러나 단 한번의 참회로는 우리의 두터운 업장이 녹아내리지 않습니다. 기회 있을 때마다 자신의 말과 행동이 있을 때마다, 우리는 참회하는 마음을 가져야 합니다. 그리곤 다시는 같은 잘못을 저지르지 않아야 합니다. 참회게 뒤에 나오는 열두 부처님의 명호는 이러한 우리의 참회하는 마음을 지켜주시는 분들입니다.

참제업장 십이존불
(懺除業障 十二尊佛)

나무참제업장보승장불　보광왕화염조불
南無懺除業障寶勝藏佛　寶光王火焰照佛

일체향화자재력왕불　백억항하사결정불
一切香火自在力王佛　百億恒河沙決定佛

진위덕불　금강견강소복괴산불
振威德佛　金剛堅强消伏壞散佛

보광월전묘음존왕불　환희장마니보적불
普光月殿妙音尊王佛　歡喜藏摩尼寶積佛

무진향승왕불　사자월불
無盡香勝王佛　獅子月佛

환희장엄주왕불　제보당마니승광불
歡喜莊嚴珠王佛　帝寶幢摩尼勝光佛

'참제업장십이존불'이란 '업장을 참회하여 제거하고 없애주시는 열두 분의 존경스런 부처님'의 뜻입니다. 이를 간단히 풀이하면,

"남에게 진 신세와 허물, 특히 짐승을 타고 다닌 업장을 멸하게 해주시는 보승장불(寶勝藏佛)께 귀의합니다.

사치와 낭비를 하여 물건을 훼손한 업장을 멸하게 해주시는 보광왕화염조불(寶光王火焰照佛)께 귀의합니다.

한 평생 저지른 크고 작은 모든 업장을 멸하게 해주시는 일체향화자재력왕불(一切香火自在力王佛)께 귀의합니다.

한 평생 살생한 업장을 멸하게 해주시는 백억항하사결정불(百億恒河沙決定佛)께 귀의합니다.

사음한 죄와 악담한 업장을 멸하게 해주시는 진위덕불(振威德佛)께 귀의합니다.

지옥에 떨어질 업장을 멸하게 해주시는 금강견강소복괴산불(金剛堅强消伏壞散佛)께 귀의합니다.

부처님의 설법을 한 번 듣고 대장경을 한 번 읽는 공덕으로 업장을 멸하게 해주시는 보광월전묘음존왕불(普光月殿妙音尊王佛)께 귀의합니다.

한 평생 성낸 업장을 멸하게 해주시는 환희장마니보적불(歡喜藏摩尼寶積佛)께 귀의합니다.

무량한 세월동안 생사의 윤회를 받을 업장을 멸하게 해주시는 무진향승왕불(無盡香勝王佛)께 귀의합니다.

축생으로 태어나게 될 업장을 멸하게 해주시는 사자월불(獅子月佛)께 귀의합니다.

살생하고 도적질한 업장을 멸하게 해주시는 환희장엄주왕불(歡喜莊嚴珠王佛)께 귀의합니다(이때 오체를 땅에 대고 절을 하면 더욱 좋음).

탐욕으로 저지른 온갖 업장을 멸하게 해주시는 제보당마니승광불(帝寶幢摩尼勝光佛)께 귀의합니다."가 됩니다.

이 열두 분의 부처님은 우리 중생들의 참회를 증명하여 모든 업장을 녹여 주겠다고 특별히 서원하신 분들입니다. 다시 말해 우리 참회 의식에 있어서 증명법사와도 같은 분들인 것입니다.

혼자 하는 약속, 저만의 다짐은 얼마 가지 않아 금방 파기됩니다. 누가 지켜보지 않았으니 양심의 가책도 덜합니다. 그렇지만 누군가를 증명으로 내세워 약속하고 다짐했다면, 그 지켜지는 과정과 결과는 훨씬 달라집니다. 결혼할 때 주례선생을 세운다거나, 상속문제 등 법적인 공증을 거쳐야 할 경우 변호사를 법적 공증인으로 하는 경우와 비슷합니다.

우리의 참회와 서원을 증명하고 받아들여 우리의 업장을 녹여 주시겠다고 서원하신 부처님들이니, 이 부처님들의 명호를 부르는 것은 깊은 의미가 담겨 있다 하겠습니다. 보통

『천수경』을 독송할 때, 이 '참제업장십이존불'을 생략한 채 '십악참회'로 넘어가는 경우가 많은데, 원칙적으로는 이 구절을 모두 독송해야 합니다. 우리의 참회를 이 부처님들이 증명해 주시고 보살펴주시기 때문입니다.

스님네들이 출가하여 계를 받을 때 3사 7증(三師七證)의 큰스님을 모시게 되는데, 이들 앞에서 출가 스님네들은 "계를 잘 받아 지녀 위없는 무상대도를 반드시 실현하겠다"고 서원하게 됩니다. 3사란, 계를 전해 주는 전계사, 계를 받는 취지를 표현하여 부처님과 대중에게 고하는 갈마사, 위의와 작법을 교수하는 교수사를 말하며, 덕이 높은 스님 일곱 분을 뽑아 증인으로 내세우는데 이들이 바로 증명법사인 것입니다.

우리의 참회까지 증명함으로써 두터운 업장을 녹여 주겠다고 서원한 부처님들이 계시니, 그 고마운 마음 한량없습니다. 따라서 우리는 항상 이들 부처님의 명호를 되새기며 참회하는 마음을 잊어서는 안되겠습니다. 더군다나 참회란 '새로운 인물로 거듭나는 의식'이므로 게을리 하거나 형식에 치우쳐서는 절대 안 됩니다.

십악참회(十惡懺悔)

살생중죄금일참회 殺生重罪今日懺悔	투도중죄금일참회 偸盜重罪今日懺悔
사음중죄금일참회 邪淫重罪今日懺悔	망어중죄금일참회 妄語重罪今日懺悔
기어중죄금일참회 綺語重罪今日懺悔	양설중죄금일참회 兩舌重罪今日懺悔
악구중죄금일참회 惡口重罪今日懺悔	탐애중죄금일참회 貪愛重罪今日懺悔
진에중죄금일참회 嗔恚重罪今日懺悔	치암중죄금일참회 痴暗重罪今日懺悔

참회의 방법에 대해 불교에선 3품(三品)으로 나누어 말합니다. 먼저 상품(上品)참회가 있습니다. 상품참회는 온 몸의 털구멍과 눈에서 피가 나도록 잘못을 비는 것입니다. 중품(中品)참회는 온 몸에서 땀이 나도록 하는 것입니다. 마지막으로 하품(下品)참회는 온 몸에서 열이 나고 눈으로 눈물을 흘리면서 잘못을 뉘우치고 반성하는 것입니다.

참회는 또 이참(理懺)과 사참(事懺)으로도 구별해 말하는데, 이참은 잘못의 원인이 어디에 있는지 이성적으로 규명해서 근원적으로 그런 일이 없도록 하는 것이고, 사참은 3품 참회와 같이 몸으로 잘못했음을 뉘우치는 것을 말합니다.

참회는 뉘우침과 반성만으로 끝나는 것이 아닙니다. 다시는 그 같은 잘못을 되풀이하지 않겠다는 마음의 다짐이 중요합니다. 아무리 잘못을 진실하게 뉘우쳤다 하더라도 다음에 다시 그런 잘못과 실수를 저지른다면 진정한 참회로 보기 어렵습니다.

참회에 대해 육조 혜능스님은 "참회의 참(懺)이란 전에 잘못된 것을 뉘우치는 것이고, 회(悔)란 그런 일이 없도록 하는 다짐"이라고 말했습니다. 아주 적절한 표현으로 여겨집니다.

인간의 모든 잘못은 무명업장에 의해 생깁니다. 탐·진·치 삼독이 소멸하지 않는 한 모든 인간은 누구나 크고 작은 잘

❖ 혜능대사. 달마로부터 이어온 법통이 혜능에서 일단락되었다.

못과 죄업을 쌓아가게 됩니다. 앞서 참회게에서도 살펴봤듯이 탐·진·치 삼독심은 신·구·의 삼업에 의해 짓게 되는데, 이것이 곧 십악으로 나타납니다.

구체적으로 살펴보자면 몸으로 짓는 3가지 악업이 살생·투도·사음이고, 입으로 짓는 4가지 악업이 망어·기어·양설·악구이며, 뜻으로 짓는 3가지 악업이 탐애·진에·치암인 것입니다.

이 십악을 참회하면서 좋은 방향으로 행동을 바꿀 때 십선(十善)이 됩니다. 여러분은 십악을 참회하면서 십선을 펼쳐 나가도록 각별한 노력과 정진을 게을리 하지 말아야 하겠습니다.

특히 부처님은 10악이 짓는 과보에 대해 상세히 말씀하신 바 있습니다. 『잡아함경』 37권 '원주경'에 의하면 부처님이 사밧티의 기원정사에 계실 때 10악의 과보를 말씀하셨는데 그 내용은 이렇습니다.

"만일 살생하기를 좋아하면 죽어서 지옥에 떨어질 것이요, 혹 인간으로 태어나더라도 목숨이 짧아질 것이다. 주지 않는 물건을 훔치기를 좋아하면 죽어서 지옥에 떨어질 것이요, 혹 인간으로 태어나도 재물이 곤궁할 것이다. 음행하기를 좋아하면 죽어서 지옥에 떨어질 것이요, 혹 인간으로 태어나더라도 배우자가 남의 꼬임에 빠질 것이다.

거짓말을 많이 하면 죽어서 지옥에 떨어질 것이요, 혹 인간으로 태어나더라도 남의 놀림을 받을 것이다. 이간하는 말을 많이 하면 죽어서 지옥에 떨어질 것이요, 혹 인간으로 태어나더라도 친구가 배반하고 떠날 것이다. 욕설을 많이 하면 죽어서 지옥에 떨어질 것이요, 혹 인간으로 태어나더라도 나쁜 음성을 갖게 될 것이다. 꾸며대는 말을 많이 하면 죽어서 지옥에 떨어질 것이요, 혹 인간으로 태어나더라도 신용을 얻지 못할 것이다.

욕심을 많이 부리면 죽어서 지옥에 떨어질 것이요, 혹 인간으로 태어나더라도 욕심쟁이가 될 것이다. 성내기를 즐겨 하면 죽어서 지옥에 떨어질 것이요, 혹 인간으로 태어나더라도 화내는 일이 많을 것이다. 삿된 소견을 많이 가지면 죽어서 지옥에 떨어질 것이요, 혹 인간으로 태어나더라도 어리석은 사람이 될 것이다."

부처님은 또 이와는 반대로 십선을 행한 사람들은 "죽어서 천상에 태어날 것이며, 인간으로 태어나면 수명이 길고, 재물이 많으며, 배우자가 정숙하고, 남의 놀림을 받지 않으며, 친구가 의리를 굳게 지키고, 좋은 음성을 갖게 되며, 신용을 얻을 것이고, 탐욕이 적어지고, 화내는 일이 없을 것이며, 지혜로운 사람이 될 것이다"라고 하셨습니다.

이처럼 구체적으로 열거하시며 설명하신 부처님의 말씀을 듣자면 우리가 어떻게 행동해야 할지 분명하지 않습니까!

그렇다면 십악참회의 내용을 하나하나 살펴보도록 합시다.

살생중죄 금일참회

이것은 "살아 있는 것을 죽인 무거운 죄를 내가 오늘 참회합니다"란 뜻입니다.

이 세상에 살아 있는 모든 것은 그 자체가 질서이며 조화입니다. 살생은 이러한 질서와 조화를 깨뜨리는 일이며, 부처가 되고자하는 성품을 파괴하는 행위입니다.

그래서 살생을 금하라는 내용은 항상 불교 계율의 첫대목에 등장합니다. 살생이 얼마나 상대방의 가슴을 뼈저리게 아프게 하는 파괴행위인지 다음 일화를 들어보면 여러분도 고개를 끄덕이실 것입니다.

신라 때의 국사 중에 경흥법사라고 있습니다. 그분이 출가 전의 일입니다. 그가 어느 날 친구들과 어울려 수달을 잡아 밤새 안주 삼아 술을 먹은 적이 있었습니다. 술에 취하고 흥에 겨워 친구들과 밤새 이야기꽃을 피웠고 노래를 불렀습니다.

그러나 그 다음 날이었습니다. 과음한 탓으로 갈증을 느낀 그가

제5장 꼭 벗어야 할 짐 235

눈을 떠 물을 찾다가 이상한 광경을 목도했습니다. 안주삼아 먹은 수달의 뼈가 분명히 놓여 있어야 했는데 그 뼈가 보이질 않고, 핏자국만 어느 길로 뚝뚝 떨어져 이어져 있는게 아니겠습니까!

기이하다 싶어 그는 핏자국을 따라 발걸음을 옮겼습니다. 핏자국은 어느 조그마한 동굴로 이어졌습니다. 그는 동굴 안을 슬며시 들여다보았습니다. 아! 거기엔 앙상한 뼈만 남은 수달이 어린 새끼들을 보듬고 있는게 아니겠습니까! 자신은 비록 안주로 해쳐진 몸이었지만, 새끼들이 걱정돼 뼈밖에 남지 않은 몸을 추슬러 새끼들이 있는 동굴까지 간신히 기어와 어린 생명들을 보듬고 있는 장면!

충격을 받은 그는 살생이 얼마나 끔찍한 일을 낳게 했는지 깨닫곤 출가를 결심했습니다. 그가 훗날 신라의 위대한 고승 경흥법사였습니다.

삼국을 통일한 통일신라시대 역대 왕들은, 불교의 정신을 토대로 '사냥금지법'을 제정하는 등 불필요한 살생을 방지하고자 주력했던 적이 있습니다. 그러한 속에서 신라시대의 문명과 문화는 매우 빠른 속도로 발전했고 수준 높은 문화시대를 만들어 갈 수 있었습니다. 당시엔 중국대륙도 우리 신라문화와 정신을 배워 가고자 빈번한 교류를 하기도 했었습니다.

그렇지만 최근 우리나라 상황을 살펴보면 우리의 정신문화가 매우 척박해졌다는 지적을 받고 있습니다. 왜 그렇습니까? 상대방에 대한 아량과 배려가 없기 때문입니다. 그러다보니 수렵과 낚시가 활성화되고 이를 즐기는 사람들이 폭발적으로 늘어나고 있습니다.

수렵과 낚시를 레포츠라고 합니다. 한마디로 불교인의 입장에서 보면 어이가 없습니다. 자기들이야 그것이 레포츠일 줄 모르나 사냥을 당하고 낚시를 당하는 동물들과 물고기 입장에서 보면 '살생을 즐기는 악마'들에 불과합니다. 혹시나 여러분들 중에도 이런 분들이 있다면 당장 중지하십시오. 그것은 불필요한 살생이며 나중에 큰 업보를 받게 된다는 걸 알아야 합니다.

물론 살생이 무조건 나쁘다고만 볼 수는 없습니다. 중생 전체의 이익과 행복을 위해 필수불가결한 경우라면 살생을 피해 갈 수는 없습니다. 이것은 불보살님들의 서원에도 나옵니다. 금강역사와 사천왕의 형상을 보면 무시무시한 무기를 들고 있습니다. 그것은 중생을 위해하는 악마의 무리들과의 일전을 상징하는 것이기도 합니다.

그래서 불교에서는 계율을 행할 때 개차법(開遮法)을 말합니다. 『초발심자경문』에도 나오는데 계를 잘 지키기도 하고 범할 줄도 알아야 하며, 잘 열 줄도 알고 잘 닫을 줄도 알아야 한다는 뜻입니다. 옛날 어떤 고승이 선비들이 사는 동네에 갔을 때, 술과 고기를 내오니까 호통을 치며 선비들을 혼냈습니다.

그런데 그 고승이 고기를 잡아 생계를 연명하는 도살꾼 동네에 가선, 술과 고기를 내오자 아주 맛있게 먹었다는 일화가 있습니다. 처해진 환경과 여건에 따라 계율을 열고 닫을 줄 아는 고승의 지혜인 것입니다.

하지만 이유야 어떻든 불필요한 살생은 금해야 하며 모든 생명을 존중해야 하는게 참된 불자의 도리입니다. 살생을 금하고 적극적으로 생명을 존중하는 태도가 바로 방생입니다. 죽게 될 처지에 놓인 생명을 살려 준다는 것입니다.

신라시대 경덕왕 때 진표율사라고 있습니다. 어려서부터 활을 잘 쏘아 사냥을 즐기곤 하여 한 번 사냥을 나가면 며칠씩 산에서 머물곤 하였습니다. 11세 때였습니다. 사냥을 나가는 길에 밭둑에서 우는 개구리를 그 빠른 동작으로 모두 잡아 버들가지에 꿰어서는 돌아갈 때 가져가려고 물속에 담가 두었습니다. 어찌나 동작이 빨랐던지 순식간에 일어난 일이었습니다. 그런데 사냥을 마치고 돌아갈 때, 멀리 사냥을 나온데다 많은 짐승을 잡은 바람에 깜빡 개구리 잡아놓은 것을 잊고 다른 길로 돌아갔습니다.

이듬해 사냥을 나가다가 개구리 우는 소리가 하도 처량스러워 물속을 들여다보니, 30여 마리의 개구리가 버들가지 꿰미에 꿰인 채 그때까지도 살아서 울고 있는 것이었습니다. 그 순간 먹기 위해서도 아니고 단순히 유희를 위해서 잡았다는 죄책감과, 30여 마리나 되는 개구리의 애절한 소리울림에 마음에 와닿는 깨달음이 있었습니다. 그래서 출가를 결심하여 12살에 미륵불과 지장보살 앞에 참회하여 직접 계를 받아 크게 불법을 펴게 되고 그 덕을 오늘날까지 기립니다.

이것이 바로 참회입니다. 내가 지은 잘못을 뉘우치고 다시는 잘못을 저지르지 않음으로써, 자신도 모르게 부처님이 되어가는 이것이 바로 참회인 것입니다.

투도중죄 금일참회

둘째로 '투도중죄 금일참회'는 "남의 물건을 훔친 것에 대해 오늘 모두 참회합니다"란 말입니다.

'투도'는 남의 물건을 몰래 훔치는 행위입니다. 아무리 작고 하찮은 물건일지라도 남의 것을 내 것으로 몰래 취했을 때 투도에 해당합니다. 몰래하지 않고 시퍼렇게 눈을 뜨고 있는데도 부당한 방법으로, 혹은 힘과 권력을 내세워 빼앗아 가는 것은 강탈입니다.

옛날에 김전진 유봉래 정필득이라는 세 사람이 10년을 예정하고 한 곳에 모여 공부를 하였습니다. 하루 한 번씩 밥을 해서 먹는데, 김전진이 밥을 할 때는 세 사람이 똑같이 나누어 먹고, 유봉래가 밥을 할 때는 두 사람에게는 더 주고 자신은 적게 먹으며, 정필득이 밥을 할 때는 자기가 더 먹고 두 사람에게는 적게 주었습니다.

10년이 지난 후 헤어지면서 각기 소원을 말하자고 하니, 김전진은 신선이 되겠다 하고, 유봉래는 관직에 나가겠다 하고, 정필득은 거부가 되겠다고 하여 제각기 흩어졌습니다. 유봉래는 소원대로 감사가 되어 임지인 평양으로 가는 길이었는데, 김전진이 나와서 영접하며 "나는 신선이 되어서 이 안에 살고 있는데, 내 처소에 가서 차나 한 잔 마시고 가라"고 하였습니다. 감사는 갈길이 바빴지만 옛친구가 반가워 따라가서 차를 한 잔씩 마셨는데, 김신선이 바둑판을 내오며 "오랜만에 바둑이나 한 판 두세" 하였습니다. 바둑을 두다가 유감사는 문득 정필득이 생각이 났습니다. 그래서 "혹 어디서 사는지 아는가?"하였더니, 김신선이 말하기를 "아, 그 사람은 부자로 잘 살다가 요즘은 이 앞에 와서 산다네"하였습니다.

유감사가 그 말을 듣고 "아! 이 사람아! 그러면 필득이도 오라고 해야지, 어찌 모른척 하고 있나?" 김신선이 웃으면서 "그러면 오라고 하세" 하고는 '필득이 들어 오라'는 글을 써서 바람에 날리니 커다란 구렁이가 와서 문 앞에 엎드렸습니다.

유감사가 깜짝 놀라면서 "저것이 무엇인가?"하였더니, 김신선이

"저게 바로 필득일세" 하는 것이었습니다.

유감사가 놀란 가슴을 진정하고 구렁이를 한참 보다가 김신선에게 말하기를 "이 사람아, 10년이나 같이 있던 우정을 생각해서 저 몸을 벗겨 줄 수 없겠나? 저 눈물 흘리는 것좀 보게나!"

그 말에 김신선이 빙그레 웃으면서 글자 몇 자를 써서 구렁이 앞에 던짐에, 구렁이가 필득이로 변하더니 부끄러운 듯 고개를 숙이고 앉아 있었습니다. 이에 김신선이 말하기를 "자네, 그렇게 앉아만 있지 말고, 저 산 너머에 천도복숭아가 세 개 열려 있으니 그것이나 따오게" 하였습니다. 민망하던 차에 잘되었다 싶은 필득이가 금새 달려가더니 천도복숭아 세 개를 따왔습니다. 한사람이 한 개씩 먹고 옛이야기를 서로 나누며 즐기다가, 헤어질 때 김신선이 또 글자 몇 자를 써서 필득이 앞에 던지니 다시 구렁이가 되었습니다.

유감사가 깜짝 놀라면서 "기껏 사람으로 만들고 재미있게 이야기 하다가 왜 다시 구렁이가 되게 하는가?" 하였더니, "이 사람이 본래 욕심이 많아서 어찌 할 수가 없다네" 하였습니다. "전에는 그렇지만 지금 이야기를 해보니, 그래도 많이 뉘우치고 새사람이 된 것 같은데 구렁이로 다시 만드는 것은 너무하지 않은가?"

김신선이 다시 빙그레 웃으면서 "나도 웬만하면 사람으로 만들까 했었는데, 아까 필득이 본심을 알아보기 위해 천도복숭아를 따오라 했지 않았는가? 본래 네 개인데 내 일부러 세 개라고 했더니, 필득이가 얼른 하나는 따먹고 세 개만 가져온 것이라네. 그래도

제5장 꼭 벗어야 할 짐 241

먼저 하나를 먹었다고 진실하게 말했다면 구렁이로 만들 필요까지는 없었겠지만, 세 개밖에 없었다고 거짓까지 고하니 어찌 구렁이를 벗어날 수 있겠는가? 내 사사로운 정을 앞세워 모른척 한다면, 그것은 하늘의 법을 어기는 것일세!"

바로 그렇습니다. 투도든 강탈이든 이는 말 그대로 중죄에 해당합니다. 더구나 거짓까지 보탠다면 더이상 참작할 아무 것도 없습니다. 그런데 나쁜 짓에는 거짓말이 끼게 마련입니다. 스스로 나쁘다는 것을 알기 때문에 거짓말을 하기 마련입니다. 알고도 저지르면 더 나쁘다는 것입니다.

또 아무런 노력없이, 다시 말해 씨앗을 뿌리는 땀의 대가 없이 내 것으로 만들려는 행위는, 남이 지어놓은 농작물을 거저 취하려는 심보와 다를 바 없습니다. 모든 것을 거저 취하려 하기 때문에 사회적 갈등과 대립이 팽배해지게 됩니다.

먼저 사회적 현상으로 보면 노름과 투기 등이 이에 해당합니다. 일확천금을 노리고 노름과 투기에 매달렸다가 있는 재산마저 다 날려버린 사람들이 부지기수입니다. 이들에게서 공통적으로 나타나는게 정신적 황폐화 현상입니다. 이들에겐 가족도 친구도 친지도 모두 떠나가고 맙니다. 금생에 투도에 대한 일부 업보가 나타나는 것입니다.

경제·정치적 현상으로는 힘과 권력을 이용한 착취가 바로 투도에 해당합니다. 한 회사의 사장이 노동자들의 노동력과 생산에 따른 수익을 모두 착취한다든가, 권력자들이 권력을 앞세워 힘없는 국민들의 혈세를 착취하고 사유재산을 강탈해 간다면 이것이 모두 '투도중죄'를 벗어날 수 없는 악업이 된다는 것입니다.

최근엔 이러한 투도행위가 갈수록 지능화되고 전문화되고 있으니 개탄하지 않을 수 없습니다. 일례로 무슨무슨 게이트다 하는 것들이, 나중에 알고 보면 권부와 경제계와 관계 있는 자들끼리 짜고 아무것도 모르는 선량한 사람들의 재산을 편취해간 것이고 보면, 투도의 방법도 갈수록 다양해지고 있는 것을 느끼게 합니다.

우리가 투도중죄의 악업을 보살행으로 전환시키려면 보시행을 해야 합니다. 투도가 남의 물건을 모르게 취하는 것이라면, 보시는 적극적으로 나의 것을 남의 것으로 돌려 내놓는 선업입니다.

사음중죄 금일참회

셋째, '사음중죄 금일참회'는 "삿된 음행의 무거운 죄를 내가 오늘 참회하옵니다."란 말로, 앞으로는 청정한 행위를 적극적으로 하겠다는 자기의지의 표현으로 해석될 수 있습니다.

사음은 오로지 자기 자신의 육체적 욕망 때문에 빚어지는 행위입니다. 자신의 몸에서 솟구치는 욕망을 제어하지 못함으로써 음행의 노예로 전락하는 경우가 많습니다. 그러므로 자기를 철저히 관리하는 힘이 무엇보다 선행돼야 하겠습니다. 자신을 철저히 관리하기 위해선 목적이 분명해야 하고 그 목적을 이루려는 의지가 남달라야 합니다.

『삼국유사』'광덕 엄장'조에 보면, 자신의 관리가 어떠해야 하느냐에 따라 목적을 달성할 수 있느냐 없느냐 하는 얘기를 잘 전해 주고 있습니다.

신라 문무왕때 광덕과 엄장이라는 두 사문이 있었습니다. 두 사람은 서로 친하여 밤낮으로 약속하기를, 먼저 서방정토에 가는 사람이 알려주기로 하였습니다. 광덕은 분황서리에 숨어 살며 신 삼는 것을 업으로 했고 아내와 함께 살았습니다. 엄장은 남악에 암자를 짓고 농사를 지으며 살았습니다.

어느날 해 그림자가 붉게 노을지고 솔 그늘이 고요히 저무는 창 밖에서 "나는 이제 서쪽으로 가니 그대는 잘 지내다 속히 나를 따라오게"하는 소리가 엄장에게 들렸습니다. 엄장이 문을 열고 나가 보니 구름 밖에서 음악소리가 들려오고 빛은 땅까지 드리웠습니다.

이튿날 엄장은 광덕의 집을 찾아갔습니다. 엄장은 광덕의 죽음을 확인했고 그가 서방정토로 갔음을 알았습니다. 엄장은 광덕의 처와 함께 광덕을 장사지낸 후 광덕의 처에게 함께 살자고 제의했습니다. 광덕의 처가 허락했습니다. 밤이 되자 엄장은 정을 통하려 했습니다. 이에 광덕의 처가 "스님이 서방정토를 구하는 것은 마치 나무에서 고기를 구하는 것과 같다"며 거절했습니다.

엄장이 놀라고 괴이하게 여겨 "광덕하고도 이미 그러했는데, 나는 어찌 꺼리는가?"고 물었습니다. 광덕의 처가 말했습니다. "광덕과 10년을 살았으나 일찍이 하룻밤도 잠자리를 함께하지 않았습니다. 광덕은 밤마다 단정히 앉아 한결같은 소리로 아미타불을 불렀습니다. 그는 16관을 지어 미혹을 깨치고 달관하여 밤에 달빛이 창에 비추면 때때로 그 빛 위에 올라가 가부좌를 하곤 했습니다. 광덕의 정성이 이와 같으매 어찌 서방정토에 가지 않을 수 있었겠습니까?" 하였습니다.

엄장은 이 말을 듣고 몹시 부끄러워 그 집을 나와 원효대사를 찾아갔습니다. 그도 마침내 원효의 지도를 받아 서방정토에 가게 되었습니다.

이 얘기 속에서도 알 수 있듯이, 목적이 분명하고 그 목적을 이루려는 의지가 뚜렷한 이는 행실 또한 청정한 것입니다. 이러한 광덕의 입장과는 반대로, 엄장은 목적과 의지가 빈약해 광덕의 처와 통정하려 했었던 것입니다. 물론 그도 자신의 행위를 크게 뉘우친 뒤에 서방정토에 갔지만, 사음이야말로 진짜 가야 할 길을 붙잡는 장애이자 볼모라는 사실을 여러분도 잘 깨달아야 할 것입니다. 그래서 참회한다

제5장 꼭 벗어야 할 짐 245

고 한 것입니다. 참회하고 다시는 잘못을 저지르지 않으면 되는 것입니다.

망어중죄 금일참회

넷째는 '망어중죄 금일참회'입니다. '망어'란 진실을 저버리는 거짓말을 뜻합니다. 따라서 "진실을 저버린 거짓된 말로 지은 무거운 죄를 제가 오늘 참회합니다."가 됩니다.

옛날에 어떤 대감이 있었습니다. 그 대감이 정승반열에 올랐습니다. 지금으로 치면 장관을 넘어 총리급 대열에 오른 것입니다. 정승의 부인을 정경부인이라고 합니다. 이런 서열에 오르기 위해 이 선비는 열심히 공부하였고 부인도 뒷바라지를 잘해 주었습니다. 때문에 그 선비는 정승의 반열에 올랐으며, 그 부인도 정경부인이 되었습니다.

어느 날 임금이 이 정승을 불러 왕궁에 들어갔다 나오니까 정경부인이 없어졌습니다. 그래서 걱정도 되고 화도 나서 노발대발하며 집안의 모든 하인들을 다 불러 놓고 "마님이 어디에 가시는 것도 몰랐느냐? 빨리 찾아 봐라!" 하며 문 밖 40리까지 다 찾아보았지만 없었습니다. "도대체 어떻게 된거냐?" 하니, 그때까지 벌벌 떨고 있던 집사가 간신히 하는 말이 "마님을 마지막으로 본 것이, 대감님께서 입궐하신 뒤에 숯장수가 숯을 팔러왔는데 그 이후로는 뵌 적이 없습니다" 라는 것입니다.

부인이 없어졌는데 정승이고 뭐고 생각이 나겠습니까? 그래서 정승을 그만두고 종들을 시켜서 전국을 다 돌게 해 보았지만 찾지를 못했습니다. 그래서 대감이 직접 부인을 찾아 나섰습니다. 부인이 갈 만한 곳, 처갓집 등 인연이 있는 곳이면 다 가보았지만 찾지 못했습니다. 그러기를 3년, 어느 날 길목 주점에 들려 막걸리를 한잔하며 시름을 달래고 있었습니다.

주모가 그 대감의 생김새 등을 가만히 보니 보통 사람이 아니었습니다. 그런데 형색은 엉망이고 고민은 많아 보여 말을 걸어보았습니다.

"길 가는 나그네 양반! 무슨 고민이 그리 많아서 사내 대장부가 처량하게 앉아 하염없이 막걸리를 마시고 계십니까?"

그 대감이 옛날 같으면 주모 같은 이들은 상대도 하지 않았겠지만, 마누라 찾아다니느라 힘들고 지쳐서 위로 좀 받으려고 막걸리 한잔씩 주고받으면서 그 사연을 쭉 이야기 했습니다. 주모가 그 이야기를 듣고 갑자기 일어나서 용서를 빌었습니다.

"대감님, 제가 지체 높으신 어른께 큰 실수를 범했습니다. 용서하십시오."

그러자 대감이 말했습니다.

"아닐세, 오늘은 자네와 내가 친구로 만난 것이니 괜찮네."

그런데 이 주모가 정경부인이 어떻게 생겼는지 모습을 한번 이야기 해보라는 것입니다. 그래서 대감이 부인의 인상착의를 설명해

제5장 꼭 벗어야 할 짐 247

주었습니다. '눈썹이 초승달 같고 입술이 앵두같고…' 이렇게 설명을 하니, 주모가 고개를 가우뚱하다가,

"제가 3년 전에 그 부인을 본 것 같습니다. 대감께서 지금 설명하신 그 인상착의의 여인이 숯장수를 따라가는 것을 봤습니다."

"아, 맞아. 그날 우리 집에 숯장수가 왔다가 간 이후에 내 부인이 없어졌소. 그 숯장수를 알 수 있겠소?"

"물론 압니다. 그 사람은 태백산 깊은 곳에서 아주 좋은 참나무로 숯을 굽기 때문에, 그 숯은 최고급 일등품으로 인기가 높습니다. 그래서 지체 높으신 대감님들 댁에서 주문을 받아 숯을 팔고 있지요. 여기에도 가끔씩 들린답니다."

그래서 대감은 자세히 길을 물어 숯장수를 찾아 나섰습니다. 드디어 그 숯장수를 찾았는데, 숯장수 옆에 어떤 촌 아낙이 수건을 뒤집어 쓰고 숯 굽는 사내에게 과일도 한쪽 입에 넣어주고 떡도 한쪽 입에 넣어주고 땀도 닦아주고 있었습니다. 잠시 '내 부인도 있었으면 나에게 저렇게 해 주었을 텐데'라고 생각하며 숯장수에게 다가가서 물었습니다.

"이러저러한 숯장수가 어디에 있습니까?"

그러자 자신이 바로 그 숯장수라 했습니다. "그렇다면 조금전에 곁에 있던 사람은 누구입니까?" 하니 자기 부인이라 했습니다. 억장이 무너지는 것을 느꼈습니다. 정경부인이 시커먼 숯검댕이를 묻히고, 허름한 옷에 수건 하나 뒤집어쓰고, 거기다 비천한 계급의 숯장수에게 혼신을 다 바치고 있으니 화가 머리끝까지 치밀

어 얼굴이 달아올랐습니다. 하지만 정승까지 지낸 체통에 사실도 알아보지 않고 화를 낼 수는 없었습니다.

하여 대감은 마음을 가라앉히고 숯장수에게 물었습니다. "결혼한 지는 얼마나 되었습니까?"

숯장수가 결혼한지 3년이 되었다고 밝혔습니다. 정경부인이 사라진 3년과 꼭 맞아떨어졌습니다. 대감은 숯장수에게 부탁을 했습니다.

"당신 부인을 내가 한번 만날 수는 없습니까?"

그 숯장수가 가만히 보니, 선비가 몰골은 허름해도 보통사람처럼은 보이지 않아서 부인을 불렀습니다.

"부인, 어떤 객이 당신을 잠깐 보자고 합니다."

부인이 나와서 보니 옛날 자기 대감이 거기에 서 있는 겁니다. 대감이 부인을 보고 물었습니다.

"나를 모르겠소?"

그러자 부인이 큰 절을 올렸습니다.

"대감님, 절 받으십시오."

숯장수는 자신의 부인이 대감부인이었다는 것을 알고 깜짝 놀랐습니다.

"이게 어찌된 일입니까?"

정경부인이 말을 했습니다.

"전생의 인연이 얼마나 묘한 것이면, 우리가 이런 인연으로 다시 만났겠습니까?"

사연인즉, 그 부인은 아주 독실한 불교 신자였습니다. 자신이 대감 부인으로 사는 동안에 자신도 부귀영화를 누리고, 대감을 보필하며 대감을 정승의 반열에 올려놓았습니다. 그런데 어느 날 절에 불공을 드리고 잠깐 잠이 들었는데 꿈에 자신의 전생이 보였습니다.

부인의 전생은 바로 사람 몸에 붙어 다니는 '이' 였습니다. 그 이는 어떤 스님의 몸에 붙어서 살았는데, 그 스님은 살생을 하지 않으려고 이와 함께 살았습니다. 이라는 놈이 몸에서 기어다니면 가렵고 귀찮아서 이를 잡아서 한쪽에 밀어두곤 하였습니다. 저녁 때면 다시 그 이는 스님의 몸으로 기어들어가 살았습니다. 어느 날 마을에 새로 부임한 사또가 부임 인사차 마을 유지들을 불러 점심 공양을 한다고 스님을 공양에 초대하였습니다. 그래서 떨어진 남루한 옷이었지만 깨끗한 옷으로 갈아입었습니다. 그러자 그 이가 다시 그 옷으로 기어와서 붙었습니다.

스님이 오늘은 집에서 쉬어라 해도 다시 기어와서 겨드랑이 밑에 와서 붙으니, 할 수없이 그대로 사또의 집으로 향했습니다. 그런데 이가 자꾸 움직여 몸이 가려웠습니다. 사또의 집에서 밥상을 받아놓고 몸을 긁는다는 것은 실례라는 생각이 들어서, '이 녀석을 어찌 할꼬' 하며 고민 하는 중에 사또 집 앞에 다다랐습니다. 이때 마침 사또집 대문앞에 강아지 한 마리가 낮잠을 자고 있었습니다. 스님은 옳커니 하며, 이를 잡아서 문 앞에 있는 개 몸에 붙여 주면서 '잠시 여기서 쉬고 있어라. 내 나올 때 데려가마' 하고는 대문 안으로 들어갔습니다.

기분 좋게 식사 대접을 받은 스님이 사또집을 나오면서 개 몸에 붙여 놓은 그 이를 깜빡하고 그냥 절로 돌아왔습니다. 계획적으로 이를 두고 오지는 않았지만, 그날 이후로는 이가 없어서 몸이 시원했습니다. 그래서 그 이를 잊은 채로 생을 마감하였습니다. 사또집의 그 개도 그 이도 모두 생을 다해 죽었습니다.

그러나 이 인연은 이것으로 끝나지 않았습니다. 이들은 다음 생에서 이는 부인으로 오고, 스님은 정승으로 오고, 개는 죽어서 숯장수로 왔습니다. 여자로 환생한 이는 전생에 스님께서 살펴주신 공덕에 감사하며 40년 동안을 대감의 부인으로 살았습니다. 대감이 정승이 되고 난 뒤 집에 숯을 팔러온 숯장수를 보니, 전생에 나를 따뜻한 털속에 넣어 살려준 개였습니다. 그래서 그 공덕을 갚기 위해서 정경부인의 자리를 그만두고 숯장수를 따라 나섰던 것입니다.

집을 나가던 그 시점이 대감과의 인연이 다한 때로, 숯장수와의 인연이 시작되는 전환점이었던 것입니다. 이렇게 인연이라는 것은 모질고 끈질긴 것입니다. 여기서 이런 이야기를 드린 이유는, 우리가 그저 생각없이 한 말 한마디가 인연이란 고리를 걸고 어떠한 형태이든 따라 다닌다는 사실을 주지시키기 위하여 말씀드린 것입니다.

거짓말을 왜 하게 됩니까? '참나'를 보지 못하기 때문입니다. '참나'를 간과하고 있기 때문에 순간순간 거짓 몸과 거짓 생각이 움직이는 대로 위기를 모면하려 하거나, 거짓 몸을 과시하기 위해 거짓말이 나오는 것입니다. 거짓말은 거짓말을 낳는다 했습니다. 결국 거짓말은 '참나'를 멀리 떠나 거짓 몸이 시키는 대로 허영과 환상만을 키우게 될 뿐입니다. 앞의 스님도 고의적으로 한 거짓말은 아니지만, '이가 없어지니까 편하다'는 생각에 자신이 이에게 한 약속을 저버린 것입니다. 그것이 바로 '망어'입니다. 하찮은 미물에게 한 망어일지라도 반드시 갚아야 될 업이 되어 돌아온다는 사실을 명심해야 합니다.

따라서 '망어중죄 금일참회'를 독송할 땐 '참나'와 하나되어 진실만을 추구하겠다는 맹세가 뒤따라야 할 것입니다.

기어중죄 금일참회

다섯째는 '기어중죄 금일참회'로, '기어'는 '비단결 같은 말, 발림말'을 말합니다. 혹은 '쓸데없는 잡담'으로도 풀이됩니다. 즉 **"비단결 같은 발림말, 혹은 쓸데없는 잡담으로 다른 이를 현혹케 한 무거운 죄를 오늘 제가 참회합니다."** 란 뜻입니다.

세상에는 자신의 안위와 출세를 위해 기어를 서슴지 않고 하는 이들이 많습니다. 권세에 아첨하고 상사에게 감언이설하는 사람들을 우리 주변에서도 어렵지 않게 볼 수 있습니다. 이런 사람들은 짧은 시간동안은 자신의 자리를 보전할 수 있을는지 모르나, 주변 사람들에겐 신임을 잃어 영원히 함께 갈 수 없는 사람으로 낙인찍히게 됩니다. 또 쓸데없는 잡담을 하다보면 결국 구업을 짓게 됩니다.

다시 말해 기어는 얻는 것보단 잃는 게 더 많고, 나중에 곱절의 아픔을 더 겪게 됩니다. 그러므로 정직한 말, 진실된 말을 하려는 노력이 중요합니다. 특히 중요한 직책에 있거나 언론 관계에 있는 이들일수록 정직한 말을 전하려는 의지가 절대적으로 필요하다 하겠습니다.

양설중죄 금일참회

여섯째는 '양설중죄 금일참회' 입니다. '양설'은 한결같은 말이 아니라 이쪽에서는 이렇게 말하고 저쪽에서는 저렇게 말함으로써 이간질하는 말을 가리킵니다. 풀이하면 **"두 가지 말로써 지은 무거운 죄를 제가 오늘 참회합니다."**란 말입니다.

양설이야말로 불화를 조장하는 대표적인 경우에 해당합니다. 대부분 사람들의 싸움도 이 양설로 인한 이간질이 주원인입니다. '한 입으로 두 얘기를 한다'는 말이 곧 양설입니다.

또 어느 누구든 말이 왔다갔다하면 신임을 얻지 못합니다. 줏대있고 한결 같은 이들을 가까이 하는 게 인지상정입니다. 상대가 누가 됐든 한결같은 말을 할 수 있어야 참된 성품의 소유자라는 소리를 들을 수 있습니다.

악구중죄 금일참회

일곱째는 '악구중죄 금일참회'로, "악담으로 지은 모든 무거운 죄를 제가 오늘 참회합니다."란 말입니다.

'악구'는 욕이며 험담이자 상대에게 상처를 줄 수 있는 악담을 말합니다. 우리가 무심코 내뱉는 말 중에도 '비수'가 숨어 있어 상대를 상처내기도 합니다. 이것 또한 온화하고 자비스런 말을 쓰고자 하는 훈련이 제대로 되어 있지 않아서입니다. 무심코 내뱉는 비수가 숨어 있는 말들은, 가까운 사람일수록 더욱 빈번하게 일어납니다. 친구와의 우정, 사랑하는 애인 사이 서로 다투고 헤어지는 경우는 이 예기치 않은 '악구'로 인한 경우가 많습니다.

그러므로 여러분은 늘 상냥하고 친절하며 상대방의 마음을 움직일 수 있는 진실된 말을 하도록 각별한 노력을 기울여야 할 것입니다.

탐애중죄금일참회 진에중죄금일참회 치암중죄금일참회

여덟째부터는 탐·진·치 삼독심에 대한 참회 부분입니다. 삼독심에 대해서는 여러분들이 절에 다니면서 수차 스님들의 법문을 통해 익히 알고 있기 때문에 구체적인 설명은 안하는 대신, 뜻만 풀이하고 넘어가도록 하겠습니다.

먼저 '탐애중죄 금일참회'는 "탐욕으로 인해 지은 무거운 죄를 제가 오늘 참회합니다."란 뜻입니다.

아홉째, '진에중죄 금일참회'는 "성냄으로 인해 지은 무거운 죄를 제가 오늘 참회합니다."가 되겠습니다.

열번째, '치암중죄 금일참회'는 "어리석음으로 인해 지은 무거운 죄를 제가 오늘 참회합니다."란 뜻이 되겠습니다.

인간이 몸과 입과 마음으로 나쁜 일을 하게 될 때 그것의 결과는 언제나 비극적입니다. 쉬운 예로 거짓말을 한다든가 쓸데없이 남을 비방하는 행위는 사회정의를 해치는 것이며, 마침내는 스스로 파놓은 함정에 걸려 자신도 불행한 경우를 당하게 됩니다.

그러나 반대로 인간의 모든 행위가 선한 방향으로 바뀌어지면 정의와 평화가 깃들게 됨은 물론 누구나 함께 행복해질 수 있는 여건이 조성되는 것입니다. 이런 점에서 본다면 우리가 행하는 십악참회야말로 악을 선으로 바꾸고자 하는 적극적인 보살행이라 할 수 있겠습니다.

그렇다면 우리의 참회의식이 정말 효과는 있는 것이며, 정말 참회하면 죄업은 소멸될 수 있을까요? 이 점에 대해 여러분들은 많은 의구심을 갖고 있을 것입니다. 단언하건대 우리의 죄업은 아무리 크고 무거울지라도, 진실한 마음으로 참회하면 일시에 소멸될 수 있습니다. 다생다겁 무수히 많이 지어 온 죄도, 진실한 마음으로 열두 부처님을 증명으로 모신 가운데 참회했을 경우 한순간에 녹아 없어진다는 것입니다. 이러한 내용이 바로 십악참회 뒤에 나오는 다음 구절입니다.

백겁적집죄   일념돈탕진
百劫積集罪   一念頓蕩盡

여화분고초   멸진무유여
如火焚枯草   滅盡無有餘

이것을 풀이하면 "백겁 동안이나 쌓인 무수한 죄업을/ 한순간 한 생각에 모두 없애/ 마른풀을 불태우듯이/ 남김없이 모두 소멸되게 하소서."란 뜻입니다.

앞에서 부처님들을 증인으로 10악을 모두 참회하였으니, 이제 업장을 모두 소멸시켜달라고 기도하는 것입니다. 여러분들은 왜 절에 와서 열심히 기도하고 참회하고 그럽니까? 소원을 이루기 위해서일 겁니다. 소원을 이루기 위해선 어떤 것이 해결돼야 하겠습니까? 업장이 소멸돼야 합니다. 결국 여러분들의 기도와 참회는 업장을 소멸하기 위한 행위입니다. 업장만 소멸되면 어떤 문제도 결국은 모두 다 해결되는 것입니다.

이 게송은 바로 이러한, 우리의 두터운 업장을 진실로 참회하면 산더미 같은 마른 풀이 금방 불로 타버려 없어지듯 소멸된다는 것을 일깨워 주고 있습니다. 불경에 의하면 부처님은 태양으로도 묘사됩니다. 태양이 떠오르면 어찌됩니까? 간밤의 캄캄한 어두움은 일시에 물러가고 밝은 햇살이 구석구석을 비추게 됩니다.

우리의 참회가 이루어지는 날이 바로 태양이 떠오르는 날입니다. 다시 말해 모든 업장이 녹아 없어지는 날인 것입니다. 태양이 5대양 6대주를 두루두루 비추듯, 업장이 소멸되면 우리의 소원하는 모든 바를 걸림없이 이룰 수 있게 됩니다. 그러니 참회를 미룰 일도 머뭇거릴 일도 아닙니다. 진실한 마음을 내어 참회하면, 어두움을 한순간에 몰아내는 태양처럼 자신의 밝은 삶이 활짝 열릴 것입니다.

진실한 마음이란 무엇입니까? 마음과 죄는 무슨 상관관계가 있기에, 진실한 마음을 내어 참회하면 아무리 두터운 업장도, 백겁 동안 쌓여온 죄업도 모두 소멸된다는 것입니까?

다음 게송은 죄와 마음의 관계를 차원 높은 철학적인 안목으로 제시해놓고 있는 대목입니다.

> 죄무자성종심기　심약멸시죄역망
> 罪無自性從心起　心若滅時罪亦亡
>
> 죄망심멸양구공　시즉명위진참회
> 罪亡心滅兩俱空　是則名爲眞懺悔

이것은 "자성 없는 죄업이 마음 따라 일어나니/ 마음이 사라지면 죄업 또한 사라지네/ 죄와 마음 없어져 둘이 함께 공이 되면/ 이것을 이름하여 참된 참회라 하노라." 라고 해석합니다.

이 해석을 찬찬히 음미해보면 『반야심경』의 '오온개공(五蘊皆空)'과 뜻이 통하고 있음을 느끼게 합니다. 몸도 마음도 텅빈 것으로 바라보는 지혜의 안목은 중국선사들에게서도 여실하게 보여집니다. '혜가단비(慧可斷臂:혜가가 팔을 자름)'는 그 대표적인 일화입니다.

중국 선종의 초조 달마대사가 면벽정진하고 있을 때 그를 찾아온 혜가를 거들떠보지도 않았습니다. 그러자 혜가는 눈이 쌓이는 혹한 속에서도 움직이지 않고 정법을 구하기 위한 구도열을 불태

❖ 혜가대사. 달마로부터 법을 전수받았다. 달마를 만날 때 왼팔을 잘라 신심을 보였다.

웠습니다. 이러한 혜가의 신명에 마음이 다소 움직인 달마대사가 말문을 열었습니다.
"정법이란 신명을 내어 던지는 각오가 있어야 얻을 수 있다." 달마대사의 말이 끝나기 무섭게 혜가는 지니고 있던 칼로 자기 한 팔을 스스로 끊어 보이며 말했습니다.
"저의 마음이 편치 않습니다. 제발 이 마음을 편안케 해 주십시오."
그러자 달마대사가 말했습니다.
"그래, 그러면 그 마음을 나에게 가져 오너라. 내가 너를 위해 안심케 하리라."
이에 혜가가 말했습니다.
'마음을 아무리 찾아도 찾을 수가 없습니다."
달마대사가 혜가의 말을 바로 받아 말했습니다.
"내가 이미 너의 마음을 안심케 했도다."
안심법문으로도 익히 알려진 이 일화는 혜가스님의 뒤를 잇는 3조 승찬대사와의 면담에서도 이루어집니다.

혜가스님이 40세쯤 되었을 때, 어느 날 어떤 사나이가 나타나 성명도 밝히지 않은 채 절을 하곤 말하길 "저는 오래 전부터 풍병을 앓고 있습니다. 무슨 죄가 그리 많아서인지 스님께서 죄를 소멸해 주십시오"하니 혜가스님이 말했습니다.

"죄를 가져 오너라. 없애 주리라."
그러자 사나이가 "죄라는 것을 찾을 길이 없나이다"하니, 혜가스님이 "그러하니 너의 죄는 다 없어졌다. 앞으로는 불·법·승 삼보에 의지해라"고 했습니다.
이것이 혜가대사와 3조 승찬대사와의 첫 대면 장면에서 이루어진 대화입니다.

❖ 승찬대사. 혜가대사로부터 법을 전수받았다.

죄의 자성이란 본래 없는 것입니다. 다만 마음에 따라 일어날 뿐입니다. 그런데 중생들은 모든 것을 이성적으로 분석하려 합니다. '색이 곧 공이요 공이 곧 색(色卽是空 空卽是色)'이라는 원리를 못보는 때문입니다. 이러한 원리를 모르는 중생들은 미움과 사랑을 만듭니다. 미움과 사랑의 본질은 하나라는 것을 모르기 때문입니다.

선가의 언어 중에 여금여환(如金如環)이라는 말이 있습니다. 반지를 만든 본질은 금입니다. 그런데 반지는 가지각색의 모양과 색깔을 지니고 있습니다. 둥근 것도 있고 네모난 것도 있으며 굵은 것 가는 것도 있습니다. 이 반지의 변형된 모습에 매달리는 것이 중생들의 병입니다. 그러나 지혜로운 이는 반지의 본질을 봅니다. 금이라는 본성을 파악하고 반지의 형상에 매달리지 않는다는 말입니다.

우리가 스스로 지은 죄에 얽매여 낙담하거나 타락의 길을 자초하는 일은 그래서 매우 어리석은 짓입니다. 죄의 자성은 마음에 따라 일어난 것이니, 마음을 잘 다스리면 죄 또한 없어지는게 근본 원리입니다.

승찬대사도 이 점에 주목해 다음과 같이 설파한 바 있습니다.

"둘은 하나로 말미암은 것, 하나 또한 지키지 말라. 한 생각이 일어나지 않으면 만법에 허물이 없다."

물론 중생들로선 '한 생각마저 내지 말라'는 대덕선사들의 말을 이해하기 어렵고 실천은 더더욱 어려울 것입니다. 하지만 있는 그대로 볼 줄 아는 안목만 지니려 한다면 이 경지에 바짝 다가설 수 있습니다. 있는 그대로 볼 줄 아는게 지혜입니다. 특히 무명중생들은 캄캄한 밤길에 놓여 있는 것과 다를바 없기 때문에 그대로 볼 줄 아는 지혜마저 부족합니다.

가령 밤길을 걷다가 새끼줄을 뱀으로 착각해 허둥지둥 도망가다 돌부리에 채여 상처를 입고 마는 경우처럼, 환영과 착각에 사로잡혀 방황하기 일쑤입니다. 천금을 손에 쥐면 만사 행복할 줄 알지만 실상 천금이 손에 들어와도 행복과는 거리가 멀게 됩니다. 이것이 우리 중생들의 삶입니다.

앞의 게송은 그렇기 때문에 우리의 잘못된 견해를 일깨워 주고 있을 뿐 아니라, 참회에 대한 올바른 의식을 일깨워 주는 깊은 뜻이 담겨 있다 하겠습니다. 그것은 바로 지혜입니다. 마음은 여러 가지 번뇌를 수반해서 업을 일으키고 그 결과에 따른 과보를 지게 됩니다.

하지만 큰스님들의 설법을 듣고 부처님의 가르침에 따르며 점차 번뇌를 버리고 착한 마음과 행위를 축적해 나가는 것, 이것이 불자의 지혜입니다.

불교에서 심왕(心王)이라는 말이 있습니다. 『반야심경』에 나오는 오온 가운데 수(受)·상(想)·행(行)은, 식(識)으로 불리우는 심왕에 복종하는 하인과 같은 마음의 속성입니다. 심왕이 어떻게 주재하느냐에 따라 수·상·행의 처신이 뒤따르게 된다는 것입니다. 지혜로써 심왕이 존재할 때 여러분의 모든 업장과 번뇌와 죄업은 모두 소멸될 것입니다.

다음으로 참회진언의 내용을 살펴보도록 하겠습니다.

참회진언(懺悔眞言)

> 옴 살바 못자 모지 사다야 사바하 (세 번)

'옴'은 앞서 여러 번 강조했듯이 '진언의 왕' 입니다. 이 진언을 하면 모든 생명체, 하다못해 잡귀신들까지도 모두 무릎을 꿇고 진언을 경청해야 하는 위신력이 있습니다. '살바'는 '일체(一切)'라는 뜻입니다. '못자'는 '중생과 함께하며 돌보는 붓다'의 뜻입니다. '모지'는 지혜를 뜻하는 '보리'를 말하며, '사다야'의 '사다'는 '살타'이니 '모지 사다'는 보리살타 즉 보살을 뜻합니다. '야'는 '~에게, ~이시여' 라는 뜻이고, '사바하'는 진언의 끝에 나오는데, 앞의 내용이 원만하게 이루어지게 해달라는 기원의 뜻을 담은 진언으로, 굳이 해석을 하자면 '맡긴다, 귀의한다'라는 의미를 담고 있습니다.

이를 토대로 '옴 살바 못자 모지 사다야 사바하'를 풀이하면 "일체의 불보살님에게 귀의합니다."란 말이 됩니다.

여러분은 누군가에게 속마음을 털어놓고 나면 답답했던 가슴이 후련해지는 경험을 해보셨을 것입니다. 참회와 고백은 자기정화의 효과를 수반하게 마련입니다. 이를 전문적인 용어로 하자면 '카타르시스(catharsis)'라고 합니다.

아리스토텔레스가 그의 저서 『시학』에서 처음 쓴 말로, 가슴속에 적체된 불만 등이 정제되는 효과를 말하는 것입니다. 마찬가지로 여러분도 열 두 부처님을 증명으로 모신 가운데 참회를 한 후 모든 불보살님께 귀의할 것을 서원했습니다.

그리고 나면 얼마나 마음이 편안해지겠습니까? "나의 죄업을 하나도 빠뜨리지 않고 낱낱이 고백하고 참회하였으니, 이제 부처님께서 거두어 주십시오" 라는 의미로 귀의를 표명했으므로 마음속에 티끌만큼의 불만과 허전함이 남아 있을 수 없습니다. 참회진언은 이렇듯 여러분을 매우 편안한 심경의 경지로 올려놓는 효과를 던져줍니다. 계속해서 참회진언의 게송을 살펴보도록 하겠습니다.

> 준제공덕취 적정심상송
> 准提功德聚 寂靜心常誦
>
> 일체제대난 무능침시인
> 一切諸大難 無能侵是人
>
> 천상급인간 수복여불등
> 天上及人間 受福如佛等
>
> 우차여의주 정획무등등
> 遇此如意珠 定獲無等等
>
> 나무칠구지불모대준제보살
> 南無七俱胝佛母大准提菩薩 (세 번)

준제공덕취 적정심상송

첫째 구절 '준제'는 '청정'이란 뜻으로 '준제진언'을 지칭합니다. 따라서 둘째 구절과 이어 해석하면 **"준제진언은 공덕의 큰 덩어리인바/ 항상 고요한 마음으로 외우면"**의 뜻입니다.

그렇다고 이 게송이 준제진언을 찬송하는데 목적이 있는 것은 아닙니다. 번뇌 망상과 업장이 가득한 중생세계에서 우리가 어떻게 수행해야 위없는 깨달음에 이르게 될 수 있는지를 제시해 주는 게송인 것입니다.

준제진언은 다른 진언에 비해 매우 강하다고 합니다. 때문에 정신을 하나로 모으지 않고 건성으로 외우게 되면 오히려 화를 입을 수도 있으니 유의해야 합니다. 하지만 온 정성을 다하고 정신을 모아 준제진언을 외운다면 어떠한 액난도 피해 갈 수 있습니다. 이 뜻은 바로 셋째와 넷째 구절에서 강조되고 있습니다.

일체제대난 무능침시인

'일체제대난 무능침시인' 이라 함은 "일체의 모든 큰 재난들도/ 준제진언을 외우는 사람에게는 능히 침범하지 못하며" 라는 말입니다.

재난이 침범하지 못하면 어떻게 되겠습니까? 그것만으로도 우리는 큰 복을 누리는 것입니다. 하지만 준제진언을 외우는 이들에겐 재난이 피해가는 대신 부처님 같은 복을 누리게 됩니다.

천상급인간 수복여불등

다섯째와 여섯째 구절의 '천상급인간 수복여불등'이 그것을 말해 주고 있습니다. 즉 "천상 사람들이나 보통 사람들이나 할 것 없이/ 부처님처럼 똑같은 복을 받으리라."는 것입니다.

우차여의주 정획무등등

마지막으로 일곱째와 여덟 번째 구절 '우차여의주 정획무등등'은 "이 여의주와 같은 진언을 만나게 되면/ 결정코 위없는 깨달음을 얻게 될 것이다."라고 해석됩니다.

여의주는 무엇을 지칭하는 것입니까? 바로 준제진언을 말합니다. 다시 말해 준제진언은 무엇이든 뜻대로 이루어지게 하는 '여의주와 같다'라는 말입니다. 또 '무등등'은 무엇입니까? '일체의 중생과는 더불어 같음을 비교할 수 없다'는 말이니, 오직 부처님과 비교해 그 깨달음이 같다는 것입니다.

실제로 준제진언을 통한 청정행을 몸에 익히게 되면, 번뇌망상이 모두 사라짐으로써 온갖 공덕이 저절로 갖추어지게 됩니다.

나무칠구지불모대준제보살(세 번)

여기에서 새로운 단어로 제시되고 있는 칠구지의 '구지'는 수량 단위로 '억'을 나타냅니다. 이를 적용해 해석하면 "칠억 부처님을 키워 낸 부처님의 어머니 대준제 보살님께 귀의합니다."란 뜻이 됩니다.

그렇다면 준제보살은 누구를 가리키는 말이겠습니까? 바로 준제진언의 주인인 준제관음으로 칠관음 중의 한 분입니다. 칠관음은 성관음·천수관음·마두관음·십일면관음·여의륜관음·준제관음·불공견삭관음을 일컫습니다. 준제관음은 세 개의 눈에 열여덟 개의 팔을 갖고 있다고 합니다. 이 때 세 개의 눈은, 중생의 세 가지 장애인 미혹과 죄업과 괴로움을 남김없이 제거하여 청정한 마음을 갖도록 하겠다는 의지에서 갖춰졌다는 것입니다.

그런데 『천수경』에선 왜 준제보살을 불모(佛母)로 받아들이고 있습니까? 흔히 탱화를 그리거나 불상을 조성하는 이들을 일러 우리는 불모라고 합니다. 그러나 그런 불모와는 뜻하는 바가 다릅니다.

여기에서 불모란 말 그대로 부처님의 어머니란 뜻입니다. 준제관음보살을 불모라고 하는 것은, 그가 바로 우리의 청정한 마음자리이기 때문입니다. 이 청정한 마음자리를 통해 칠억의 부처님이 탄생한 것입니다. 따라서 준제보살은 칠억 부처님을 만들어낸 불모가 되는 것입니다.

❖세 개의 눈에 18개의 팔을 갖고 있는 준제보살, 각 손에는 연꽃 칼 등 세상을 제도하는 불구가 들려 있다.

제 6장
오직 한 마음

정법계진언(淨法界眞言)

옴 남(세 번)

 정법계진언은 법계를 청정하게 하는 진언입니다. '옴'은 제가 수차례에 걸쳐 설명드렸습니다. '진언의 왕'이자 '우주의 핵심'을 가리키는 것으로 모든 잡스런 귀신을 제어한다는 것을! 이젠 여러분도 확실히 알고 계실 것입니다.

여기에서 문제는 '남'인데, 범어에서 '나'라고 하면 깨끗하고 흰 빛의 뜻이 되고, 여기에 '옴'할 때의 'ㅁ'을 더 붙이면 밝은 계명주구슬을 이마 위에 둔 것 같이 장엄하다는 뜻이 됩니다. 그러니 이 진언은 법계와 같아서 한량없는 죄업을 모두 없앨 수 있는 것이고, 따라서 어떠한 더러운 일이라도

'남'을 진언하면 깨끗해지는 것입니다.

그렇다면 '남'을 어디에 써야 하겠습니까? 바로 중생들의 탐·진·치 삼독심으로 인해서 생기는 번뇌망상을 태워버리는 데 쓰는 진언입니다. 번뇌망상을 모두 태워버리면 한 점의 미혹도 남지 않습니다. 그 경계가 바로 깨달음의 문인 것입니다. 깨달음의 경지란 나와 법계가 하나됨을 의미합니다. 한점 미혹도 남기지 않은 청정한 내가 법계와 하나 됐으니, 법계 또한 청정해짐은 당연한 이치입니다. '옴 남'은 이러한 청정법계를 구축하는 진언인 것입니다.

즉 정법계진언은 법계와 더불어 나를 청정하게 만드는 정화진언이라고 할 수 있습니다.

호신진언(護身眞言)

> 옴 치림(세 번)

호신진언은 글자 그대로 몸을 보호하는 진언입니다. 내 몸은 단순히 한 생명을 지탱해 가는 육신이 아닙니다. 부처님이 되기 위해 주어진 인간의 몸입니다. 우리가 몸이 아플 때 약을 먹고, 피곤하면 잠을 자며, 배고프면 밥을 먹는 이유는 부처가 되기 위해 빌려온 몸을 유지하기 위해서입니다. 그런 이 몸이 훼손되거나 위해 당하면 안 됩니다.

그런데 우리가 유의해야 할 점은, 외부로부터의 위해가 더 위험한 것이 아니라 내부로부터의 부패가 더 위험하다는 점입니다. 다시 말해 내 몸을 가장 위협하는 요소는 우리 내부에서 활활 타오르는 탐·진·치 삼독심입니다. 이를 계·정·혜 삼학쪽으로 나아가게 함으로써, 번뇌망상을 지혜의 종자로 바꿔야 한다는 것입니다. 이런 뜻에서 호신진언을 이해해 주길 바랍니다.

'치림'은 원래 '스림'이 맞습니다. '치림'은 '묘길상(妙吉祥)의 종자'란 뜻인데, 길상은 범어로 '스리(sri)'라고 합니다. '스리'란 반가운 것, 혹은 좋은 것을 총칭하는 말입니다. 따라서 모든 길상은 호신진언의 이 '치림'에서 나온다고 합니다.

그래서 이 진언을 외우면 일체 십악오역 등 모든 죄업을 멸하고, 일체 병고와 액난 재앙 악몽 귀신 등을 제하며, 일체 원하는 바를 원만하게 이루게 됩니다. 이 진언이 바로 모든 부처님의 마음이기 때문입니다.

이 호신진언은 간단하지만 그 위신력이 강해서, 만약 일심으로 한 번을 외우면 자신의 몸이 보호되고 일체 귀신이나 천마가 가까이 침노하지 못하며, 두 번을 외우면 형제들까지 보호를 받으며, 세 번을 외우면 온 집안사람이 보호를 받으며, 네 번을 외우면 온 동네가 보호를 받고, 다섯 번을 외우면 온 나라가 보호를 받는다고 합니다.

관세음보살 본심미묘 육자대명왕진언
觀世音菩薩 本心微妙 六字大明王眞言

옴 마니 반메 훔 (세 번)

'관세음보살 본심미묘 육자대명왕진언'은 관세음보살의 본마음이신 신묘한 여섯 글자로 된 대명왕진언이라고 풉니다.

『대명왕경』에 이런 글이 있습니다.

만일 출가한 보살이나 재가보살이 도를 성취하고자 하면, 도량에 들어올 때 서쪽으로 향해 앉아서 오른쪽 무릎을 땅에 붙이고 합장하여 지극한 마음으로 참회하되, '내가 무시이래로 몸과 입과 뜻으로 지은 죄를 이제 모든 부처님과 모든 보살님 앞에서 참회하옵고, 과거 현재 미래의 모든 부처님과 모든 보살님의 복과 지혜로 만든 원만하신 공덕을 즐거이 따르고자 합니다' 하고, 곧바로 가부좌를 하거나 반가부좌를 한다.

마음 편하게 앉아서 일체 망상을 덜어 버리고, 육도중생들이 무시이래로 나고 죽고 하는 고해에서 육도로 윤회하는 것을 관하고, '원컨대 모든 중생들이 모두 보리심을 발하며 보살행을 닦아 속히 고해를 벗어나게 하십시오' 하고 주문을 외운다.

그리고 스스로 생각하기를 '관세음보살님의 입에서 이 육자진언의 여섯 글자가 낱낱이 오색광명을 수놓아 나의 입속으로 흘러들어와 나의 마음 가운데 머물러 있으되, 여섯 글자가 나의 몸속에서 오른쪽으로 돌아가며 퍼져간다'고 생각한다. 그러면서 다라니를 한 번 외우고는 오른손 무명지로 염주 한 알을 넘기는 식으로 수행한다. 염주 넘긴 수효를 기억하며, 급하지도 않고 느리지도 않으며 큰 소리로도 말고 글자를 분명하게 읽되, 읽는 소리를 자기 스스로 들으며 본존과 글자를 관하라.

육자진언을 외울 때 "관세음보살님의 입에서 이 육자진언의 여섯 글자가 낱낱이 오색광명을 수놓아 나의 입속으로 흘러들어와 나의 마음 가운데 머물러 있다"고 하였는데, 그 오색광명과 여섯 글자가 나오는 곳을 말씀드리겠습니다. 이것을 알면 누구나 쉽게 선정에 들 수 있는 신묘한 방법입니다.

다음은 『육자경』에 나오는 내용을 부분 부분 발췌한 것입니다.

선정에 들고자 하는 사람은 먼저 몸과 입과 뜻을 청정하게 하여야 한다. 그리고 고요한 곳에서 향불을 피우고 꽃을 베풀고 등불을 켜서 공양을 올린다. 그 다음 가부좌로 앉아서 지성으로 주문을 외우되 108번 또는 1000번을 외운다.

여기까지는 어떤 소원을 빌 때나, 어떤 수행을 할 때나 거의 비슷한 가장 기본이 되는 과정입니다. 그 다음으로 관상을 합니다.

관세음보살님이 허공에서 내려오시어 얼굴에 백색광명을 내뿜으시며 여러 색으로 된 천 개의 꽃잎이 있는 연꽃에 앉으시고, 머리위에는 일곱 가지 보배로운 광명이 있는데 그 가운데에 아미타불이 빛난다. 관세음보살님의 귀에는 영락(瓔珞)을 드리우시고, 몸에는 화만(華鬘)을 장식하시며, 눈썹은 수양버들잎 같고 눈은 가을 물결 같으시며, 위의 두 손은 합장하시고, 아래에 있는 오른손에는 수정염주를 가지시고, 아래에 있는 왼손에는 백색연꽃을 갖고 계신다.
또 무수한 광명을 비추시되
육계(무견정상)에서 옥호광명을 비추시니 이름이 '옴'자이며, 위에 있는 왼손에서 백색광명을 비추시니 이름이 '마'자며, 위에 있는 오른손에서 홍색광명을 비추시니 이름이 '니'자며, 중간에 있는 왼손에서 청색광명을 비추시니 이름이 '반'자이며, 중간에 있는 오른손에서 흑색광명을 비추시니 이름이 '메'자이며, 미간에서 황색광명을 비추시니 이름이 '훔'자이다.

❖ 옴마니반메훔을 외우는 보살상이다. 옴을 발하면 천도로 가는 길을 막을 수 있고, 마를 발하면 인도로 가는 길을 막을 수 있으며, 니를 발하면 수라도로 가는 길을 막을 수 있고, 반을 발하면 축생도로 가는 길을 막을 수 있으며, 메를 발하면 아귀도로 가는 길을 막을 수 있고, 훔을 발하면 지옥도로 가는 길을 막을 수 있다.

그 광명이 두루 비추시어 법계의 유정중생이 지은 악업을 모두 없애는 것입니다. 죄를 흑백으로 나누기도 합니다. 흑죄를 지으면 지옥에 떨어지거나 아귀가 되거나 축생이 됩니다. 백죄를 지으면 하늘에 태어나거나 사람으로 태어납니다. 그런데 이 흑죄 백죄가 모두 관세음보살님의 오색광명을 따라서 없어져서 업의 때가 소멸되면, 내 몸도 마치 유리같이 됩니다.

관세음보살님이 '옴'자 광명으로 보살피시면 하늘에 태어나는 죄가 없어지고, '마'자 광명으로 보살피시면 사람으로 태어나는 죄가 없어지며, '니'자 광명으로 보살피시면 아수라로 태어나는 죄가 없어지고, '반'자 광명으로 보살피시면 축생으로 태어나는 죄가 없어지며, '메'자 광명으로 보살피시면 아귀로 태어나는 죄가 없어지고, '훔'자 광명으로 보살피시면 지옥에 떨어지는 죄가 없어진다.

그러니 여러분도 지극한 마음으로 육자주를 지송하십시오. 관세음보살님께서 자비를 베풀어 보살펴주시면 그 위신력으로 육도에 떨어지는 윤회의 길에서 벗어나게 되는 것입니다. 그래서 이 육자진언을 관세음보살님의 본마음이라고도 하는 것입니다.

또 '옴 마니 반메 훔'은 아미타 부처님께서 관세음보살을 극찬한 말로, 그 자체가 관세음보살의 본심이 되었다고 합니다. 즉 '마니'는 '마니구슬'을 말합니다. '여의주'란 뜻입니

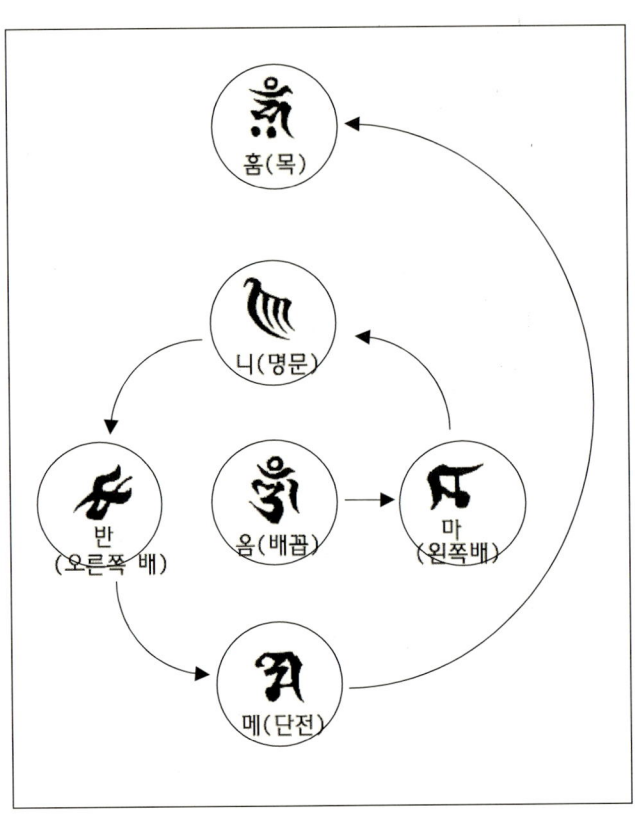

❖ [자기관음밀주관념도] 자기 자신이 관세음보살이 되었다고 생각하며 6자 진언을 외우는데, '옴'을 외우면 배꼽이 울리고 내가 비로자나불이 되었다고 생각한다. '마'를 외우면 왼쪽 배가 울리고 내가 부동존불이 되었다고 생각한다. '니'를 외우면 명문이 울리고 내가 보생불이 되었다고 생각한다. '반'자를 외우면 오른쪽 배가 울리고 내가 아미타불이 되었다고 생각한다. '메'자를 외우면 단전이 울리고 내가 불공성취불이 되었다고 생각한다. '훔'자를 외우면 목구멍이 울리고 내가 대세지금강보살이 되었다고 생각한다. 오랫동안 하면 기운이 모두 원신으로 돌아가고 불가사의한 성취가 있게 된다.

다. 여의주는 이 세상에 단 하나밖에 없는 보물인데, 바로 우리 자신의 마음을 상징하는 것입니다. '반메'는 연꽃을 말합니다. 연꽃 중에서도 홍련(紅蓮)에 해당하는데, 연꽃이 진흙 속에 있으면서도 전혀 물들지 않고 언제나 깨끗하고 아름다운 모습을 보여주는 것처럼, 우리 마음도 본래는 이처럼 청정한 것입니다. '훔'은 이구청정(離垢淸淨)으로 해석됩니다. '더러움을 벗어난 청정한 진리의 세계'라는 것입니다. 다시 말하자면 번뇌망상이 모두 사라진 적정의 세계를 말합니다. 이 여의주와 홍련과 이구청정이 바로 관세음보살님의 본마음이라고 칭찬하신 것입니다.

이 육자대명왕진언을 외우면, 모든 악업이 소멸되고 복덕이 생겨나며 일체의 지혜와 선행의 근본이 됩니다. 그래서 일찍부터 이 진언만을 외우는 종파가 생겨날 정도로 널리 암송되어 오고 있습니다. 우리나라에서도 이 진언만을 적은 부적과 소장품이 만들어져 폭넓게 보급되어 있습니다. 또 컴퓨터 인터넷을 통해 '옴 마니 반메 훔'이란 동호회도 만들어져 많은 회원을 두고 있는 게 현실입니다. 아마도 '옴 마니 반메 훔'은 나무아미타불' 다음으로 널리 알려진 진언일 것입니다.

우스개 이야기 같지만, 우리나라에서는 불법이 들어오기 전부터 이 진언을 외웠습니다. 그것도 태어나서부터 본능적으로 외운 것입니다. 여러분도 불자가 되기 전에 외웠던 것

제6장 오직 한 마음   281

을 기억할 것입니다. 바로 '엄마'라는 진언입니다. 이 진언을 외우면 모든 것이 해결됩니다.

　말도 못 배운 어린애가 '엄마'를 제일 먼저 배웁니다. 그래서는 '엄마'하면 기저귀 갈아주시고, '엄마'하면 젖물려서 배고픔 해결해주시고, '엄마'하면 목욕시켜서 깨끗이 해주십니다. 좀더 커서는 '엄마' 그러면 용돈 주시고, '엄마'하면 무섭고 어려운 것 다 해결해주십니다. 이같이 '엄마' 하나로 모든 것이 다 해결됩니다.

　육자 진언 중에 앞의 두 글자만 외웠는데도 그 효험이 이 정도인데, 여섯 글자를 다 하면 그 위신력이 얼마나 더 크겠습니까? 북한 사람은 좀더 욕심이 많은지 아니면 지혜로운지 '오마니'하여 '니'자 하나를 더 외우기는 합니다.

준제진언(准提眞言)

나무 사다남 삼먁삼못다 구치남 다냐타
옴 자례주례 준제 사바하 부림 (세번)

준제진언은 준제보살이 설법하신 진언입니다.

부처님이 말씀하시기를 "이 진언은 십악오역 등 일체 죄업을 멸하며, 일체 청정한 법을 성취하게 하니, 이 주문을 지송하는 자는 출가 재가를 막론하고, 술을 먹거나 고기를 먹거나 처자가 있거나 깨끗하거나 더럽거나 상관없이, 다만 지심으로 지송하면 단명할 중생은 수명이 길어지고, 악한 병이 있는 중생은 나을 것이로다.

만일 49일을 외우면 준제보살이 두 성사를 시켜 항상 그 사람을 따라다니게 하면서 마음에 생각하는 바 선악길흉을 낱낱이 귀에 일러줄 것이로다. 만일 복없는 사람이 벼슬을 구하나 뜻대로 되지 아니하고 도리어 빈곤에 빠진 자라도, 항상 이 주문을 외우면 현재세에 전륜왕의 복을 얻으며, 구하는 바 벼슬도 반드시 뜻을 따라 성취하리라. 만일 지혜를 구하면 대지혜를 얻을 것이고, 자식을 구하면 복덕이 있는 자식을 낳는 등, 구하는 바는 무엇이든 성취하지 못하는 것이 없으리라. 또 이 주문을 외우는 자는 국왕이나 대신이나 백성 등 모든 사람으로부터 사랑받고 공경을 받을 것이며, 만나기를 즐거이 원할 것이로다. 이 주문을 외우는 사람은 물에도 빠지지 아니하고, 불에도 타지 아니하며, 독약이나 원수에게나 전쟁중에도 죽지 않을 것이며, 악한 용에게나 짐승에게나 모든 귀신이나 도깨비라도 해롭게 못하리라.

만일 범왕과 제석과 사천왕과 염라왕을 청하고자 하는 자는, 다만 이 주문만 외우면 그 청하는 자가 반드시 올 것이고, 감히 어기지 못하리라. 이 주문은 남섬부주(염부제)에 큰 세력이 있어서 능히 수미산을 옮기며, 대해수를 말리며, 마른 나무에 꽃이 피고 열매를 열게 하니라. 지송하는 자는 현재의 육신으로 대신통을 얻어서 도솔천궁에 나지 아니하리라. 장생불사를 구하거나 신선의 약을 구하고 싶으면, 다만 법대로 주문만 외우면 되느니라. 그러면 곧바로 관세음보살이나 금강수보살을 뵈옵고, 신선의 묘약을 받아먹고 신선의 도를 성취하여 수명을 늘리어 일월과 한가지로 영원하여 보살위를 증득하리라. 만일 법대로 108번을 외우면 문득 서방정토에 나되, 모든 부처님을 섬기며 묘법을 널리 듣고 보리를 증득하리라"고 하셨습니다.

준제진언은 다른 진언에 비해 매우 강한 진언에 속합니다. 또한 그 뜻도 쉽게 파악되지 않는 속성을 지니고 있는 것으로 전해지고 있으나, 분명한 것은 모든 재앙을 소멸하여 부처님의 깨달음을 신속하게 얻게 하는 힘을 갖추고 있다는 것입니다.

처음 시작되는 '나무 사다남 삼먁삼못다 구치남 다냐타'까지는 엄밀히 말해 진언이 아닙니다. '나무'는 귀의한다. '사다'는 '살타' 즉 보살의 뜻이며, '남'은 앞서 정법계진언에서 말했듯이 깨끗하고 흰 빛의 밝은 계명주구슬을 이마 위에 둔 것 같다는 뜻이 되어, 밝은 보리를 증득한 보살의 모습이 됩니다. '삼먁삼'은 정등(正等)의 뜻이며 '못다'는 붓다, 즉 부처님을 나타내는 것이니 '삼먁삼못다'는 정각(正覺)의 뜻이 됩니다. '구치'는 천만억, 혹은 억이란 뜻이니, 계명주구슬같이 밝은 보리를 증득한 수억의 부처님의 됩니다. 이를 토대로 나무 사다남 삼먁삼못다 구치남'을 해석하면 "정각

준제진언

제6장 오직 한 마음

을 이루신 칠억 부처님 보살님께 귀의합니다"란 뜻이 됩니다.

그 뒤의 '다냐타'는 "(진언을) 설(說)해 가로되"란 뜻입니다. 이를 보자면 본격적인 진언은 '옴 자례주례 준제 사바하 부림'이 되겠습니다.

❖ '옴자례주례준제사바하'의 10자(범어로는 9자)를 9방에 배치한 것이다. 시방으로 펼쳐지는 주문의 힘을 느낄 수 있다. 준제진언을 통해 관을 할 때 범자를 순서대로 보면서 외운다.

『천수경』에서는 준제진언을 염송하는 이유를 보리심이 발해지기 때문이라고 말합니다. 우리가 7억 부처님께 귀의하는 이유도 기실 보리심을 취하고자 하는 서원 때문일 것입니다. 보리는 부처님의 본질입니다. 따라서 보리를 성취하는 일이야말로 불도수행의 최고 목표이자 모든 고통과의 단절을 의미합니다. 보리심을 성취하기 위해선 모든 사람을 부처님으로 볼 줄 아는 안목이 필요합니다.

준제진언을 통해 우리는 7억 불보살님께 귀의한다고 밝혔습니다. 7억이 갖는 숫자의 의미는 무엇이겠습니까? 실제로 준제진언의 '옴 자례 주례 준제 사바하 부림'에서 '자례'는 유행존(流行尊) 즉 움직여 흘러 다니는 존귀한 분이라는 뜻이고, '주례'는 정계존(頂髻尊) 즉 관세음보살님의 머리 제일 위에 계신 아미타불이십니다. '준제'는 7억 부처님의 어머니 준제보살이시고, '사바하'는 진언의 마지막에 붙어서 '원만히 성취하게 하여주십시오'의 뜻이 되며, '부림'은 '전륜성왕이시여!' 또는 '합장' 정도의 뜻입니다. 다시 말해 "옴! 유행존이시며 정계존이신 준제보살이시여! 원만히 성취하게 하여 주십시오. 전륜성왕이시여!" 라는 뜻으로, 모든 불보살의 어머니이신 준제보살께 진언을 올리는 것입니다.

이 진언을 발할 때 준제보살의 형상을 생각하면서 외우면 훨씬 빨리 효과를 볼 수 있습니다. 금강지가 번역한『불설칠구지불모준제대명다라니경』에는 그 자세한 설명이 되어있습니다.

> '옴'자를 발하면서 마음속으로 "준제보살님의 정수리에서 '옴'자가 비추는데 그 색이 희고 달과 같아 무량한 빛을 방출하여 일체의 장애를 소멸시켜 곧바로 불보살과 같게 만든다"고 생각한다.
> '자'자를 발하면서 "준제보살님의 두 눈에서 '자'자가 비추는데 그

색이 희고 누르스름하며, 해와 달이 모든 세상을 밝히는 것과 같이 모든 어리석음과 어둠을 없애고 깊은 혜명을 얻게 한다"고 생각한다.

'례'자를 발하면서 "준제보살의 목에서 '례'자가 비추는데 그 색이 짙푸른 유리와 같고, 세상의 모든 색상을 나타나게 하여 점점 여래의 지혜를 갖추게 한다"고 생각한다.

'주'자를 발하면서 "준제보살님의 가슴에서 '주'자가 비추는데 그 색이 희고 깨끗하며, 그 마음이 청정한 까닭에 빨리 보리를 증득하게 된다"고 생각한다.

'례'자를 발하면서 "준제보살님의 양 어깨에서 '례'자가 비추는데 그 색이 황금색이며, 오직 그 색상을 관하는 동안에 정진의 갑옷을 입게 된다"고 생각한다.

'준'자를 발하면서 "준제보살님의 배꼽에서 '준'자가 비추는데 그 색이 신묘한 황백색이며, 빨리 묘한 도량에 오르게 하여 물러나지 않는 보리심을 갖게 한다"고 생각한다.

'제'자를 발하면서 "준제보살님의 허벅지에서 비추는데 그 색이 옅은 누런색이며, 빨리 보리도를 증득하게 하여 금강좌에 앉게 한다"고 생각한다.

'사바'자를 발하면서 "준제보살님의 양 정강이에서 '사바'자가 비추는데 그 색이 붉은색이며, 이 '사바'자를 생각하면 빨리 전법륜을 얻게 된다"고 생각한다.

'하'자를 발하면서 "준제보살님의 양발에서 '하'자가 비추는데 그 색이 보름달과 같으며, 이 '하'자를 생각하면 빨리 원만함을 이루게 된다"고 생각한다.

나의 몸이야 인연 따라 이 세상에 왔다가 죽는 것이지만, 마음자리는 예나 지금이나 변함이 없는 허공과도 같은 것입니다. 이러한 마음자리에 생멸이 있을리 없고, 깨끗하고 더러운 구분이 있을 수 없으며, 더하고 덜한 변화가 어디 있겠습니까? 중요한 것은 우리의 마음자리를 지키려는 여여(如如)한 마음입니다.

우리가 여여한 마음자리를 지킬 수 있다면 우리의 이웃도 형제도 모두 부처님으로 볼 수 있는 안목이 열립니다. 그렇기 때문에 살아 있는 부처로 존경받던 성철스님은 부처님 오신날 법문을 통해, "교도소의 재소자들도, 도둑·강도들도 모두 다 부처님"이라고 말씀하신 것입니다.

우리 주위에서 만나는 사람들마다 부처님 대하듯 해 보십시오. 여러분들을 향한 대우가 달라질 겁니다. 여러분에 대한 주위의 평판이 달라질 겁니다. 이것이 보리심을 성취하는 데 큰 도움을 줄 것입니다. 그만큼 준제진언의 공덕은 커질 것이 분명합니다.

우리는 무엇을 성취했을 때 그것을 나 혼자 소유하면 아무런 의미가 없습니다. 의의와 효과가 떨어지게 마련인 것입니다. 내가 지어 만들어진 공덕이라 하더라도 그것을 이

웃과 사회에 회향하는 자세가 무엇보다 필요합니다. 그것이 바로 준제진언 다음에 나오는 다음 게송입니다.

아금지송대준제　즉발보리광대원
我今持誦大准提　卽發菩提廣大願

원아정혜속원명　원아공덕개성취
願我定慧速圓明　願我功德皆成就

원아승복변장엄　원공중생성불도
願我勝福遍莊嚴　願共衆生成佛道

앞의 게송을 차례대로 연결하면 이렇게 해석할 수 있습니다.

"내가 지금 대준제진언을 외워 지니오니/ 곧 보리심의 넓고 큰 원을 발하옵니다/ 원컨대 내가 삼매를 통해서 빨리 정과 혜가 원만히 밝아지고/ 크고 작은 공덕이 모두 이루어지며/ 또 원컨대 나로 하여금 그 뛰어난 복덕으로 두루두루 장엄케 하시어/ 모든 중생이 다함께 불도를 이루게 하소서!"

준제진언을 통해 모든 중생의 성불을 기약하는 이 기도는 회향의 의미를 담고 있습니다. 회향이라 하면 우리는 흔히 '어떤 일'의 끝을 생각하는 경우가 많습니다. 그러나 본래의 뜻은 다릅니다. 회향은 회전취향(廻轉趣向)의 준말로, 자기가 닦은 선근공덕을 다른 이에게 돌린다는 의미입니다.

『대승의장(大乘義章)』이란 책에 의하면, 자기가 닦은 선근공덕을 세 곳으로 돌린다 하여 회향삼처(廻向三處)란 표현을 쓰고 있습니다.

첫째는 중생에게 돌리는 일입니다. 나에게 돌아오는 모든 좋은 일을 불행하고 가엾은 사람에게 돌려준다는 것입니다. 예를 들어 내가 열심히 노력해서 돈을 벌었다면, 그것을 나의 행복과 안일만을 위해서 쓰는 것이 아니라 이웃을 위해 쓰는 것을 중생회향이라 합니다.

둘째는 보리를 위해 회향하는 것입니다. 다시 말해 나에게 어떤 공능(功能)이 있다면, 그것을 자유와 정의와 진리를 구현하는데 쓰는 것이 보리회향입니다.

셋째는 실천을 위해 공덕을 돌리겠다는 것으로, 이상과 같은 일을 구체적으로 실천에 옮김으로써 자신은 완전한 인격을 갖추고, 자신이 사는 세계를 정토로 바꾸도록 하는 것을 말합니다. 이로써 볼 때 회향은 한마디로 말해 삶의 방향을 바르게 잡아나간다는 뜻이라 할 수 있습니다. 즉 자신만을 위하는 이기적 방향에서 남을 위한 이타적 방향으로 전환시켜 나가는 것이 회향입니다.

그러면 우리가 쌓아야 할 선근공덕은 어떻게 만들어지는 것이겠습니까? 여러 가지가 있겠지만, 여기에선 기도로 이루어지는 선근공덕을 잠시 생각해 보도록 하겠습니다.

여러분이 기도를 할 때 반드시 소원을 말해야 함은 당연한 이치입니다. 소원은 곧 여러분이 이루고자 하는 뜻입니다. 뜻을 세우고 일생 동안 그 뜻을 지키며 사는 삶은 아름답습니다.

예전 '밥 퍼 목사'로 널리 알려진 청량리의 그 목사님이 무의탁 노인들을 위한 병원을 개설한 소식을 뉴스를 통해 들었습니다. 그 분처럼 일생을 어려운 이를 위해 헌신하겠다는 뜻을 지키며 사는 것은 누구에게나 잔잔한 감동을 안겨줍니다. 뜻을 이루고 지키며 사는 이들이, 성직자이건 정치인이건 혹은 농부·노동자이건 간에, 선하고 바른 뜻으로 자신의 뜻을 관철시켜 나가는 것은 분명 아름다움입니다.

이러한 우리의 뜻을 기도로 이루려 할 때의 마음자세에 대해 두 가지만 말씀드리고자 합니다.

하나는 기도는 일념삼매로 해야 한다는 것입니다. 기도 자체에만 일념으로 집중해야지 자신이 원하는 소원에만 치중해서는 곤란하다는 것입니다. 기도할 때 처음부터 끝까지 계속해서 소원만 생각하는 것은 차라리 번뇌이자 망상이라 표현하는게 옳습니다. 번뇌와 망상은 올바른 기도에 방해가 될 뿐입니다.

내가 일념으로 기도에 집중할 때 나와 기도는 하나가 됩니다. 예를 들어 내가 지금 관세음보살님을 기도의 대상으로 했을때, 오로지 관세음보살님과 하나가 되려고 정신을 집중해야지, 관세음보살님은 그저 대상일 뿐 소원만 생각하고 있다면 아무것도 성취해 낼 수 없다는 얘기입니다.

그것은 마치 라디오 방송을 듣는 방법과 유사합니다. 유명 가수가 나오는 FM 방송을 듣고 싶은데, 채널과 주파수가 맞지 않으면 엉뚱한 방송이 흘러나오는 것과 마찬가지로, 기도를 할 땐 관세음보살님에게 채널과 주파수를 맞춰야 한다는 것입니다.

또 하나는 '견딤' 입니다. 관세음보살님을 믿지 못하거나 자기 원력과 소원성취에 대한 불신 때문에 중도 포기하는 불자님들을 많이 보아왔습니다. 끝까지 견뎌 보십시오.

여러분은 단군신화에 나오는 호랑이와 곰의 이야기를 알고 계실겁니다. 두 짐승은 환웅으로부터 쑥과 마늘만 먹고 백일 동안 견디는 시험을 받게 되는데, 호랑이는 견디지 못하여 도중에 포기하고 곰은 끝까지 참고 견디어 사람이 되었다는 내용 말입니다. 우리의 건국신화인 이것은 '견디어 뜻을 이룬다'는 하나의 상징과 교훈을 던져주고 있습니다.

뜻을 세우고 사는 사람들은 때에 따라선 절벽에 거꾸로

매달려야 하는 역경의 삶을 감내해야 하는 경우도 있습니다. 이것은 안락과 편의만을 추구하는 사람들이 쉽게 선택할 수 있는 길이 아닙니다. 그럼에도 불구하고 자신의 뜻을 관철하기 위해, 그리고 보다 많은 사람들의 이익과 행복을 위해 지난(至難)의 길을 참고 견디는 사람들에겐 성취의 가능성이 아주 높다 하겠습니다.

기도의 본뜻도 여기에 있음을 명심해야 합니다.
우리의 소원[뜻]은 원력으로 이어집니다. 원력은 인생을 살아가는데 있어서 아주 중요한 부분을 차지합니다. 원력이 없는 사람은 생명력이 없는 사람과 마찬가지입니다. 하루하루를 무미건조하게 사는 사람이거나, 산소통에 의지하며 목숨을 연명하는 식물인간과 다를바 없습니다.
그러므로 우리 불자들은 누구나 원력을 지녀야 합니다. 원력이 없는 불자는 참된 불자라 할 수 없습니다. 이러한 점에서 다음에 나오는 여래십대발원문은 매우 중요한 우리 불자들의 원력을 담은 내용이라 할 수 있습니다.

제 7장
부처를 만난 기쁨

여래십대발원문
(如來十大發願文)

원아영리삼악도　　원아속단탐진치
願我永離三惡道　　願我速斷貪嗔痴

원아상문불법승　　원아근수계정혜
願我常聞佛法僧　　願我勤修戒定慧

원아항수제불학　　원아불퇴보리심
願我恒隨諸佛學　　願我不退菩提心

원아결정생안양　　원아속견아미타
願我決定生安養　　願我速見阿彌陀

원아분신변진찰　　원아광도제중생
願我分身遍塵刹　　願我廣度諸衆生

여래십대발원문은 제각각 독립된 뜻을 지니고 있으나, 내용면에 있어선 서로서로 연결되어 있는 것입니다. 마치 불·법·승 삼보가 제각각 독립된 개체이나, 따로따로 떼어서 생각할 수 없는 이치와 마찬가지입니다. 즉 발원문 중 어느 하나라도 그 원력이 미흡하다면 여래의 자격에서 멀어지는 것입니다.

원래 부처님은 성불하시기 전 인행을 하실 때 500대원을 세워 실천하신 바 있습니다. 이중 후학들에게 모범을 보여주기 위해 정리한 것이 10대원입니다.

첫째 발원인 '원아영리삼악도'는 "내가 지옥·아귀·축생의 삼악도를 영원히 떠나서 바른 삶의 길로 나아가기를 원하옵니다." 라는 뜻입니다.

삼악도는 인간세상보다 못한 지옥도·아귀도·축생도를 일컫습니다. 하지만 삼악도는 인간세상을 떠난 다른 곳에만 존재하는 것은 아닙니다. 우리 마음속에도 늘 삼악도가 존재합니다. 고통의 현실에서 벗어나지 못한다면 그 자리가 바로 지옥이며, 축생과 같은 우매하고 포악한 성질을 버리지 못한다면 그 자리가 바로 축생의 세계인 것입니다. 또 굶주린 아귀와 같이 시시탐탐 욕심을 버리지 못한다면, 몸만 사람일 뿐이지 아귀와 다를 바가 없는 것입니다. 그러므로 우리가 삼악도에서 영원히 벗어날 수 있는 길은 우리의 마음

가짐을 항상 바르게 갖고 바르게 행동함으로써 가능합니다.

둘째 발원인 '원아속단탐진치'는 "**내가 탐·진·치 삼독심을 속히 끊기를 원하옵니다.**"라는 뜻입니다.

탐·진·치만 끊으면 앞의 삼악도를 벗어나는 건 시간문제입니다. '탐'은 '탐욕'이니 욕심과 집착을 의미합니다. '진'은 혐오하거나 증오하는 것을 말합니다. 이는 다른 말로 애(礙)라고도 합니다. 탐과 진이 심정적인데 반해 '치'는 지적인 번뇌에 해당합니다. 진실에 어둡고 무지한 것을 말하는 것입니다.

이를테면 모든 것은 무상하고 실체가 없다는 진리를 모른 채, 사랑하는 사람은 언제나 영원히 자기 곁에 있어야 한다고 생각해 탐욕과 애착에 빠지는 것이 '치' 입니다. 진리에 대한 무지는 여러 가지 잘못된 견해를 낳게 마련입니다. 극단적인 쾌락과 혹은 그 반대의 염세사상에 빠지는 이유도 바른 진리를 모르는 데서 나오는 것입니다.

셋째 발원인 '원아상문불법승'은 "**내가 항상 불·법·승 삼보에 대해 듣기를 원하옵니다.**"라는 뜻입니다.

우리가 앞서 '개경게'를 통해 부처님 만나기가 얼마나 어렵고, 불법 듣기가 얼마나 어려운 세월을 요하는지를 살펴본 바 있습니다. '백천만겁 난조우'라고 했습니다. 이러한 불·법·승 삼보를 만났으니, 이러한 귀중한 인연이 헛되지 않도록 나도 빨리 무상대도에 올라서야겠다는 원력이 숨어있는 것입니다.

의상대사가 관세음보살의 진신을 친견하였다는 말을 듣고, 원효대사도 낙산사로 찾아갔는데, 도중에 흰 옷 입은 여자가 벼를 베고 있는 것을 보았습니다. 농사를 짓는 아낙답지 않게 어여쁜 자태에 마음이 동한 원효대사가 "그 벼를 시주하십시오"하고 말을 거니, 여인이 "아직 열매 맺지 않은 벼를 어디에 쓰려하십니까?" 하고는 총총히 사라졌습니다.

또 한참을 가다가 속곳을 빨고 있는 여인을 만났는데, 베적삼 사이로 보이는 희뿌연 살결이 상당히 고혹적이었습니다. 이에 또 마음이 동한 원효대사가 "목이 마른데 물 한바가지 주십시오"하니, 여인이 바가지에 물을 떠서 주었는데 바가지 안의 물에 피빛이 가득하였습니다. 그래 바가지를 받아 물을 버리고, 바가지를 잘 헹군 뒤 깨끗한 물을 다시 떠 마셨습니다. 막 갈증을 벗어나 시원한 마음에 돌아서려 하니, 소나무 위에 앉아있던

❖ 관세음보살 상. 오른손에 감로수병을 들고 그 위에 파랑새가 앉아있다. 오른쪽의 동자는 남순동자로, 항시 관세음보살을 따라다니며 보필한다.

파랑새가 "화상이 제호(醍醐 : 정법)를 싫다고 하네, 제호를 싫다고 하네"하면서 놀리듯이 지저귀는 것이었습니다. 버쩍 정신이 들어 파랑새를 바라보았더니, 놀리듯 날갯짓을 하며 포롱포롱 하늘로 날아가 버렸고, 그래서 뒤돌아서 빨래하는 여인을 보았더니 빙그레 웃으며 사라졌는데, 빨래 바구니도 어느새 사라지고 짚신 한 짝만 남아있었습니다.

벼를 베던 여인부터 빨래하는 여인까지, 모두 자신을 조롱하며 갑자기 사라지는 것이 기이하다고 생각하며 낙산사에 올랐는데, 아! 이게 어찌 된 일입니까? 낙산사 관세음보살상 밑에 아까 낮에 본 짚신 한 짝이 있는 것이 아닙니까? 아뿔싸! 아까 본 여인이 바로 관세음보살이었는데…. 이에 밀려오는 후회 속에 얼른 의상대사가 관세음보살을 친견했다는 관음굴로 들어가려 했는데, 이번에는 갑자기 풍랑이 크게 일어서 도저히 관음굴로 갈 수가 없는 것이었습니다. 관세음보살의 뜻을 깨닫고 힘없이 돌아올 수밖에 없었던 것입니다.

원효대사 같은 큰 스님도, 그것도 그렇게 친견하기를 염원하며 가는 길에서, 천재일우의 기회로 관세음보살을 보았지만 자신도 모르게 탐심이 우러나와 일을 그르쳤습니다. 그런데 우리같은 범인은 얼마나 더 노력을 하여야 할지는 쉽게 상상이 가지를 않습니다. 물론 원효대사는 그때 크게 깨달아 정진에 정진을 거듭한 끝에, 결국 금산에서 관세음보

제7장 부처를 만난 기쁨

살을 친견하고 보광사(현재의 보리암)를 짓기는 하였습니다.

넷째 발원인 '원아근수계정혜'는 "내가 항상 계·정·혜 삼학을 열심히 닦기를 원하옵니다."라는 뜻입니다.

계·정·혜 삼학은 불교 수행론의 전체라고 해도 지나친 말이 아닙니다. 역대 조사님들이 후학들을 가르칠 때, 삼학을 수행의 전체 틀로써 쓰고 있었던 사실만 보아도 수행에서 삼학이 갖는 비중은 매우 큽니다. 이 삼학을 항상 열심히 닦아 보리(지혜)를 완성하겠다는 것이 넷째 발원의 내용입니다.

다섯째 발원인 '원아항수제불학'은 "내가 항상 모든 부처님을 따라서 배우기를 원하옵니다."라는 뜻입니다.

'제불학'에는 모든 부처님은 물론 역대 조사 선사 등 선지식이 총망라됩니다. 즉 나에게 있어서 스승이 되는 모든 선지식들의 가르침을 배우겠다는 다짐인 것입니다.

선지식의 가르침은 나에게 뼈가 되고 살이 됩니다. 살활자재한 법문을 잘 익혀 내 것으로 만들면, 어떠한 상황에서도 죽이고 살릴 수 있는 지혜를 얻게 됩니다.

인기리에 방영되었던 '상도(商道)'를 보신 적이 있습니까? 주인공 임상옥이 중국 상인들의 담합에 의해 홍삼 처분이 어려워지면서 절대절명의 위기에 빠졌을 때, 이를 살리는 계기가 한 스님의 가르침에 의해서입니다. 어려운 때 펼쳐보라는 종이 한 장엔 '죽을 사(死)'자가 적혀 있었고, 이것이 어떠한 가르침인지 알아챈 임상옥이 홍삼을 전부 불에 태우면서 사태는 극적으로 반전됩니다. 중국 상인들이 값을 더 쳐주면서까지 홍삼을 전부 사겠으니 불태우지 말라며 읍소하고 나선 것입니다.

이렇듯 선지식들의 가르침은 늘 우리에게 생사를 넘나드는 큰 깨침을 안겨줍니다. 그러므로 여러분들도 항상 모든 부처님과 선지식들의 가르침 배우길 주저해선 안됩니다.

여섯째 발원인 '원아불퇴보리심'은 "내가 깨달음을 이루기전엔 결코 물러서지 않기를 원하옵니다." 라는 뜻입니다.

우리는 주변에서 무슨 일을 진행하다가 쉽게 포기하는 사람을 종종 보게 됩니다. 많은 사람들 앞에서 정의의 투사인 양 큰 소리를 쳤다가도, 권력자 앞에 서면 사자 앞에 토끼가 오도 가도 못하고 머리를 처박고 온 몸을 움츠리듯이 꼬리를 바짝 내리는 사람들이 많습니다. 이들에게 무슨 일을 맡겼다간 실행하기도 전에 모두 몸을 사려, 아예 일 자체가 엉망진창이 될 가능성이 높습니다.

불교에선 무상대도를 성취하려면 무엇보다 불퇴전의 용맹심이 있어야 한다고 강조합니다. 부처님께서도 출가하신 후 6년 고행의 과정에서, 숱한 유혹과 악마의 방해 등으로 도중에 그만둘까 하는 고민을 수차례 하셨습니다. 그러나 이러한 유혹과 고민이 생길 때마다 불퇴전의 용맹심으로 다시금 깨달음의 수행을 늦추지 않으셨습니다. 이후 역대 선사들도 깨달음을 얻기 위해 불퇴전의 용맹심을 불태우며 나태해지는 마음을 가다듬었습니다.

선종 공안집에 '간두진보(竿頭進步)'라는 말이 나옵니다. 한 발만 내디디면 천 길 낭떠러지인 상태에서도 결코 뒤로 물러서지 않는 비장한 용맹심의 발로에서 나온 말입니다. 비록 한 발 내디디면 천 길 낭떠러지이나, 그 내디딤으로써 온전한 자유를 획득할 수 있다고 선가에서는 가르칩니다. 이것이 불퇴전의 용맹심입니다.

일곱째 발원인 '원아결정생안양'은 "내가 반드시 안양국에 태어나기를 원하옵니다."라는 말입니다.

여기에서 '안양'은 극락세계, 즉 정토를 말합니다. 정토의 다른 이름이 곧 안양인 것입니다. 안양에 태어나는 것은 십지설(十地說)로 보면 제 8부동지(不動地)가 됩니다. 부동은 여섯 번째 발원에 나오는 불퇴전의 경지를 말합니다. 여기에 이르면 이제 더 이상의 혼돈과 방황, 후퇴는 없습니다.

그러므로 이제 성불에 이르는 데는 시간만이 문제일 뿐입니다. 아무런 장애가 없다는 말입니다. 이 발원에서 우리가 눈여겨 봐야할 대목은 '결정'이란 단어입니다. 결정이란 확정적인 신앙을 말하는 것입니다. 100%의 믿음을 말합니다. 우리가 99.9%만 돼도 '순금'이라고 말하지만, 우리의 신앙은 그런 수치의 순금성분과는 다릅니다.

0.000001%의 믿음이 부족해도 '결정'이란 말을 쓰기엔 곤란합니다. 이것을 결정신(決定信)이라 합니다. 이 결정신이 없으면 극락왕생은 불가능합니다.

여덟째 발원인 '원아속견아미타'는 "내가 속히 아미타 부처님을 뵈옵길 원하옵니다."라는 뜻입니다.

여기에서의 아미타불은 한량없는 무한한 생명을 뜻합니다. 아미타를 시간적으로 번역하면 '무량수(無量壽)'요, 공간적으로 번역하면 '무량광(無量光)'이 되기 때문입니다. 극락에 계시는 아미타 부처님을 친견코자 하는 발원은 수기를 얻고 성불을 이루겠다는 것과 직결된 내용입니다.

다시 말해 아미타 부처님이 계신 정토에 태어나길 원하고 또 그 곳에서 아미타 부처님을 친견하겠다는 것은, '너는 부처님이 되리라'는 수기를 받아 지녀 한량없는 무한한 생명을 제도하겠다는 의지가 숨어 있는 것이라 할 수 있습니다.

아홉째 발원인 '원아분신변진찰'은 "나의 분신이 온 우주 법계에 두루 나투기를 원하옵니다."라는 뜻입니다.

내가 정토에 태어나 아미타 부처님께 수기를 받고 성불을 했으니, 이제 모든 중생을 제도하러 나서게 됩니다. 이때 나의 몸이 먼지와 같이 수를 헤아릴 수 없을 만큼의 미진수가 되어, 두루두루 아니 미치는 곳이 없도록 화신(化身)을 꾀하고자 하는 것입니다. 부처님이 천백억 화신으로 중생계를 두루두루 살피듯이, 이 몸 또한 천백억 화신으로 나투어 중생제도에 소홀함이 없도록 만전을 기하겠다는 소원인 것입니다.

이 발원을 통해 우리는 화광동진(和光同塵)의 경지를 살펴볼 수 있습니다. '빛을 감추고 티끌속에 태어나듯이, 부처님이 세속에 태어나셔서 세상을 제도한다'는 내용의 이 말은 '원아분신변진찰'을 공부하면서 쉽게 이해가 되리라 생각합니다. '진(塵)'은 '먼지, 티끌'을 말합니다. 비록 내가 미세한 먼지, 티끌처럼 세상의 구석구석에 천백억 화신으로 나투지만 본래 목적은 중생들에게 빛을 던져주는데 있습니다. 다시 말해 '스스로의 빛을 누그러뜨리고 티끌과 하나가 되는' 경지를 이 발원문을 통해 알 수 있는 것입니다.

마지막으로 열 번째 '원아광도제중생'은 "내가 모든 중생들을 널리 제도하기를 원하옵니다."라는 뜻입니다.

부처님이 성불을 이루시고 범천왕의 권청을 받아들여 전법도생의 길에 나섰듯이, 참된 불자는 '나' 스스로가 안락한 삶을 이루었다고 해서 거기에 안주하지 않습니다. 더군다나

'나'와 법계가 둘이 아니며 법계와 중생이 '나'와 다른 존재가 아니라는 것을 알았기 때문에 회향의 원력을 불사르게 됩니다. 그것이 곧 허공과 같이 많은 중생들을 구제하겠다(廣度諸衆生)는 내용입니다.

불교에서는 중생제도의 관점을 세 가지로 나누어 고찰하고 있습니다. 우선 무조건 중생이 있다고 생각하여 중생을 제도하겠다고 생각하는 것을 가관(假觀)이라 합니다. 또 중생은 본래 없는 것인데 중생이 있다고 생각하여 중생을 제도하겠다는 것을 공관(空觀)이라 합니다. 중생이 본래 부처인데 그 부처인 중생을 제도하겠다고 하는 것을 중도관(中道觀)이라 합니다. 물론 가장 정상적인 중생제도의 관점은 중도관입니다.

뒤에 나오는 발사홍서원은 여러분이 법회 때마다 접해본 것이라서 누구나 이해를 하고 있을 것입니다. 따라서 사홍서원에 들어가기 앞서 사족으로 한 말씀드리고 넘어갈까 합니다.

불경에 보면 불교를 수행하는 이들의 무리를 큰 바다와 비교해 설명하는 부분이 있습니다. 여러분이 여래십대발원문까지 왔으니, 이젠 수행의 큰 물줄기를 맛봤으리라 보고 이점에 대해 간략히 설명 드리겠습니다.

부처님의 교단, 즉 승가라해도 좋습니다만, 부처님의 법을 따르는 불제자 집단으로 생각하시면 한결 이해가 빠르실 것입니다. 불제자 집단은 대해와 비교해 다음과 같은 특징을 지니고 있다고 합니다.

첫째 대해는 해변에서 멀어질수록 깊어지듯, 불제자 집단도 입문하고 나면 점차 배움이 깊어진다는 것입니다.

둘째는 대해의 물이 해안을 넘치지 않듯이, 불제자 집단도 계율을 파괴하지 않는다 했습니다.

셋째는 대해가 죽은 것을 떠밀어 반드시 해변으로 밀어올리듯이, 불제자 집단도 계율을 범한 자를 묵과하지 않는다는 것입니다.

넷째는 모든 강들이 대해로 흘러 들어가면 각자의 이름이 없어지듯이, 마찬가지로 불제자 집단에 들어오면 사회적 계급이나 신분, 빈부의 문제 등을 따지지 않는다 했습니다.

다섯째 대해는 아무리 많은 강물이 흘러들어도 수량에 증감이 없듯이, 불제자 집단도 수행자들이 아무리 증가해도 증감이 없는 현상을 보인다는 것입니다.

여섯째 대해에 들어온 물은 모두 소금 맛이 되듯이, 불제자 집단도 반드시 해탈미(解脫味)를 맛보게 된다는 것입니다.

일곱째 대해는 온갖 보물의 창고이듯이, 불교에도 미묘하고 고원한 가르침이 있다는 것입니다.

여덟째 대해에는 각종 큰 물고기가 살고 있듯이, 불가에도 위대한 제자들이 늘 존재한다는 것입니다.

　이 말들을 곰곰이 음미해 보시기 바랍니다. 모든 세상의 아름답고 찬연한 보석들은 실상은 바윗덩어리에서 캐내온 것들입니다. 이 가공되지 않은 보석들을 제련사들에 의해 각양각색의 형태로 나와 여러분을 치장하게 합니다.
　『천수경』은 바로 이러한 원리에 따라 여러분들에게 저마다 값진 보석으로 다가설 것입니다. 여러분이 어떻게 독송하고 『천수경』의 가르침에 따라 어떻게 행동하느냐에 따라 사파이어가 되기도 하고, 금이 되기도 하며, 다이아몬드가 되기도 할 것입니다.

발사홍서원(發四弘誓願)

중생무변서원도   번뇌무진서원단
衆生無邊誓願度   煩惱無盡誓願斷

법문무량서원학   불도무상서원성
法門無量誓願學   佛道無上誓願成

자성중생서원도   자성번뇌서원단
自性衆生誓願度   自性煩惱誓願斷

자성법문서원학   자성불도서원성
自性法門誓願學   自性佛道誓願成

　모든 부처님과 모든 보살님들의 끝이 없는 원은 네 가지 큰 서원으로 집약됩니다. 즉 '중생을 구제한다(衆生度), 번뇌를 끊는다(煩惱斷), 법문을 배운다(法門學), 불도를 이룬다

(佛道成)'는 네 가지 큰 서원이 '사홍서원'입니다. 여기서는 일반 모두에게 적용되는 네 가지 큰 서원과 자신의 자성에만 적용되는 네 가지 큰 서원으로 나누어 놓았습니다.

비록 네 가지 대표적인 큰 원이라고는 하나 펼쳐 놓으면 팔만사천의 무량한 원이 되기도 합니다. 그래서 우리 불자들은 언제나 이 네 가지 원을 가슴속에 지니고 행할 것을 법회 때마다 부처님 앞에서 다짐하고 스스로 약속합니다.

이와는 별도로 부처님이 성불하시기 전 보살행을 닦을 때 발한 서원을 본원(本願)이라고 합니다. 본원에는 총원(總願)과 별원(別願)이 있습니다. 총원은 모든 불보살님들이 공통적으로 일으키는 서원으로, '가없는 중생을 다 건지고, 끝없는 번뇌를 다 끊으며, 한없는 법문을 다 배우고, 위없는 불도를 다 이루겠다'는 사홍서원을 지칭하는 말입니다.

또 사홍서원의 내용을 분석하면 상구보리(上求菩提)와 하화중생(下化衆生)으로 압축할 수 있습니다. 사홍서원의 첫번째 '중생무변서원도'가 하화중생을 다짐한 것이라면, 나머지 셋은 상구보리로 구성되어 있습니다.

왜 '중생무변서원도'가 다른 것을 제치고 가장 앞에 오는 것일까요? 사홍서원의 구성은 그래서 매우 의미심장하다는 것입니다. 이는 보살이 성불하려는 뜻은 결코 혼자만의 이익과 안락을 위한 것이 아니고 중생을 이익되게 함에 있다는 뜻입니다.

이처럼 사홍서원이 모든 불보살이 공통적으로 지닌 원이라면, 별원은 부처님이나 보살에 따라 각각 내용을 달리하고 있습니다. 아미타불은 48가지의 원을 갖고 있으며, 약사여래는 12대원, 보현보살은 10대 행원을 별원으로 지니고 있는 것입니다.

일반적으로 모두에게 적용되는 사홍서원의 해석은 직역만 하겠습니다. "중생이 가없이 많지만 그들 모두를 제도하기를 맹서합니다/ 번뇌가 끝없이 많지만 그 모두를 끊기를 맹서합니다/ 법문이 한량없이 많지만 그 모두를 배우기를 맹서합니다/ 부처님의 도가 위없이 높지만 그 높은 도를 이루기를 맹서합니다." 라고 풀이합니다.

그러나 자성에 적용되는 사홍서원은 또 다른 측면에서 우리를 생각하게 한다는 점에서 별도의 설명을 필요로 합니다. 즉 앞의 사홍서원은 상대적인 것이고, 뒤의 사홍서원은 자신과의 치열한 다툼입니다.

스님들마다 불교를 설명하는 데는 약간의 차이점이 있습니다. 뿐만 아니라 불자님들도 제각각 자기 취향에 따라 말합니다. 그러나 그 근본은 자성을 일깨우는데 있습니다. 불교는 깨달음의 종교라고 말합니다. 깨달음이란 결국 자성의 눈뜸에 있는 것입니다. 저 유명한 '이심전심(以心傳心), 불립문자(不立文字)' 등의 법어도 따지고 보면 각자의 마음을 근본으로 하는 자성의 채찍에서 나오는 말들입니다.

역대 선사들의 가르침도 이처럼 우리의 자성을 일깨우는 데 주력했습니다. 누구보다 쉽게 자성을 일깨워 주는 분이 있다면 그 분이야 말로 훌륭한 스승이며 선지식이라 할 수 있습니다. 그리하여 스스로 자성을 볼줄 아는 안목을 갖게 되는 경지가 바로 견성(見性)이라 말할 수 있습니다. 우리가 깨닫고자 하는 실체, 우리가 구제하고자 하는 대상은 내부에서도 무한량으로 펼쳐집니다.

이런 의미에서 '자성중생서원도'는 "자성 속에 있는 중생을 다 제도하겠다."는 다짐입니다. '자성번뇌서원단'은 "자성 속에 있는 번뇌를 다 끊겠다."는 것이며, '자성법문서원학'은 "자성 속에 있는 법문을 다 배우겠다."는 것이고, '자성불도서원성'은 "자성 속에 있는 불도를 다 이루겠다."는 내용입니다.

저 앞에서 제가 "불교를 만나기란 눈먼 거북이가 구멍 뚫린 판자에 머리를 집어넣는 격"이란 비유로 말씀드린 바 있습니다. 이 비유가 던져주는 교훈은 불법을 만난 천재일우의 기회를 허송하지 말라는 것입니다.

기회는 예고하고 오는 것이 아닙니다. 언제 왔다가 언제 가는 줄도 모르게 가는 것이 기회입니다. 그런데 우리는 이 기회를 잡았습니다. 사람으로 태어났고 백천만겁에 만나기

어려운 불법을 접했습니다. 바다 위에 구멍 뚫린 판자가 떠다닌다 해도 거북이가 헤엄을 치고 있지 않으면 만나기란 절망적입니다. 그러므로 한 번 주어진 기회를 허술하게 놓쳐버려서는 안됩니다.

우리는 지금 귀한 불교의 바다에 몸을 담그고 있습니다. 이 얼마나 다행스런 일입니까! 천년에 한번씩 떠오르는 눈 먼 거북이가 구멍 뚫린 판자에 머리를 집어넣기란 로또복권 당첨되는 것보다 훨씬 어렵습니다. 이보다 더 어렵다는 불법을 만났으니 이 기회를 십분 백분 적극 활용하여 대도 성취의 기쁨을 맛봐야 하지 않겠습니까?

여러분에게 주어진 이 기회를 무슨 일이 있어도 사수하고 활용해야 할 유일한 방법은 다른 데 있지 않습니다. 그 유일한 방법이란 원력에 있습니다. 원력을 놓느냐, 쥐느냐에 따라 여러분의 삶과 생활은 양극화상태로 구분될 것입니다. 그러므로 사홍서원을 늘 몸에 지니고 실천하려는 노력을 기울일 때 여러분들의 삶은 평화와 행복과 자유가 보장될 것이며, 그렇지 않은 경우엔 삶 자체가 고통이며 지겨울 뿐입니다.

그런 점에서 『천수경』은 여러분의 생명이자 보석입니다. 때로는 스승으로 작용할 것이고, 또 때에 따라선 가까운 도반으로 여러분의 삶에 버팀목이 되어 줄 것입니다. 이제 마지막으로 '발원이 귀명례삼보'를 살펴보도록 하겠습니다.

발원이 귀명례삼보
(發願已 歸命禮三寶)

나무상주시방불   나무상주시방법
南無常住十方佛   南無常住十方法

나무상주시방승
南無常住十方僧   (세번)

　우리는 이제 『천수경』을 통해 별원도 총원도 다 발하였습니다. 부처님과 한 우리들의 다짐과 약속은 실천을 남겨놓고 있습니다. 지금 공부할 이 게송은 『천수경』의 마지막 대목입니다.

　'발원이 귀명례삼보'에서 '발원이'는 관습적으로 소리를 내어 염불하고 있으나, 엄밀히 말하자면 괄호 안에 넣어야 할 부분입니다. 왜냐하면 '발원이' 란 '발원을 마치고'란 뜻이기 때문입니다. 즉 "(모든 발원을 마치고) 삼보님께 귀의하여 예배드립니다."라는 내용인 것입니다.

불교에서 말하는 발원(기도)이란 자기로부터 시작하지만 자기에서 끝나는게 아닙니다. 자기를 무한히 확대하여 온누리 [十方]에 자기를 흩어지게 하는 것입니다. 이 경지가 나와 법계가 둘이 아니며, 『화엄경』에서 말하는 '일즉다(一卽多) 다즉일(多卽一)'의 가르침인 것입니다.

'나무상주시방불'은 "시방에 항상 계시는 부처님께 귀의하며 예배드리옵니다."란 뜻입니다. '나무상주시방법'은 "시방에 항상 계시는 부처님 법에 귀의하며 예배드리옵니다."란 뜻입니다. '나무상주시방승'은 "시방에 항상 계시는 승가에 귀의하며 예배드리옵니다."란 뜻입니다.

자기를 확대하여 온 우주에 합일시켜 놓고 보면 삼세(三世) 시방(十方)을 막론하고, 부처님과 부처님 법과 승가가 없는 곳이 없습니다. 그런 점에서 '상주(常住)'는 남다른 의미를 던져주고 있습니다. 눈에 보이는 것만 실재하는 것은 아니기 때문입니다. 우리가 혜안을 열어 세상을 살피면 부처 아닌 것이 없고 법 아닌 것이 없습니다. 스승 아닌 인물이 없고 도반 아닌 중생이 없습니다.

시방삼세에 상주하는 불·법·승에 귀의하는 일은 '나'와 '법계'가 하나 됨을 의미합니다. 그것은 곧 내 자신이 부처님의 화신이며 관세음보살님의 화신이라는 사실입니다. 이러한 부처님의 큰 가르침을 직접 체험하기 위하여 긴 시간『천수경』의 바다를 헤엄쳐 왔습니다.

이제 강의를 마치면서 여러분에게 묻고 싶습니다. 부처님의 참 진리를 만나셨습니까? 여러분 아무리 크고 훌륭한 부처님의 진리를 만났다 하여도 이를 행하지 않으면 아무것도 얻을 수 없습니다. 작은 실천 오직 바른 행동으로 삶을 실천할 때 여러분들의 삶은 영원한 극락정토 피안의 세계를 만날 수 있을 것입니다. 성불하십시오.

부록

천수경 경문
관세음보살 42수 진언
옴 호신부

천수경(千手經) 경문

❀ 정구업진언(淨口業眞言)

수리수리 마하수리 수수리 사바하(세 번)

❀ 오방내외 안위제신진언(五方內外 安慰諸神眞言)

나무 사만다 못다남 옴 도로도로 지미 사바하 (세 번)

❀ 개경게(開經偈)

무상심심미묘법   백천만겁난조우
無上甚深微妙法   百千萬劫難遭遇

아금문견득수지   원해여래진실의
我今聞見得受持   願解如來眞實意

❀ 개법장진언(開法藏眞言)

옴 아라남 아라다(세 번)

계청(啓請)

천수천안관자재보살 광대원만무애대비심
千手千眼觀自在菩薩 廣大圓滿無碍大悲心

대다라니 계청(大陀羅尼 啓請)

계수관음대비주　원력홍심상호신
稽首觀音大悲呪　願力弘深相好身

천비장엄보호지　천안광명변관조
千臂莊嚴普護持　千眼光明遍觀照

진실어중선밀어　무위심내기비심
眞實語中宣密語　無爲心內起悲心

속령만족제희구　영사멸제제죄업
速令滿足諸希求　永使滅除諸罪業

천룡중성동자호　백천삼매돈훈수
天龍衆聖同慈護　百千三昧頓熏修

수지신시광명당　수지심시신통장
受持身是光明幢　受持心是神通藏

세척진로원제해　초증보리방편문
洗滌塵勞願濟海　超證菩提方便門

아금칭송서귀의　소원종심실원만
我今稱誦誓歸依　所願從心悉圓滿

나무대비관세음　원아속지일체법
南無大悲觀世音　願我速知一切法

나무대비관세음　원아조득지혜안
南無大悲觀世音　願我早得智慧眼

나무대비관세음　원아속도일체중
南無大悲觀世音　願我速度一切衆

나무대비관세음　원아조득선방편
南無大悲觀世音　願我早得善方便

나무대비관세음　원아속승반야선
南無大悲觀世音　願我速乘般若船

나무대비관세음　원아조득월고해
南無大悲觀世音　願我早得越苦海

나무대비관세음　원아속득계정도
南無大悲觀世音　願我速得戒定道

나무대비관세음　원아조등원적산
南無大悲觀世音　願我早登圓寂山

나무대비관세음　원아속회무위사
南無大悲觀世音　願我速會無爲舍

나무대비관세음　원아조동법성신
南無大悲觀世音　願我早同法性身

아약향도산　도산자최절　아약향화탕　화탕자소멸
我若向刀山　刀山自摧折　我若向火湯　火湯自消滅

아약향지옥 지옥자고갈　아약향아귀 아귀자포만
我若向地獄 地獄自枯渴　我若向餓鬼 餓鬼自飽滿

아약향수라 악심자조복　아약향축생 자득대지혜
我若向修羅 惡心自調伏　我若向畜生 自得大智慧

나무관세음보살마하살　나무대세지보살마하살
南無觀世音菩薩摩詞薩　南無大勢至菩薩摩詞薩

나무천수보살마하살　나무여의륜보살마하살
南無千手菩薩摩詞薩　南無如意輪菩薩摩詞薩

나무대륜보살마하살　나무관자재보살마하살
南無大輪菩薩摩詞薩　南無觀自在菩薩摩詞薩

나무정취보살마하살　나무만월보살마하살
南無正趣菩薩摩詞薩　南無滿月菩薩摩詞薩

나무수월보살마하살　나무군다리보살마하살
南無水月菩薩摩詞薩　南無軍茶利菩薩摩詞薩

나무십일면보살마하살　나무제대보살마하살
南無十一面菩薩摩詞薩　南無諸大菩薩摩詞薩

나무본사아미타불(세번)
南無本師阿彌陀佛

신묘장구 대다라니

나모라 다나다라 야야 / 나막알야
바로기제 새바라야 / 모지 사다 바야
마하 사다 바야 / 마하 가로니가야 / 옴
살바바예수 / 다라 나가라야 다사명
나막 까리다바 / 이맘 알야
바로기제 새바라 다바 / 니라간타
나막 하리나야 / 마발다 이사미 / 살발타
사다남 / 슈반 / 아예염 / 살바 보다남
바바말아 미슈다감 / 다냐타
옴 / 아로계 아로가 마지로가 / 지가란제
혜혜 하례 / 마하 모지 사다바
사마라 사마라 하리나야
구로 구로 갈마 / 사다야 사다야
도로 도로 미연제 / 마하 미연제 / 다라 다라 다린
/ 나례 새바라 / 자라 자라
마라 미마라 / 아마라 / 몰제
예혜혜 / 로계새바라 / 라아 / 미사미 나샤야
나베 사미 사미 나샤야 / 모하 자라 미사미 나샤야
호로 호로 / 마라 호로 하례
바나 마나바 / 사라 사라 / 시리 시리 / 소로 소로
못쟈 못쟈 / 모다야 모다야
매다리야 / 니라간타 / 가마 샤날샤남
바라 하라나야 마낙 / 사바하 / 싯다야
사바하 / 마하 싯다야 / 사바하 싯다유예

천수경 경문 325

새바라야 / 사바하 / 니라간타야
사바하 / 바라하 목카 / 싱하 목카야
사바하 / 바나마 하따야
사바하 / 자가라 욕다야
사바하 / 샹카 섭나녜 / 모다나야
사바하 / 마하라 구타다라야
사바하 / 바마 사간타 / 니샤 시체다
가릿나 이나야 / 사바하 / 먀가라 잘마
니바사 나야 / 사바하

나모라 다나다라 야야 / 나막 알야
바로기제 새바라야 / 사바하 (세 번)

사방찬(四方讚)

일쇄동방결도량　　이쇄남방득청량
一灑東方潔道場　　二灑南方得淸凉

삼쇄서방구정토　　사쇄북방영안강
三灑西方俱淨土　　四灑北方永安康

도량찬(道場讚)

도량청정무하예　　삼보천룡강차지
道場淸淨無瑕穢　　三寶天龍降此地

아금지송묘진언　원사자비밀가호
我今持誦妙眞言　願賜慈悲密加護

❀ 참회게(懺悔偈)

아석소조제악업　개유무시탐진치
我昔所造諸惡業　皆由無始貪嗔痴

종신구의지소생　일체아금개참회
從身口意之所生　一切我今皆懺悔

❀ 참제업장 십이존불(懺除業障十二尊佛)

나무참제업장보승장불　보광왕화염조불
南無懺除業障寶勝藏佛　寶光王火焰照佛

일체향화자재력왕불　백억항하사결정불
一切香火自在力王佛　百億恒河沙決定佛

진위덕불　금강견강소복괴산불
振威德佛　金剛堅强消伏壞散佛

보광월전묘음존왕불　환희장마니보적불
普光月殿妙音尊王佛　歡喜藏摩尼寶積佛

무진향승왕불　사자월불
無盡香勝王佛　獅子月佛

환희장엄주왕불　제보당마니승광불
歡喜莊嚴珠王佛　帝寶幢摩尼勝光佛

 십악참회(十惡懺悔)

살생중죄금일참회　투도중죄금일참회
殺生重罪今日懺悔　偸盜重罪今日懺悔

사음중죄금일참회　망어중죄금일참회
邪淫重罪今日懺悔　妄語重罪今日懺悔

기어중죄금일참회　양설중죄금일참회
綺語重罪今日懺悔　兩舌重罪今日懺悔

악구중죄금일참회　탐애중죄금일참회
惡口重罪今日懺悔　貪愛重罪今日懺悔

진에중죄금일참회　치암중죄금일참회
嗔恚重罪今日懺悔　癡暗重罪今日懺悔

백겁적집죄　일념돈탕진
百劫積集罪　一念頓蕩盡

여화분고초　멸진무유여
如火焚枯草　滅盡無有餘

죄무자성종심기　심약멸시죄역망
罪無自性從心起　心若滅時罪亦亡

죄망심멸양구공　시즉명위진참회
罪亡心滅兩俱空　是則名爲眞懺悔

 참회진언(懺悔眞言)

옴 살바 못자 모지 사다야 사바하(세 번)

준제공덕취　적정심상송
准提功德聚　寂靜心常誦

일체제대난　무능침시인
一切諸大難　無能侵是人

천상급인간　수복여불등
天上及人間　受福如佛等

우차여의주　정획무등등
遇此如意珠　定獲無等等

나무칠구지불모대준제보살
南無七俱胝佛母大准提菩薩 (세 번)

❁ 정법계진언(淨法界眞言)

　　옴 남(세 번)

❁ 호신진언(護身眞言)

　　옴 치림(세 번)

❁ 관세음보살 본심미묘 육자대명왕진언 (觀世音普薩 本心微妙 六字大明王眞言)

　　옴 마니 반메 훔 (세 번)

❁ 준제진언(准提眞言)

　　나무 사다남 삼먁삼못다 구치남 다냐타
　　옴 자례 주례 준제 사바하 부림 (세번)

　　아금지송대준제　　즉발보리광대원
　　我今持誦大准提　　卽發菩提廣大願

　　원아정혜속원명　　원아공덕개성취
　　願我定慧速圓明　　願我功德皆成就

　　원아승복변장엄　　원공중생성불도
　　願我勝福遍莊嚴　　願共衆生成佛道

여래십대발원문(如來十大發願文)

원아영리삼악도 　 원아속단탐진치
願我永離三惡道 　 願我速斷貪嗔痴

원아상문불법승 　 원아근수계정혜
願我常聞佛法僧 　 願我勤修戒定慧

원아항수제불학 　 원아불퇴보리심
願我恒隨諸佛學 　 願我不退菩提心

원아결정생안양 　 원아속견아미타
願我決定生安養 　 願我速見阿彌陀

원아분신변진찰 　 원아광도제중생
願我分身遍塵刹 　 願我廣度諸衆生

 ### 발사홍서원(發四弘誓願)

중생무변서원도 　 번뇌무진서원단
衆生無邊誓願度 　 煩惱無盡誓願斷

법문무량서원학 　 불도무상서원성
法門無量誓願學 　 佛道無上誓願成

자성중생서원도 　 자성번뇌서원단
自性衆生誓願度 　 自性煩惱誓願斷

자성법문서원학 　 자성불도서원성
自性法門誓願學 　 自性佛道誓願成

발원이 귀명례삼보(發願已 歸命禮三寶)

나무상주시방불 나무상주시방법 나무상주시방승
南無常住十方佛 南無常住十方法 南無常住十方僧
(세번)

관세음보살 42수(手) 진언(眞言)

　관세음보살님이 위신력을 보이실 때 그 역할에 따라 크게 42개의 명호가 있다고 한다. 여기서 언급한 42수진언 역시 관세음보살님이 나서실 때의 손모양과 진언을 말한 것이다. 즉 여의주수진언을 하실 때의 명호는 여의륜보살이시고, 양류지수진언을 하실 때의 명호는 양류관음보살이라고 볼 수 있다.

　또 관세음보살님이 위신력을 보이실 때는 천수천안이 되는데, 천 개의 손바닥 안에 각기 한 개의 눈이 있으므로 역시 천 개의 눈이 된다. 그 손과 손바닥 안에 있는 눈을 이용하여 여러가지 위신력을 보이시므로, 우리가 그러한 소원을 빌고 서원할 때는 관세음보살님의 마음을 생각하며 여기에서 보이는 수인을 하면 효과가 뛰어나게 된다.

1】 여의주수(如意珠手) 진언

◆옴 바아라 바다라 훔바탁
◆부유해지고 재물을 모으고 싶을 때
◆오른손으로 여의주를 희롱하는 모습

2】 견삭수(絹索手) 진언

◆옴 기리라라 모나라 훔바탁
◆불안한 마음을 물리치고 싶을 때
◆왼손으로 비단 동아줄을 잡고 있는 모습

3】 보발수(寶鉢手) 진언

◆옴 기리기리 바아라 훔바탁
◆뱃 속에 있는 병고를 없앨 때
◆보배로운 바리때를 오른손으로 잡고 있는 모습

4】 보검수(寶釰手) 진언

◆옴 제새제아 도미니 도제 삿다야 훔바탁
◆도깨비와 귀신을 항복시킬 때
◆왼손으로 보배로운 칼을 잡고 있는 모습

5】 발절라수(跋折羅手) 진언

◆옴 니베 니베 니바 마하 시리예 사바하
◆천마외도자를 항복시킬 때
◆오른손으로 발절라를 잡고 있는 모습(발절라는 금강金剛과 같이 단단한 광석으로 만든 봉杵)

6】 금강저수(金剛杵手) 진언

◆옴 바아라 아니 바라 닙다야 사바하
◆원수나 척진 사람을 굴복시킬 때
◆왼손으로 금강봉을 잡고 있는 모습

7】 시무외수(施無畏手) 진언

◆ 옴 아라나야 훔바탁

◆ 두려움으로부터 벗어나고 싶을 때

◆ 오른손을 펴서 아무 것도 쥐고 있지 않았음을 보이는 모습. '두려움이 없음을 베푸는 손'의 뜻

8】 일정마니수(日精摩尼手) 진언

◆ 옴 도비가야 도비바라 바리니 사바하

◆ 눈이 어두워져서 광명을 구할 때

◆ 삼오(三足烏)가 살고 있는 태양을, 양을 상징하는 왼손으로 잡은 모습

9】 월정마니수(月精摩尼手) 진언

◆ 옴 소싯지 아리 사바하

◆ 열이 심해 내리기를 바랄 때

◆ 계수나무와 방아 찧는 토끼가 살고 있는 달을, 음을 상징하는 오른손으로 잡고 있는 모습

10】 보궁수(寶弓手) 진언

◆옴 아자미례 사바하

◆영전하고 직책이 높아지고 싶을 때

◆왼손으로 보배로운 활을 잡고 있는 모습

11】 보전수(寶箭手) 진언

◆옴 가마라 사바하

◆착한 벗을 빨리 만나고 싶을 때

◆오른손으로 보배로운 화살을 잡고 있는 모습

12】 양류지수(楊柳枝手) 진언

◆옴 소싯지 가리 바리다 남다 목다예 바아라 바아라 반다 하나하나 훔 바탁

◆병과 번뇌를 없애고 싶을 때

◆왼손으로 버들가지를 잡고 있는 모습

13】 백불수(白拂手) 진언

◆옴 바나미니 바아바제 모하야 아아 모하니 사바하

◆장애와 어려움을 없애고 싶을 때
◆오른손으로 백불을 잡고 있는 모습

14】 보병수(寶甁手) 진언

◆옴 아레 삼만염 사바하

◆가족을 선하게 하고 화합하게 할 때
◆왼손으로 보배로운 병을 잡고 있는 모습

15】 방패수(傍牌手) 진언

◆옴 약삼 나나야 젼나라 다노발야 바샤바샤 사바하

◆흉한 짐승으로부터 피하고 싶을 때
◆오른손으로 방패를 잡고 있는 모습

16】 월부수(鉞斧手) 진언

◆옴 미라야 미라야 사바하

◆관청의 핍박으로부터 벗어나고 싶을 때

◆왼손으로 도끼를 잡고 있는 모습

17】 옥환수(玉環手) 진언

◆옴 바나맘 미라야 사바하

◆자식을 얻거나 마음에 드는 아랫사람을 부리고 싶을 때

◆오른손으로 옥고리를 잡고 있는 모습

18】 백연화수(白蓮花手) 진언

◆옴 바아라 미라야 사바하

◆수양을 통해 공덕을 성취하고 싶을 때

◆왼손으로 흰 연꽃을 잡고 있는 모습

19】 청연화수(靑蓮花手) 진언

◆옴 기리기리 바아라 불반다 훔바탁

◆시방의 정토에서 태어나기를 원할 때

◆오른손으로 푸른 연꽃을 잡고 있는 모습

20】 보경수(寶鏡手) 진언

◆옴 미뽀라나 락사 바아라 만다라 훔바탁

◆부처님의 큰 지혜를 얻고 싶을 때

◆왼손으로 보배로운 거울을 잡고 있는 모습

21】 자연화수(紫蓮花手) 진언

◆옴 사라사라 바아라 가라 훔바탁

◆시방의 모든 부처님을 알현하고 싶을 때

◆오른손으로 자색 연꽃을 잡고 있는 모습

22】 보협수(寶篋手) 진언
- 옴 바아라 바샤가리 아나맘라 훔
- 땅 속에 감춰진 보물을 얻고 싶을 때
- 왼손으로 보배로운 상자를 잡고 있는 모습

23】 오색운수(五色雲手) 진언
- 옴 바아라 가리 라타 맘타
- 신선의 도를 성취하고 싶을 때
- 오른손으로 오색 구름을 잡고 있는 모습

24】 군지수(君遲手) 진언
- 옴 바아라 셔가 로타 맘타
- 범천에서 태어나고 싶을 때
- 왼손으로 군지(물병)를 잡고 있는 모습

군지는 천수관음이 들고 있는 물병

25】 홍연화수(紅蓮花手) 진언
- 옴 샹아례 사바하
- 하늘의 궁전에서 태어나고 싶을 때
- 오른손으로 붉은 연꽃을 잡고 있는 모습

26】 보극수(寶戟手) 진언
- 옴 삼매야 기니 하리 훔바탁
- 타향에서 역적이나 원수를 피하고 싶을 때
- 왼손으로 창을 잡고 있는 모습

27】 보라수(寶螺手) 진언
- 옴 샹아례 마하 삼만염 사바하
- 하늘의 선한 신을 부르고 싶을 때
- 오른손에 소라를 올려 놓은 모습

28】 촉루장수(髑髏杖手) 진언
◆옴 도나바아라 혹
◆귀신을 호령하여 어기지 못하게 할 때
◆왼손으로 해골이 매달린 막대를 잡고 있는 모습

29】 수주수(數珠手) 진언
◆나모라 다나 다라 야야 옴 아나바제 미아예 시지 싯달제 사바하
◆부처님이 빨리 와서 도와주기를 바랄 때
◆오른손으로 염주를 세고 있는 모습

30】 보탁수(寶鐸手) 진언
◆나모 바나맘 바나예 옴 아마리 담 아베 시리예 시리탐리니 사바하
◆염불할 때 최고로 신묘한 범음을 얻고 싶을 때
◆왼손으로 보배로운 풍경방울을 잡고 있는 모습

31】 보인수(寶印手) 진언

◆옴 바아라 네담아예 사바하

◆말과 글을 잘 써서 화를 면하고자 할 때

◆오른손으로 보배로운 부적 도장을 잡고 있는 모습

32】 구시철조수(俱尸鐵釣手) 진언

◆옴 아가로 다라 가라 미사예 나모 사바하

◆선한 신과 용왕이 항상 옹호하기를 원할 때

◆왼손으로 구시나국의 쇠 낚시를 잡고 있는 모습

33】 석장수(錫杖手) 진언

◆옴 날지날지 날타바지 날제 나야 바니 훔바탁

◆자비로 일체 중생을 보호하고 싶을 때

◆오른손으로 석장을 잡고 있는 모습

34】 합장수(合掌手) 진언

◆옴 바나만 아링 하리

◆모든 생물을 공경하고 사랑하는 마음을 갖고 싶을 때

◆두 손을 모아 합장을 하고 있는 모습

35】 화불수(化佛手) 진언

◆옴 젼나라 바맘타리 가리 나기리 나기리니 훔바탁

◆태어나는 곳마다 부처님이 항상 곁에 하기를 기원할 때

◆오른손 위에 부처를 모시듯이 잡고 있는 모습

36】 화궁전수(化宮殿手) 진언

◆옴 미사라 미사라 훔바탁

◆영원히 부처궁에 살며, 다시 태어나지 않기를 기원할 때

◆왼손 위에 궁전을 올려 놓은 모습

37】 보경수(寶經手) 진언

◆옴 아하라 살바미냐 다라 보니제 사바하

◆부처님 말씀을 많이 듣고 널리 배우고자 할 때

◆오른손에 경문을 적은 책을 잡고 있는 모습

38】 불퇴금륜수(不退金輪手) 진언

◆옴 셔나미자 사바하

◆현생에서 부처가 되고자 보리심을 일으켜 용맹정진할 때

◆왼손 위에 어떤 어려움에도 물러서지 않는 황금바퀴를 올려놓은 모습

39】 정상화불수(頂上化佛手) 진언

◆옴 바아리니 바아람에 사바하

◆모든 부처를 속히 오게 하여 정수리를 만지며 부처로 인정되기를 바랄 때

◆오른손 위에 부처를 모시고 있는 모습

40】 포도수(蒲桃手) 진언

◆옴 아마라 검제니니 사바하

◆과일과 곡식을 풍년들게 하고 싶을 때

◆왼손의 엄지와 둘째 그리고 셋째 손가락을 써서 포도송이를 잡고 있는 모습

41】 감로수(甘露手) 진언

◆옴 소로소로 바라소로 바라소로 소로소로야 사바하

◆갈증이 시원하게 해소되기를 바랄 때

◆왼손으로 감로수를 뿌리는 모습

42】 총섭천비(總攝千臂) 진언

◆다냐타 바로기제 새바라야 살바조따 오하미야 사바하

◆삼천대천 세계의 마군과 원수를 굴복시킬 때

◆모든 손을 모아 깍지를 낀 모습

옴 호신부

　여기에 있는 세 부적(석가여래의 호신부와 준제보살의 호신부와 호신주의 호신부)은 모두 '옴'자를 활용한 호신부로, 외도 마귀로부터 몸을 보호하고 수명을 연장하며 각종 길상을 가져오는 부적이다.
　특히 석가여래화압부(釋迦如來花押符)는 병고를 면하고 복을 부르며 수명을 늘리고 각종 길상이 뜻대로 된다는 부적이다. 삼장법사가 당나라 태종의 부탁을 받아 천축으로 경문을 받으러 갈 때, 석가여래께서 친히 쓰셔서 주신 부적으로, 이 화압부가 있는 곳에 모든 하늘의 선신이 옹호하기를 마치 부처가 친히 나서실 때와 같이 한다고 한다.

석가여래화압부(釋迦如來花押符)

◆삼장법사가 천축으로 불경을 가지러 갈 때 석가여래로부터 받은 부적으로, 모든 길함을 얻을 수 있다.

주문 : 옴마리 즐범 사바하

해원가부(解寃家符)

◆원수를 졌던 사람이 화해하는 등 모든 일이 성취된다.

주문 : 옴 부림 옴 부림

호신명부(護身命符)

◆신명을 보전하고 병고와 악몽을 쫓고, 귀신을 물리친다.

주문 : 옴 치림

대유학당 출판물 안내

자세한 사항은 대유학당으로 문의해 주십시오.
전화 : 02-2249-5630 / 02-2249-5631
입금계좌 : 국민은행 807-21-0290-497   예금주-윤상철
홈페이지 : www.daeyou.net   서적구입 : www.daeyou.or.kr

분류	도서명	저자	가격
주역	주역입문2	김수길·윤상철 지음	15,000원
	대산주역강해 (전3권)	김석진 지음	60,000원
	주역전의대전역해 (상/하)	김석진 번역	70,000원
	주역인해	김수길·윤상철 번역	20,000원
	대산석과 (주역인생 60년)	김석진 지음	20,000원
	시의적절 주역이야기	윤상철 지음	15,000원
주역 활용	황극경세 (전5권)	윤상철 번역	200,000원
	하락리수 (전3권)	김수길·윤상철 번역	90,000원
	하락리수 CD	윤상철 총괄	550,000원
	대산주역점해	김석진 지음	30,000원
	매화역수	김수길·윤상철 번역	25,000원
	주역신기묘산	윤상철 지음	20,000원
	육효 증산복역 (상/하)	김선호 지음	40,000원
	우리의 미래 (대산 선생이 바라본)	김석진 지음	10,000원
예언 꿈	꿈! 미래의 열쇠	현오스님 지음	20,000원
	꿈과 마음의 비밀	현오/류정수 지음	9,000원
	마음이 평안해지는 천수경	윤상철 편저	10,000원
	마음의 달 (전2권)	만행스님 지음	20,000원
	항복기심/선용기심	만행스님 지음	48,000원
	뭇생명의 어머니이신 관세음보살	설정스님	10,000원
음양오행학	오행대의 (전2권)	김수길·윤상철 번역	35,000원

	▸ 동이 음부경 강해	김수길 윤상철 번역	20,000원
	▸ 작명연의	최인영 지음	50,000원
	▸ 연해자평 (번역본)	오청식 번역	22,000원
	▸ 풍수유람	박영진 지음	18,000원
	▸ 당시산책	김병각 편저	25,000원
기문 육임	▸ 기문둔갑신수결	류래웅 지음	16,000원
	▸ 육임입문123 (전3권)	이우산 지음	70,000원
	▸ 육임입문 720과 CD	이우산 감수	150,000원
	▸ 육임실전(전2권)	이우산 지음	54,000원
	▸ 육임필법부	이우산 평주	35,000원
사서류	▸ 집주완역 대학	김수길 번역	20,000원
	▸ 집주완역 중용 (상/하)	김수길 번역	40,000원
	▸ 강독용 대학/중용	김수길 감수	11,000원
	▸ 소리나는 통감절요	김수길 윤상철 번역	10,000원
자미두수	▸ 자미두수 전서 (상/하)	김선호 번역	100,000원
	▸ 실전 자미두수 (전2권)	김선호 지음	36,000원
	▸ 심곡비결	김선호 번역	50,000원
	▸ 자미두수 입문	김선호 지음	20,000원
	▸ 자미두수 전문가용 CD	김선호/김재윤	550,000원
	▸ 중급자미두수 (전3권)	김선호 지음	60,000원
천문	▸ 세종대왕이 만난 우리별자리 (전3권)	윤상철 지음	36,000원
	▸ 전정판 천문류초	김수길 윤상철 번역	20,000원
	▸ 태을천문도	윤상철 총괄	70,000원
	▸ 천상열차분야지도 블라인드	(대) 150×230	300,000원
	태을천문도	(중) 120×180	250,000원
	▸ 천상열차분야지도 족자	(중) 70×150	100,000원
	태을천문도	(소) 60×130	70,000원